古代国造制と地域社会の研究

篠川　賢　著

吉川弘文館

序

本書は、旧著『日本古代国造制の研究』(吉川弘文館、一九九六年)刊行以後、折に触れて発表してきた国造制および個々の国造に関する論文を集めたものである。旧著の主旨は、「大化改新」において国造制は廃止されたのではなく、国造制を新旧両国造制に分けて考えるのは疑問であるという点にあった。

旧著刊行当時は、いわゆる「大化前代」に関する研究は低調であったが、近年は、七世紀代に遡る木簡の出土例も増え、宮都の調査も大きな成果をあげている。それらによるところが大きいと思われるが、七世紀史への関心が高まってきており、国造に関する研究も少なからず行われるようになった。このような状況の中で、本書を刊行する意味も多少はあるのではないかと思う。

本書は、第一部「国造制と東国」、第二部「国造制の展開」の二部立てとした。第一部には、国造制全般と東国の国造制に関わる論文六編を収め、第二部には個々の国造に関する論文七編を収めた(なお各部の末尾にはコラムを付した)。以下、各論文の要旨を示し、本書の「序」としたい。

第一部　国造制と東国

第一章　「国造」と国造制

本論の主旨は、令文の「国造」と『常陸国風土記』の建郡(評)記事にみえる「国造」の語義について再論し、旧著で示した私見を補うことにあった。令文の「国造」については、令文に規定されている以上、律令制下の国造は制度的存在とみるべきであるとする見解（「新国造制」を認める見解）に対し、神祇令諸国条にみえる「国造」は確かに職としての「国造」であるが、そのことを以て律令制下の国造を全国的・恒常的に任命される存在であったとみることはできないとした。なお律令制下の国造については、本書には収録できなかったが、別に「律令制下の国造再論」（『出雲古代史研究』二八、二〇一八年）を執筆している。合わせて参照いただければ幸いである。『常陸国風土記』の「国造」については、旧著以後に発表された須原祥二氏の見解（須原祥二「孝徳建評の再検討―常陸国風土記の立郡記事をめぐって―」『古代地方制度形成過程の研究』吉川弘文館、二〇一一年、所収、初出は二〇〇七年）を含めて検討し、建郡（評）記事に二人ずつ掲げられる建評申請者は、やはりその評の初代官人に任じられた人物とみるべきであり、かつその人名表記は建評申請時の身分表記ではなく風土記編纂段階からみた最終的身分表記と考えられるとし、孝徳朝の「大化改新」を以て国造制が廃止されたのではないことを改めて主張した。

第二章　国造の国（クニ）再考―神崎勝氏の所論にふれて―

本論は、神崎勝氏が国造のクニを朝廷領とした所論（神崎勝「国造とそのクニについて―津田左右吉の改新研究に学ぶ（二）―」『立命館文学』五七〇、二〇〇一年）を検討したものである。国造のクニは全土（中央政権の及ぶ範囲）を区分するものとして設定された行政区であり、クニは互いに隣接して設定されたと考えられること、評制施行後のクニと評（コホリ）は並存したのではなく、クニ（地域区分）の内部がコホリ（人間集団）に分割されたと考えられることなど、旧著の主張を繰り返すことになった。これについては、神崎氏から反批判を頂戴しており（神崎勝「国造とそのクニについて（再論）―篠川賢氏のご批判にお答えする―」『立命館文学』六二六、二〇一二年）、多岐にわたるその再論からは学ぶところが多いが、今のところ右の私見を改める必要はないと考えている。なお、国造のクニの境界は、いうまでもなく今日の地図上に一線を以て画せるような性格のものではなく、当時の交通路に沿って定められたものと推定される。またこの論文では、クニの内部構造についてはほとんど触れていない（本書に収めた他の論文においても同様である）が、この点については、最近の拙稿「『隋書』倭国伝の「八十戸」―北康宏氏の所説にふれて」（新川登亀男編『日本古代史の方法と意義』勉誠出版、二〇一八年）を参照していただきたい。

第三章　令制国の成立と東国

本論では二つの点を論じた。一つは、旧著において、天武朝末年の国境画定事業以前には宰（ミコトモチ）の管掌範囲としての「国」（令制国）は成立していなかったとしたことについて、その後「丁丑年」（天武六年）の紀年を持つ「三野国」表記の木簡が発見されたことを受け、再論した点である。ここでは、「三野国」は国造のクニを指すと考えてよいとしたが、その後さらに国境画定事業以前における「国」表記の木簡の出土例が増え（奈良文化財研究所『評制下荷札木簡集成』二〇〇六年、など参照）、『評制下荷札木簡集成』の「解説」では、「国―評―五十戸」制は遅くとも天智四年（六六五）には一般的に成立していたと説かれている。しかし、右の「解説」においても、国境画定事業の画期性は指摘されており、この事業を以て国造制の廃止が決定されたとする私見は改める必要はないと考えている。いま一つは、天武朝の国境画定事業は、東国においては他地域に比べて遅れて行われたか、あるいは再度にわたって行われたと考えられるとした点である。そしてそれは、「大化」の東国「国司」派遣のあり方、東国に対する国造制施行の遅れとも通ずる現象であり、中央政権の東国に対する掌握度の低さに由来するのではないかとした。

第四章　国造の「氏姓」と東国の国造制

本論は、それまで一般に、東国の国造は「部名＋カバネ」を称する伴造的国造が多く、それは中央政権に対する隷属度の高さを示すと解されてきたが、その見解を批判したものである。八世紀の郡領の氏姓から国造の「氏姓」を推測することと自体が問題であり、国造は、東国の国造も含めて、「地名＋カバネ」の職名的称号（それは国造一族の氏姓ではない）を称していたと考えられること、東国の国造の一族（その多くは伴造も兼ねていたと推定される）には、庚午年籍における定姓の際に、国造に由来する氏姓ではなく、伴造に由来する氏姓を称する（賜与される）ことが多かったと考えられること、その点はたしかに東国の特徴といえるものであるが、その理由は、東国においては国造制の定着度が低かったからと推定されること、などを述べた。

第五章　東国国司詔の史料性について

本論は、孝徳紀の諸詔には本来別の詔として伝えられたものが編者によって合成された例もあるとする津田左右吉氏の指摘を受け、原資料に近いとの評価の高い「東国国司詔」においても、編者による合成や述作は多くみとめられるとしたものである。すでに旧著においてもこの点は強調したところであったが、ここでは、東国の「国司」についてのみ孝徳紀に詳しい記述のあることについて、評制施行の準備に際して、実際に東国には大規模な「国司」団が派遣され、慎重に事が運ばれたためと考えられるとした。そしてそれは、先の第三章・第四章でも指摘したところの、中央政権の東国に対する掌握度の低さに由来するのではないかとした。なおこの論文では、東国「国司」のグループ分けについて、旧著では井上光貞氏の見解（井上光貞『日本古代国家の研究』岩波書店、一九六五年）を批判した門脇禎二氏の見解（門脇禎二『「大化改新」史論』下、思文閣出版、一九九一年）に従ったが、やはり井上氏の見解が妥当であろうと改めた。

第六章　山上碑を読む—「佐野三家」を中心として—

本論は、山上碑の読みについて確認した上で、「佐野三家」を中心に検討し、評制下における上毛野地域における国造と評造との関係に言及したものである。すなわち、「辛己年」は「辛巳年」であり、天武十年（六八一）に相当すること、碑文作成の主体である「長利僧」は「放光寺僧」と同一人であり、かつて「佐野三家」の管掌者に任じられた「健守命」の子孫の「黒売刀自」と、「新川臣」の子孫である「大児臣」との間に生まれた子であること、碑は母の「黒売刀自」を顕彰する目的で建立されたと考えられること、などを確認した上で、「佐野三家」は評制下の評に継承されたミヤケであり、「黒売刀自」はその「佐野」の地における評の官人（評造）一族の女性であり、死後その地に埋葬されたと推定されること、「大児臣」も新川の地における評造クラスの有力者と推定され、両者の間に生まれた「長利僧」が、上毛野国造一族が建立したと推定される「放光寺」（山王廃寺）の僧となっているということは、評制下の上毛野地域における国造—評造の関係を具体的に示す事例であること、などを説いた。

コラム　『隋書』倭国伝の「軍尼」と「国」

このコラムでは二つの点を述べた。一つは、旧著では『隋書』倭国伝にみえる「軍尼」（クニ）は国造（クニノミヤツコ）を指すとする一般的解釈に従ったが、「軍尼」を中央からの派遣官（クニノミコトモチ）とする説もあり、その説も成立し得ると改めた点である。ただその場合も、クニを単位とした在地の管掌者は存在したはずであり、『隋書』の「軍尼」が国造の存在を示す記事であることには変わりはないとした。いま一つは、『隋書』には「都斯麻国」（対馬国）・「一支国」（壱岐国）・「竹斯国」（筑紫国）などの「国」が記されるが、前二者は倭国から独立した国、「竹斯国」から「海岸」（難波津）に至るまでの「秦王国」（周防国）ほか「十余国」は倭国に「附庸」する国とされており、『隋書』においては、「国」と「軍尼」は対応するものとして描かれていないとした点である。

第二部　国造制の展開

第一章　伊豆国造小考

本論は、大化以前の伊豆地域は駿河国造（スルガ国造）の勢力下にあり、旧国造としての伊豆国造は存在しなかったとされた仁藤敦史氏の見解（仁藤敦史「スルガ国造とスルガ国」『裾野市史研究』四、一九九二年。同「伊豆国造と伊豆国の成立」千葉歴史学会編『古代国家と東国社会』高科書店、一九九四年、など）に、疑問を提示したものである。仁藤氏が、国造制下における伊豆地域は、その氏族構成や古墳の存在形態から、スルガ国造の勢力下にあったと考えられるとされたのは、のちの田方郡の地域とみるべきであり、伊豆国造はのちの賀茂郡の地域（伊豆半島東南部の海岸地域と伊豆諸島）をクニとして実在したと考えられること、長屋王家木簡の「伊豆国造」については、官員令別記にいうところの国造卜部であるとする森公章氏の見解（森公章「卜部寸考」『日本歴史』五三九、一九九三年）が妥当であり、そこに「伊豆国嶋直」とみえる嶋直氏は、伊豆国造を世襲していた一族と考えられること、嶋直氏は、「国造本紀」に伊豆国造として掲げられる物部氏系の一族と同一であり、天平十四年（七四二）四月に伊豆国造伊豆直姓を賜与された日下部直益人の日下部直氏は、実際に伊豆国造を世襲していた一族とは考え難いこと、などを述べた。

第二章　伊豆国造再論

本論は、仁藤敦史氏が「駿河郡周辺の古代氏族」（『裾野市史研究』十、一九九八年）を執筆された際、追記の形で、右の拙稿「伊豆国造小考」を批判されたことに答えたものである。「国造本紀」の伊豆国造条の末尾には「難波朝御世、隷駿河国。飛鳥朝御世、分置如故」とあり、『扶桑略記』の天武天皇九年（六八〇）七月条にも「別駿河二郡、為伊豆国」、『帝王編年記』の同年同月条にも「割駿河国建伊豆国」とある。仁藤氏はこの「駿河国」「伊豆国」を令制国とされ、天武九年に初めて伊豆国が成立したとされるのであるが、各史料においてはそれを令制国のように認識していても、実際には国造のクニであったと考えられること、また仁藤氏は官員令別記に嶋直を「国造」と記さないのは国造ではなかったからとされるが、そこに「津嶋上県国造」「下県国造」「伊岐国造」などと記されるのは、姓（国造姓）であり、嶋直のみが「国造」（国造姓）を称していないからといって国造ではなかったとはいえないこと、などを指摘した。そして、仁藤氏が賀茂郡地域の有力氏族は矢田部氏であり、嶋直氏はその支配下にあったとされることに対しては、三嶋神が賀茂郡に鎮座していたころ（『延喜式』段階）の神主家は矢田部氏であったが、それ以前、三嶋神は諸島部に鎮座し、嶋直氏が奉斎していた可能性が高いのではないかと述べた。

第三章　『粟鹿大明神元記』の「国造」

本論は、『粟鹿大明神元記』に神部直氏が成務朝に但馬国造に任じられたと伝えていることについて再論したものである。旧著においては、それは事実の伝えではなく、神部直氏が自氏を選叙令郡司条に郡領への優先任用の定められた国造氏であることを示そうとした述作であるとし、実際に但馬国造を世襲したのは但馬君氏であり、養父郡・朝来郡の郡領氏族である日下部氏は、その但馬君氏の同族であるとした。しかし近年、改めて神部直氏の但馬国造を事実とみてよいとする説（鈴木正信『大神氏の研究』雄山閣、二〇一四年）や、但馬君氏と日下部氏を同族とみることはできないとする説（紅林怜「但馬君氏についての一考察」加藤謙吉編『日本古代の王権と地方』大和書房、二〇一五年）が提示された。旧著において、但馬君氏と日下部氏を同族とした点は疑問であるが、『粟鹿大明神元記』の神部直氏が但馬国造でなかったとした点については私見を改める必要はないとした。ただ『続群書類従』所収の『日下部系図』『日下部系図別本　朝倉系図』の史料性については、改めて検討する必要があると考えている。

第四章　出雲臣とヤマト政権―出雲地域の東と西―

本論は、出雲国東部の意宇郡の地域を本拠とする出雲国造が、なにゆえ西部の出雲郡出雲郷付近に由来する「出雲」（イヅモ）の名をそのクニの名としたのかについて考察したものである。記紀に伝える出雲の神宝献上伝承やホムツワケ皇子伝承の検討、また出雲国造も西部勢力の神門臣なども同じ「臣」のカバネを持つことなどから、ヤマト政権が出雲に国造制を施行する（出雲国造を任命する）以前から、出雲の東の勢力、西の勢力のいずれもがヤマト政権と統属関係を結んでおり、しかも西の勢力との関係の方が先であったと推定されること、ヤマト政権は西の勢力も東の勢力も区別せずに同属（同一集団）として認識していたと考えられることなどを指摘し、ヤマト政権としては、西部に由来する「出雲」という地名を、東部も含む地名と認識していた（あるいは国造任命の際に認識した）がゆえに、東部の勢力を国造に任命するにあたっても「出雲国造」と名付けたのではないかとした。

第五章　出雲国造神賀詞奏上儀礼小考

出雲国造神賀詞奏上儀礼について、旧著においては、本来全国の国造によって代替わりごとに行われてきた大王（天皇）への服属儀礼を、国造制が廃止されたのちも、出雲国造がその代表ないし象徴として行ったものとした。しかし一方において、それを天皇の即位を祝う即位儀礼の一環とする見解（大浦元彦「『出雲国造神賀詞』奏上儀礼の成立」『史苑』四五―二、一九八六年）や、天皇に霊威を付与するタマフリ的儀礼とする見解（菊地照夫「出雲国造神賀詞奏上儀礼の意義」『古代王権の宗教的世界観と出雲』同成社、二〇一六年、所収、初出は一九九五年）も示されている。本論は、それらの見解を受けて、神賀詞奏上儀礼について再検討したものである。「神賀詞」の内容は、一国造としての出雲国造の服属と、全国の国造を代表ないし象徴する存在としての服属との二重の意味を持った内容と考えられること、奏上儀礼は必ずしも代替わりの直後に行われているのではなく、初期の奏上儀礼は天皇の即位年の近くに行われているが、その本質は、やはり服属儀礼とみるべきであること、奏上儀礼がタマフリ的儀礼としての性格を有するとしても、そのことは、服属儀礼としての性格を持つことを否定するものではないと考えられること、などを述べた。また、「神賀詞」の成立時期は藤原京の時代とみられているが（川副武胤『日本古典の研究』吉川弘文館、一九八三年）、そうであるならば、それは天武朝の末年に国造制の廃止が決定され、出雲国造の存続は認められたとする私見に整合的であるとした。

第六章　『出雲国風土記』の郡司

郡司制について、大町健氏は、基盤の異なる複数の在地首長を編成したものであり、郡司クラスの在地首長の支配は、郡域をも超え、盛衰のなかで変動し再生産される現実の支配関係であったとされた（大町健『日本古代の国家と在地首長制』校倉書房、一九八六年）。本論は、その点を、『出雲国風土記』の郡司の検討をとおして確認しようとしたものである。同じ氏姓を称するからといって、それらの集団は、必ずしも同一基盤の在地首長であったとはいえず、まして同じ親族集団であったとはいえないが、『出雲国風土記』の段階で意宇郡の大領・少領であった出雲臣の一族（大領は出雲国造を兼帯した）は、同一の親族集団であり、かつ出雲国全域にその勢力を有していたと考えられること、しかし、意宇郡におけるその地位は、郡内を一円的に支配するようなものではなく、郡内には林臣など、基盤を異にするほかの在地首長も存在し、それらの在地首長の基盤も郡域を超える形で存在したと考えられること、そしてそのようなあり方は、出雲郡の大領であった日置臣の一族、神門郡の大領であった神門臣の一族などについてもいえることであり、風土記当時の郡司氏族の勢力基盤は、郡域を超え、しかも互いに重なり合う形で存在していたと考えられることを確認した。しかし一方において、風土記の頃までは、各郡の郡領に任じられるのは一定の氏族（しかも一定の親族集団）に固定化されていた傾向もうかがえるとした。

第七章　律令制下の紀伊国造

本論では、紀伊国造について次の二点を論じた。一つは、旧著において、天武朝の末年に国造制の廃止が決定された段階で、紀伊国造は出雲国造とともに国家の方針としてその存続が認められたとしたが、紀伊国造が継続して任命されるようになったのは、神亀元年（七二四）の聖武天皇即位直後の紀伊国行幸の際に、名草郡大領の紀直摩祖が紀伊国造に任じられて以降のことと考えられると改めた点である。摩祖の国造任命は行幸供奉の論功行賞として行われたものであり、このような任命のされ方自体、この段階で紀伊国造が存在していなかったことを示すものであること、神賀詞奏上を行ったのは出雲国造のみであり、『続日本紀』には出雲国造については神亀元年以前に二名（二代）の国造の存在を伝えているが、紀伊国造については三十年近くにわたって紀伊国造の存在を示す記事がみえないこと、などがその理由である。いま一つは、やはり旧著においては、八世紀の紀伊国造は名草郡の大領を兼帯するのが慣行であったとする通説に従ったが、兼帯例はあったにせよ、それは慣行ではなかったと改めた点である。紀伊国造の兼帯例としてあげられているのは、①『国造次第』の第十九代忍穂の注記に「立名草郡兼大領」とある例、②『続日本紀』神亀元年十月壬寅条に、名草郡大領の紀直摩祖が紀伊国造に任命されたとある例、③『続日本紀』天平神護元年（七六五）十月庚辰条に、紀伊国行幸に際して国司・国造・郡領らへの叙爵・賜物があったと記されるが、具体的には名草郡大領紀直国栖への叙爵は記されるが国造の名はみえないという例、の三例であるが、②は国造任命後は大領を退任した可能性もあり、③は必ずしも兼帯を示す例ではないこと、一方、『国造次第』には第三十五代槻雄の注記に「已上不兼大領」とあり、延暦十七年（七九八）三月二十九日の「太政官符」には出雲国造の意宇郡大領兼帯が禁じられているが、紀伊国造にはそのような措置がとられていないこと、などがその理由である。

コラム　国造田と郡司職分田

国造田について、『令集解』選叙令郡司条に引く「古記」に、「国造者一国之内長、適任於国司、郡別給国造田」という難解な文章がある。旧著では「適任於国司」とある「国司」は「郡司」の誤りであり、「たまたま本郡でない郡司に任じられても」の意味に解したが、このコラムにおいては、「適に国司に任せ」と読んでも意味は通ずるとした。ただいずれにしてもこの部分の意味は、旧著で述べたとおり、「国造は、一国の内の長であるから、本郡以外の郡司に任じられても、別の郡（本郡）に設置されている（すなわちかつての国造のクニの内部に設置された）国造田は支給される」の意味に解するのが妥当であると述べた。また、国造田が郡司大領の職分田と同じ六町であり、これは国司の職分田に比べて広く、しかも輸租とされていることについて、律令国家は「公地公民制」を原則に国造・郡司にも職分田を支給したが、現実には、在地豪族としての国造・郡司の私的土地所有を否定するのは困難であったため、原則と現実とのすり合わせをはかってこのような措置をとったのではないかとした。

以上が本書に収めた各論文の要約であるが、もとより意を尽くしたものではない。読者諸賢には、直接各論文にあたり、忌憚のない批判をお寄せくだされば幸いである。

なお、本書に収めた各論文は、研究者名に敬称を付す付さないなど、その書き方には不統一が多い。一書としての体裁に欠けるが、各論文はもともと一書としてまとめるつもりで執筆したものではなく、いざ表記法を統一しようとすると収拾のつかないことになってしまうため、このたびは、誤字脱字等の訂正以外は旧稿のままとした。ご了承を請う次第である。

目次

第一部　国造制と東国

第一章　「国造」と国造制

はじめに

今日、「国造」とは何かという問いに対しては、ヤマト政権の地方官と答えるのが一般的であろう。そしてその場合は、当然ではあるが、国造制と呼ぶべきヤマト政権の地方支配制度が存在したと解することになる。このような理解は、第二次世界大戦後間もなく発表された井上光貞の研究によるところが大きい（井上光貞、一九五一）。その後、新野直吉・石母田正・吉田晶・八木充らによって、国造制の内容や、その国家形成上の意義についての研究が進められた（新野直吉、一九六五・一九七四。石母田正、一九七一。吉田晶、一九七三。八木充、一九七五）。

しかし、井上の研究以前においては、津田左右吉のように、「国造」は、ヤマト政権に従属した地方豪族を指した語に過ぎないとの見方もあった（津田左右吉、一九三〇～三一）。このような見方からすれば、国造制なるものの存在も疑われることになる。

また、律令制下においても、国造は存在したのであり、この国造については、それ以前の国造とは性格が異なるとして、それを「新国造」あるいは「律令国造」と呼び、それ以前の国造（「旧国造」「氏姓国造」）と区別することが広く行われている。そしてその場合は、「旧国造制」から「新国造制」への制度的変遷を認めるのが普通である。これに対して、両者を区別するべきではないとの見方もあり、この立場からは、律令制下の国造は、国造制（新旧国造を区別する場合の「旧国造制」）の遺制的存在として説明されることになる。

一方、山尾幸久により、次のような独自の国造論も提出されている。すなわち、「国造」は、天武朝において初めて出現した一国範囲の国家祭祀を主宰した職であり、その職に就任できる資格を持った特定の人もまた「国造」といったとするのである（山尾幸久、一九八三・一九九三）。この山尾説によれば、従来いうところの「旧国造」の存在は否定されるのであり、ヤマト政権の地方支配制度としての国造制も存在しないことになる。

また最近では、律令制下の国造について、寺西貞弘により、旧来の国造と実質的には変わらない存在であったとの説も出されている。寺西は、「制度と現実の乖離」に注意しなければならないとし、律令制下の国造は、制度上は地方神祇官として令に規定されたが、現実には、旧来の国造がそのまま存続したものであったと説くのである（寺西貞弘、二〇一一）。

これまで筆者は、ヤマト政権の地方支配制度としての国造制の存在を認め、律令制下の「国造」は、その遺制であるとの見解を示してきた（篠川賢、一九八五・一九九六）。しかし、このように、「国造」については、その基本的認識においてさえも、共通した理解の得られていないのが現状である。

問題の解決は容易ではないが、まずは、史料上の「国造」の語義を個々に検討することから始める必要があろう。「国造」の語義・用法としては、一般的には、次の四通りが考えられる。

①特定個人が任じられる職としての「国造」。

②「国造」を出している（あるいは出していた）一族全体の呼称。

③姓（セイ）としての「国造」（いわゆる国造姓）。

④大宝二年（七〇二）に定められた国造氏。

①が国造の原義であり、②・③・④は、それから派生した語義・用法である。なお、①については、新旧両国造の存在を認める立場からは、二つの異なる職としての「国造」が存在することになる。その場合、旧「国造」はヤマト政権の地方官としての国造、新「国造」は律令制下の地方神祇官としての国造、と解するのが一般的である。また、山尾説においては、職としての「国造」（①）のほかに、その職に就任できる資格を持った特定の人も「国造」といったというのであるから、右にあげた四通りに含まれない「国造」も存在したことになる。

本稿では、「国造」の語義をめぐって特に多くの議論があり、国造制を考えるうえで重要な史料であるところの、令文の「国造」と『常陸国風土記』建郡（評）記事の「国造」について、改めて検討することにしたい。

一　令文の「国造」

令の条文に「国造」の語がみえるのは、次の二ヶ所である。

史料A『令義解』神祇令諸国条

凡諸国須二大祓一者。毎レ郡出二刀一口。皮一張。鍬一口。及雑物等一。戸別麻一条。其国造出二馬一疋一。

史料B『同』選叙令郡司条

凡郡司。取下性識清廉堪二時務一者上。為二大領。少領一。強幹聡敏工二書計一者。為二主政。主帳一。其大領外従八位上。少額外従八位下叙之。其大領。少領。才用同者。先取二国造一。

これらは養老令の条文であるが、大宝令にもこれに相当する条文があり、その内容も右の養老令と同様であったことは、後述の『令集解』所引の「古記」の文章から知ることができる。

まずAから検討したい。一般的に認められているとおり、この条文のもとになったのは、天武五年（六七六）に発せられた次の詔である。

史料C『日本書紀』天武五年八月辛亥条

詔曰。四方為㆓大解除㆒。用物則国別国造輸㆓祓柱㆒。馬一匹。布一常。以外郡司各刀一口。鹿皮一張。钁一口。刀子一口。鎌一口。矢一具。稲一束。且毎㆑戸麻一条。

A・Cの「国造」が、先に掲げた①の用例、すなわち特定個人が任じられる職としての国造であることは、それぞれの文意から明らかであろう。Cの記事内容・年紀の信憑性についても、それを疑う必要はあるまい。一般的にもそのように考えられている。

また、Aの「国造」が職としての国造を指していることは、『令集解』諸説からもうかがうことができる。

史料D『令集解』神祇令諸国条（A）「其国造出馬一疋」注

穴云。（中略）国造。国別有耳。若国造闕者。无㆑馬也。古説。不㆑依。以㆓官物㆒買出。国造兼㆓任郡司㆒者。刀等並通備耳。今説。刀一口以下。雑物以上者。郡司私備耳。但国造所㆑出馬者。祓訖之後。所㆑至不㆑見耳。今行事使㆑得耳。朱云。皮一張。謂皮色不㆑見。但令釈上条云。鹿皮者也。雑物以上。郡司中可㆑備。未㆑知。少領以上歟。不何。先云。主帳以上。皆郡司耳者。郡司中作㆑差可㆑出者。未㆑明。国造任㆓郡司㆒。无㆓国造㆒者。郡司兼亦出㆑馬耳。若専无㆓国造㆒者。不㆑可㆑出㆑馬也。国造謂㆓官之名㆒耳。毎㆑国一人可㆑有者。未㆑知。選叙令云。国造与㆑此同不。答。案一同耳。跡云。雑物以上。郡司之物令㆑備。但无㆓国造㆒者。不㆑出㆑馬耳。（後略）

穴記に「国造。国別有」とあり、穴記に引く「古説」に「国造兼㆓任郡司㆒」とあるのは、Aの「国造」を、職としての「国造」と解していることを推測させるものであり、先説に「国造謂㆓官之名㆒」とあるのは、それを直截に示すものである。

ところで、新旧両国造制の存在を認める立場からは、A・Cの「国造」を新国造と解するのが普通である。しかし、それらの「国造」が、いわゆる大化以前からの旧来の国造と変わりないことは、すでに拙著において述べたとおりである（篠川賢、一九八五・一九九六）。新国造の存在を考えるのは、「大化改新」において国造制が廃止されたとの理解が前提になっているからであるが、その史料的根拠は、「改新詔」の第二条の凡条において、郡司は国造から任命せよとあるのがほとんど唯一のものである。「改新詔」の郡司任用規定については、Bとの関係で後に取りあげるが、その規定が、『日本書紀』編者の潤色を受けていることは明らかである。

またA・Cの「国造」を、新国造と解するのであれば、両者の間に重要な違いの存在することの説明も困難になるであろう。すなわち、Cでは、「国造」が「四方大解除」（諸国大祓）の中心として位置づけられているのに対し、Aでは、「付け足し」のような形で述べられているに過ぎないのであり（高嶋弘志、一九八〇）、「大化」後のある時期に、新しい制度として新国造制が成立したのであれば、その新国造制において、天武五年段階（六七六年）と大宝令段階（七〇一年）とで、はやくも右のような重要な違いが生じたというのは不自然であろう。

AとCの違いについては、Cの「国造」は、国造制が存続している段階（国造が在地における地方政治の中心的役割を果たしていた段階）の「国造」であるのに対し、Aは、天武朝の末年における令制国の画定とともに国造制の廃止が決定され、その段階で国造の職にあった国造が、なお何人か（あるいは何十人か）は生存している、という状況で定められたことによる違い、とみるのが妥当であると考えている（篠川賢、一九八五・一九九六）。天武朝末年に決定された国造制の廃止は、現に国造の職に就いている人物は、そのまま国造であることを認め、その人物の死後は後任を任命しないという方法で行われたと考えられるのであり、筆者は、そのような国造を「生き残り」の国造と呼んでいる。

さらに、Ｄの『令集解』諸説において、国造の欠けている場合が想定されていることも、Ａの「国造」が旧来の国造であることを示すものといえよう。これらの諸説に、どれほど実態が反映されているか疑問がないわけではないが、律令制下の国造が、新たな制度（新国造制）のもとで全国的に代々任命される存在であったならば、このような想定はなされなかったはずである。また、そもそも新国造制なるものが存在したのであれば、令の官位令や職員令（官員令）に、国造が職として規定されていてしかるべきであろう。『貞観儀式』に、出雲国造・紀伊国造のみの任命儀式が載せられていることも、ほかの国造は代々任命される存在ではなかったことを示している。

次にＢの「国造」について検討したい。Ｄの「先説」においては、Ａ（神祇令諸国条）の「国造」と、Ｂ（選叙令郡司条）の「国造」との異同を問い、同一であると答えている（すなわちＢの「国造」も職としての「国造」であるとする）が、その解釈は妥当であろうか。

Ｂは、郡領を任用するにあたって、候補者が複数存在し、それぞれの「才用」が同じである場合は、「国造」である人物を優先的に任用せよというのである。この規定は、注記の形で定められたものではあっても、つとに虎尾俊哉が指摘したとおり、郡領の一般的な任用資格として「国造」の名があげられているのであり、現実的な意味を持った規定とみなければならない（虎尾俊哉、一九五七）。しかし、この「国造」を職としての「国造」と解したのでは、現実的意味を持たない規定になってしまうであろう。

律令制下の国造を遺制的存在とする筆者の立場からすれば、大宝令制定段階の職としての「国造」は、「生き残り」の国造と、律令国家の方針として存続が認められた出雲国造（紀伊国造も、律令制下における代々の任命が確認できるが、紀伊国造が出雲国造と同様の扱いを受けるようになったのは、神亀元年〔七二四〕に聖武天皇が即位し、紀伊国に行幸したのを契機としてのことであったと考えられる。篠川賢、二〇〇〇）が存在するのみであり、それらを、それらの人数より圧倒的に多い郡領への優先任用者と規定しても、現実的意味を持った規定にならないのは明らかであろう。この点は、Bの「国造」を、新国造と解した場合も同様である。

また、国造の職に就いている人物を郡領に任命するというのであれば、それは、いわば「左遷」であって（伊野部重一郎、一九六四）、この意味でも、現実的な規定とはいえないであろう。Bの「国造」については、国造の一族全体を指す語（②）、あるいは国造氏を指す語（④）と解さなければならない。

しかし、Bの「先取国造」の注に載る『令集解』諸説は、ここの「国造」も、一様に職としての「国造」と解釈している。

史料E『令集解』選叙令郡司条（B）「先取国造」注

謂。取下見為二国造一者上。即神祇令。国造出二馬一疋一是也。古記云。先取二国造一。謂必可レ被レ給二国造之人一。所管国内不レ限二本郡一。非二本郡一任意補任。以外。雖二国造氏一不レ合。問。不レ在二父祖所レ任之郡一。若為任意補任。答。国造者一国之内長。適任二於国司一。郡別給二国造田一。所以任意補充耳。問。国造才用劣者若為処分。答。未レ定二国造一。依二才能一任二他人一。已訖三後定二国造一。若有レ所レ闕者。才能雖レ劣。先用二国造一也。一云。不レ合。若才用劣者。猶在二国造一耳。問。国造叙法若為。答。臨時処分耳。但与二大領一同位以上耳。跡云。国造謂二見任国造人一也。朱云。先取二国造一。謂国造与二庶人一。相三望大領少領一。先可レ取二国造一者。国造謂毎国可レ有二一人一者。未レ知。常定成氏可レ有不。答。穴云。先取二国造一。謂非二兼任一。而解三退国造一任二郡領一也。問。国造本興如何。答。古昔。无二国司一而只有二国造一。治二一国之中一。郡別。任二大少領一耳。問。神祇令。国造出二馬一疋一者。未レ知。国造任二郡領一之後不レ出哉。答。不レ可レ出也。（後略）

右の諸説のうち、「古記」以外は、「国造」を国造の職に就任している人の意味に解していることは、それぞれの文意から明らかである。「古記」の文章は難解であるが、そこにいう「国造之人」も、同じ意味に解してよいであろう。

この点については、「必可被給国造之人」を「以外。雖二国造氏一不レ合」とある「国造氏」と同義とする八木充の説がある（八木充、一九六八）。また最近では、神崎勝が「必可レ被レ給二国造之人一」と読みながらも、「国造之人」は「国造氏」を指すと解している（神崎勝、二〇一二）。このような解釈は、「以外」を「所管国内」以外の意に解するのであるが、「以外」は、「国造之人」以外の意に解することも可能である。続く「古記」の文章は、明らかに「国造」を、特定個人が任命される職としての「国造」の意味で用いているのであり、「古記」にいう「国造之人」は、やはり国造の職に就いている人（「国造その人」）と解するのが妥当であろう。とするならば、「古記」は、Bの「国造」について、ことさら「国造氏」ではないと述べていることになり、このことは、逆にいえば、Bの「国造」が国造氏である可能性を示すものともいえよう。この「古記」にいう「国造氏」が、大宝二年（七〇二）四月に定められた「国造之氏」を指していることは間違いないであろう。『続日本紀』には、次のような記事がみえる。

史料F『続日本紀』大宝二年二月庚戌条

（前略）是日。為レ班二大幣一。馳レ駅追二諸国国造等一入レ京。

史料G『同』大宝二年四月庚戌条

詔定二諸国国造之氏一。其名具二国造記一。

Gにおいて「国造之氏」（国造氏）が定められたのは、二ヵ月前のFにおいて、諸国の「国造等」を入京させているのを受けての措置であることは明らかであろう。これらの「国造」についても、「新国造」と解することが広く行われているが、旧来の国造と解しても、何ら問題はないのである。Fの「諸国国造等」については、天武末年に国造制の廃止が決定された段階の国造がなお生存している場合は、その「生き残り」の国造、すでに死去している場合は、在地において実質的にその地位を継承した国造一族の長を指すと考えられる。

Fに「為レ班二大幣一」とあることについては、祈年祭と関連づけるか、大祓と関連させるか議論があるが、いずれにせよ、Gにおいて「国造之氏」を定めることを命じたのは、Bにおいて国造の郡領への優先任用を規定したことと、一連の措置と考えられる。この点は、すでに虎尾俊哉・八木充・米田雄介らによって説かれたところであり（虎尾俊哉、一九五三。八木充、一九六八。米田雄介、一九七二）、筆者もまた、そのように述べた（篠川賢、一九八五・一九九六）。最近では、神崎勝が改めて主張している（神崎勝、二〇一二）。大宝令において、国造一族の郡領への優先任用を規定したがゆえに、その国造一族を公的に定める必要が生じ、そのため大宝二年に、「国造之氏」を定め、それを「国造記」に登録することが命じられたのである。

律令制下において、国造は制度としては廃止されていたのであるが、かつての国造一族は、なお在地における支配的地位を維持していたのであり、中央政府としては、それを無視することができず、郡領への優先任用を定めて、それを地方支配に利用したということであろう。寺西貞弘のいう「制度と現実の乖離」は、このようなものとして理解されなければならないと思う。

なお、Gは、「国造之氏」を登録したものを「国造記」といっているのであるから、「国造」に国造氏の意味（④）のあることを示す記事でもある。

また、Bは、「改新詔」の郡司任用規定とも対応している。

史料H『日本書紀』大化二年（六四六）正月朔条

（前略）其郡司並取㆘国造性識清廉堪㆓時務㆒者㆖為㆓大領。少領㆒。強幹聡敏工㆓書算㆒者為㆓主政。主帳㆒。（後略）

「改新詔」の信憑性には疑問が多く、右のH部分も、「郡」字が使用されていることからすれば、大宝令制定以後の潤色を受けていることは明らかである。「コホリ」という行政区画を表記するのに「郡」字が用いられるようになるのは、大宝令制定（七〇一年）以後のことであり、それ以前は、「評」字が用いられていた。このことは、木簡など当時の史料から確認できる。したがって、Hが実際に大化二年当時に発せられたものであるならば、そこに「郡」字が用いられているのは不審である。またHが、令の条文（B）ときわめて類似した文章表現になっていることも、大宝令制定以後の潤色を推定させるものである。

しかも、Hは、郡（評）の「大領・少領」（長官・次官）を、「国造」のうちの「性識清廉堪㆓時務㆒者」から任用せよというのであるから、ここの「国造」が、職としての「国造」①を指すのであれば、それは、明らかに実現不可能な規定といわなければならない。また、ここの「国造」が、国造一族②を指すとしても、評の初代官人には、国造一族以外の人物の任じられている例が知られるのであり（次節で検討する『常陸国風土記』の建郡〔評〕記事もその例である）、やはり、現実と合わない規定といわざるを得ない。

さらに、『日本書紀』大化元年八月庚子条の「東国国司詔」に、「若有㆓求㆑名人㆒。元非㆓国造。伴造。県稲置㆒而輙詐訴言。自㆓我祖時㆒。領㆓此官家㆒。治㆓是郡県㆒。汝等国司。不㆑得㆔随㆑詐便牒㆓於朝㆒。審得㆓実状㆒而後可㆑申」とあるのは、新しい地方支配制度の施行（国造のクニの再編をともなう評制の施行）のための準備とみられるが、この記事からも、評の官人には「伴造」（地方伴造）や「県稲置」が、その候補として考えられていたことが知られるであろう。

つまり、「改新詔」の郡司任用規定（H）は、その内容についても、信憑性に欠けるのである。「大化改新」において、評制が施行されたのは事実であろうから、当時、評の官人を任用するための何らかの規定が定められたことは確かであろう。しかし、それは、Hとは異なる内容の規定であったとみなければならない。

そして、この規定の信憑性が否定されるならば、先にも述べたとおり、「大化改新」において国造制が廃止されたと解する史料的根拠も失われるのである。『日本三代実録』貞観三年（八六一）十一月十一日条に引用される佐伯豊雄の款状には、「孝徳天皇御世。国造之号。永従二停止一」とあるが、これは、「改新詔」の郡領規定（H）に基づいた認識とみてよいであろう。

『日本書紀』大化二年三月甲申条に、畿内諸国に勧農を命ずるにあたって、「宜下差二清廉使者一告中於畿内上。其四方諸国国造等。宜下択二善使一依レ詔催勤上」とあることや、大化二年八月癸酉条に載る「国司発遣詔」のはじめの部分に、「今発遣国司并彼国造可二以奉聞一」とあるのは、「大化」当時においても、国造が依然として地方行政の在地における中心と位置付けられていたことを示す記事である。

また、「大化改新」において国造制が廃止されたのではないならば、その後の史料に登場する「国造」を、しいてそれ以前の国造と制度的に異なる存在と解する必要、すなわち「新国造」や「新国造制」なるものの存在を考える必要もないのである。

二　『常陸国風土記』建郡（評）記事の「国造」

『常陸国風土記』の建郡（評）記事は、評制の施行過程を具体的に示す貴重な史料であり、その解釈や、そこにみえる「国造」の語義をめぐって、これまでも多くの議論が行われてきた。まずは、当該史料を掲げておこう。

史料Ⅰ『常陸国風土記』行方郡条

古老曰。難波長柄豊前大宮馭宇天皇之世。癸丑年。茨城国造小乙下壬生連麿。那珂国造大建壬生直夫子等。請二惣領高向大夫。中臣幡織田大夫等一。割二茨城地八里。（那珂地□里）。合七百余戸一。別置二郡家一。（後略）

史料J『同』香島郡条

古老曰。難波長柄豊前大朝馭宇天皇之世。己酉年。大乙上中臣□子。大乙下中臣部兎子等。請二惣領高向大夫一。割二下総国海上国造部内軽野以南一里。那賀国造部内寒田以北五里一。別置二神郡一。（後略）

史料K『同』多珂郡条

古老曰。（中略）其後至二難波長柄豊前大宮臨軒天皇之世一。癸丑年。多珂国造石城直美夜部。石城評造部志許赤等。請二申惣領高向大夫一。以二所部遠隔。往来不レ便。分二置多珂石城二郡一。（後略）

史料L『同』信太郡条（『釈日本紀』巻十所引）

古老曰。御宇難波長柄豊前宮之天皇御世。癸丑年。小山上物部河内。大乙上物部会津等。請二惣領高向大夫等一。分二筑波茨城郡七百戸一。置二信太郡一。（後略）

これらは、いずれも孝徳朝における建評を伝える記事であり、二人ずつ掲げられる在地の人物により、中央から派遣された惣領に建評が申請され、孝徳朝の「己酉年」＝大化五年（六四九）、あるいは「癸丑年」＝白雉四年（六五三）に、それぞれの評が建てられたというのである。「国造」の語は、Iに二ヶ所、Jに二ヶ所、Kに一ヶ所、合わせて五ヶ所にみえる。IとKは個人名にかかる語としての「国造」であり、Iの「茨城国造小乙下壬生連麿」と「那珂国造大建壬生直夫子」は行方評の建評を申請した二人、Kの「多珂国造石城直美夜部」は多珂・石城二評分置を申請した二人のうちの一人である。

これらの建評記事に、初めて本格的検討を加えたのは関晃である（関晃、一九六二）。関の見解は、およそ次のように要約できよう。

①Jの香島評と、Lの信太評は、のちの郡領の氏姓から、建評申請者の二人が、それぞれの評の初代官人に任命されたと考えられる。しかし、Iの行方評と、Kの多珂・石城評の場合は、事情が異なる。

②Iについては、茨城国造・那珂国造の職にあった人物が、行方評の官人になったとは考え難く、行方評の初代官人には、二人とは別の人物が任命されたと推定される。

③Kについては、多珂国造のクニから、白雉四年に、新しく石城評が建てられたことを伝える記事と解すべきであり、この時に、石城評の初代官人に任じられたのは、「石城評造部志許赤」の方であった。「多珂国造石城直美夜部」の方は、白雉四年以後も、依然として多珂国造であり、多珂の地は、依然として国造のクニとして存在したとみるべきである。

評制の施行過程については、今日においても孝徳朝全面施行説と段階的施行説に分かれるが、関説は段階的施行説を主張したものであった。また関説においては、これらの記事の「国造」は、Jの「海上国造」「那賀国造」も含めて、職としての「国造」（旧国造）と解されている。

この関説は、しばらく通説的位置にあったが、関説を批判し、その後の建評記事の解釈に大きな影響を与えたのは鎌田元一の見解である（鎌田元一、一九七七）。鎌田の見解は、およそ次のとおりである。

①建評申請者は、J・Lに限らず、I・Kの場合も、その評の初代官人に任命されたとみるべきである。Kは、すでに成立していた多珂評から、白雉四年に石城評が分置されたことを示す記事であり、「多珂国造石城直美夜部」と「石城評造部志許赤」は、いずれも石城評の初代官人に任じられた人物である。

②『常陸国風土記』では、国造のクニの名を継承しない評についてのみ建評記事を掲載したのであり、国造のク

ニの名を継承する評（多珂評など）は、大化五年に一斉に評になったと考えられる。『皇太神宮儀式帳』にいう「天下立評」は、大化五年を指しているとみるべきである。

③Iの「茨城国造壬生連麿」「那珂国造壬生直夫子」を、それぞれ茨城国造・那珂国造の職に就いている人（「国造その人」）とみるならば、たしかに、彼らが初代行方評の官人に任命されたというのは不自然である。ただ、これらの「国造」は、「国造その人」を指すのではなく、国造一族全体にかかる身分的称号とみるべきであり、この点、Kの「多珂国造石城直美夜部」も同様である。

④評制の施行により、国造のクニは廃止されたが、国造の肩書きや、在地における実質的役割は残ったのである。

この鎌田説は、評制の孝徳朝全面施行説を主張したものであり、また一方において、「国造」には、「国造一族全体にかかる身分的称号」という用法もあることを主張した説であった。しかし、後者については批判が多く、史料上「○○国造某」とある場合、その某を、「国造その人」ではない国造一族の某、と解せるような例は見出すことができない。

この点を修正し、鎌田説を継承発展させたのが、森公章である（森公章、一九八六・一九八七）。森の見解は、およそ次のとおりである。

①二人ずつ記される建評申請者が、それぞれその評の初代官人に任命されたことは鎌田説のとおりであるが、Iの「茨城国造壬生連麿」「那珂国造壬生直夫子」と、Kの「多珂国造石城直美夜部」は、建評申請時の現任の国造（「国造その人」）とみるべきである。

②「茨城国造壬生連麿」と「那珂国造壬生直夫子」は、それぞれ行方の地に勢力を扶植し、壬生部の管掌者となることにより中央との関係を形成し、茨城国造・那珂国造に任じられていたのであり、行方評が建てられたの

ちは行方評の官人を兼ねた。しかし彼らは、国造家の傍系から国造に任じられたのであって、茨城国造・那賀国造の本宗家は、それぞれ茨城の地・那珂の地を本拠としており、茨城評・那珂評の初代官人には、それぞれ本宗家の人物が任命されたと考えられる。

③「石城直美夜部」は、石城の地を本拠としていたが、多珂の地にも勢力を伸張させ多珂国造に任命されていたのであり、石城評が建てられたのちは、石城評の官人を兼任した。しかし本来の多珂国造氏は、多珂地域を本拠とした一族であり、多珂評の官人にはこの一族が任命された。

④国造のクニは、鎌田説のとおり、大化五年の「天下立評」の時点で一斉に評になった。I・K・Lは、その後の新評の分立を示す記事である。評制の施行により、国造のクニは廃止されたのであるが、国造は評の官人と並存、あるいはそれを兼任し、評制下においても、地方支配に大きな役割を果たした。評制下における「国造」は、官名ではなく地位的呼称である。

森も孝徳朝全面施行説をとるのであり、森説は、鎌田説の③のみを批判し、④を強調・発展させた説ということができよう。筆者も孝徳朝全面施行説を妥当と考えるが、孝徳朝において国造のクニは廃止されなかった、すなわち、その後も国造制は国造（クニ）―評造（コホリ）の二段階（正確には国造―評造―五十戸造の三段階）の制度として存続したと考えており、建評記事の「国造」については、鎌田説・森説とは異なった解釈を示した（篠川賢、一九九六）。

①Iの「那珂国造大建壬生直夫子」の「大建」は、天智三年（六六四）制定の冠位二十六階にのみみえる冠位であり、この人名表記は、建評申請時（白雉四年）の表記ではなく、『常陸国風土記』編纂段階からみた最終的身分表記とみなければならない。ほかの建評申請者の表記（「茨城国造小乙下壬生連麿」の「小乙下」や、Jの「大乙上中臣□子」「大乙下中臣部兎子」、Lの「小山上物部河内」「大乙上物部会津」の帯びる冠位は、大化五年制定

の冠位十九階と、天智三年の冠位の双方にみえるものである）も、同様とみるべきである。

②したがって、「茨城国造壬生連麿」「那珂国造壬生直夫子」「多珂国造石城直美夜部」らは、建評申請時に国造であったとみる必要はなく、建評後に国造に任じられたと解することも可能である。実際に、右の三人はその例であったと考えられる。またそうであるならば、これらの建評記事は、建評後も、職としての茨城国造・那珂国造・多珂国造が存在したことを示す記事でもある。

筆者も、鎌田・森と同様、二人ずつ掲げられる建評申請者が、いずれもその評の初代官人に任じられたと解するのであるが、近年、この点を批判する説が、須原祥二によって提示されている（須原祥二、二〇〇七）。須原の見解は、およそ次のとおりである。

①建評申請者のすべてを、その評の初代官人に任命された人物と解釈する必要はない。そのように解釈するがゆえに、「国造」の理解に困難が生じるのであり、鎌田説の「国造」論に無理があるのはもとより、森や篠川の見解も、苦しい解釈といわざるを得ない。

②森説では、国造一族の傍系者で、本拠地を離れた評の初代官人に任じられた三人が、本拠地にはそれぞれの国造の本宗家が存在しながら、たまたますべて国造に任命されていた、ということになる。また篠川説では、新評の初代官人となった国造一族の人物三人が、たまたますべて後に国造に任命された、ということになる。いずれの想定も、個々にはあり得ないことではないが、三人ともそろってそうであったというのは、現実には考えがたい。

③評制は鎌田説のとおり孝徳朝に全面的に施行されたのであり、国造のクニの名を継承した評は、大化五年を下限に一斉に建評され、国造が評造を兼任した。すなわち、「茨城国造壬生連麿」は茨城国造兼初代茨城評造、

「那珂国造壬生直夫子」は那珂国造兼初代那珂評造、「多珂国造石城直美夜部」は多珂国造兼初代多珂評造と解釈される。彼らが、それぞれ自らの評を割いて新評を建てるにあたって、その申請者になるのは何ら不自然ではない。

森説や私見に対する須原の批判は、たしかに一定の説得力を持つものである。しかし、二人ずつ掲げられる建評申請者は、やはりその評の初代官人に任じられた人物とみるべきであろう。『常陸国風土記』の建評記事は、建評申請者が、いわゆる「立郡人」（『令集解』儀制令五行条「有事則用之。並用官物」注）であり、「難波朝廷以還譜第重大」（『続日本紀』天平七年〔七三五〕五月丙子条）・「立郡以来譜第重大之家」（『同』天平勝宝元年〔七四九〕二月壬戌条）であることを示そうとした記事と考えられる。「立郡人」「譜第」を伝えることが重要な意味を持っていたがゆえに、在地においてこのような伝承（あるいは記録）が伝えられていたということであろう。

一方、建評申請者の人名表記が、風土記編纂時からみた最終的身分表記であることが認められるならば、「茨城国造壬生連麿」「那珂国造壬生直夫子」「多珂国造石城直美夜部」らが国造に任じられたのが、建評後である可能性も認めなければならないであろう。郡制下の例であるが、出雲国飯石郡の少領であった出雲臣弟山（「天平六年出雲国計会帳」）が、のちに出雲国造（出雲国意宇郡を本拠とする）に任じられている（『続日本紀』天平十八年三月己未条）例も知られるのであり、国造一族が本拠地を離れて活動するということは、広く行われていたと考えられるのである。右の三例が、いずれもその例であったとみて、さほど不自然はないのではなかろうか。

なお、建評申請者の表記を最終的身分表記とみることについては、神崎勝から、冠位についてはそのとおりであっても、表記全体をそのようにみることはできないとの批判を受けた（神崎勝、二〇一二）。神崎は、表記全体が最終的身分を示すのであれば、Jの香島評・Lの信太評の申請者が、冠位のみで「香島評造」「信太評造」などと記されていないのは不審とするのである。しかし、建評記事は、右に述べたとおり、建評申請者が初代評の官人に任じられたことを示す記事であり、「評造」の身分表記は、当然のこととして付されなかったと考えられる。Kの「石城評造部志許赤」については、冠位を得ることがなかったために、「石城評造」と記されたのであろう。

さて、鎌田や森は、評制下の「国造」を、肩書き、あるいは地位的呼称であったとするのであるが、そのように解するのは、薗田香融の見解を継承してのことである。薗田は、国造と評督（評の長官）は質を異にした肩書きであり、国造は職名ではなく地位的呼称であるから、国造と評督は同一人物の同時期の呼称に併存し得ると説いたのである（薗田香融、一九七一）。この「地位的呼称」とは、いかなるものなのであろうか。

薗田が、そのように考えたのは、『常陸国風土記』の「国造」を別とすると、次の二例を史料的根拠としてのことである。

史料M「他田日奉部直神護解」

謹解　申二請海上郡大領司仕奉事一

中宮舎人左京七条人従八位下海上国造他田日奉部直神護我下総国海上郡大領司爾仕奉止申故波。神護我祖父小乙下忍。難波朝庭少領司爾仕奉支。（中略）神護我仕奉状。故兵部卿従三位藤原卿位分資人。始二養老二年一至二神亀五年一。十一年。中宮舎人。始二天平元年一至レ今廿年。合卅一歳。是以祖父父兄良我仕奉祁留次爾在故爾。海上郡大領司爾仕奉止申。

史料N「那須国造碑」

永昌元年己丑四月。飛鳥浄御原大宮那須国造追大壱那須直韋提。評督被レ賜。（後略）

薗田は、Mの「海上国造他田日奉部直神護」の「海上国造」を地位的呼称とするのであるが、この点については、つとに植松考穆・磯貝正義らが述べたとおり、複姓の一部とみるべきであろう（植松考穆、一九四三。磯貝正義、一九七八）。須原も、改めて複姓であると主張している。

またNについては、碑文は、那須国造の職に就いていた那須直韋提が、永昌元年に那須評督に任じられたことを述べているのであり、職としての国造と解して何ら問題はない。永昌元年は持統三年（六八九）にあたり、当時は、私見によれば、国造制の廃止は決定されたものの、まだ「生き残り」の国造は多く存在しているという時期である。この場合の「那須国造」は、まさにその「生き残り」の国造の例と考えられる。

なお、このような「那須国造」の例をもって「地位的呼称」とするのであれば、それは容認できる。しかし、Mの「海上国造」を、それと同様の「地位的呼称」とみることはできないのであり、国造制が廃止されたのちも、「国造」が長く「地位的呼称」として存在したということではなかったと考えられる。

また、鎌田や森は、国造のクニは、評制の施行によって廃止されたとするのであるから、国造制は孝徳朝に廃止されたと解していることになる。須原は、評制下の「国造」について詳しく論じてはいないが、「国造」は職名であるとしながらも、評制の施行により、国造のクニは急速に解体していったとしている。私見との違いは、この点に存在するのであり、それは、前節でみた「改新詔」の郡司任用規定の信憑性をいかに評価するかの違いに基づいている。

もちろんそれは、「大化」以前（評制施行以前）の国造をどのような存在として理解するか（国造制の内容をどのように考えるか）、という問題とも直接かかわっている。国造のクニについて、筆者は基本的には国司（国宰）の国に継承される行政区と考えるのに対し、鎌田・森らは評（郡）に継承されるものと捉えているといえよう。

最近では、国造のクニについて、地域的に区分された行政区ではなく、国造によるミヤケを媒体とした人的支配の範囲（集団）であったとする大川原竜一の説（大川原竜一、二〇〇七）や、「朝廷領」であったとする自説を再論した神崎勝の見解（神崎勝、二〇一二）も提出されており、一方では、国造のクニにおいては、六十戸・八十戸という異なった性格の二種類の編成がなされていた、とする北康宏の見解（北康宏、二〇一一）も示されている。国造制の内容について、今のところ私見を改める必要はないと考えているが、この点については、これらの新説を踏まえ、稿を改めて論ずることにしたい。

参考文献

石母田正、一九七一　『日本の古代国家』（岩波書店）
磯貝正義、一九七八　『郡司及び采女制度の研究』（吉川弘文館）
井上光貞、一九五一　「国造制の成立」（『井上光貞著作集』四、岩波書店、一九八五年に所収）
伊野部重一郎、一九六四　「郡司制の創始についての覚書」（『日本歴史』一八九）
植松考穆、一九四三　「大化改新以後の国造に就いて」（早稲田大学史学会編『浮田和民博士記念史学論文集』六甲書房）
大川原竜一、二〇〇七　「大化以前の国造制の構造とその本質」（『歴史学研究』八二九）
鎌田元一、一九七七　「評の成立と国造」（『律令公民制の研究』塙書房、二〇〇一年に所収）
神崎　勝、二〇一二　「国造とそのクニについて（再論）」（『立命館文学』六二六）
北　康宏、二〇一一　「国造制と大化改新」（『史林』九四―二）
篠川　賢、一九八五　『国造制の成立と展開』（吉川弘文館）
　　　　一九九六　『日本古代国造制の研究』（吉川弘文館）
　　　　二〇〇〇　「律令制下の紀伊国造」（『日本常民文化紀要』二一。本書第二部第七章）
須原祥二、二〇〇七　「孝徳建評の再検討」（『古代地方制度形成過程の研究』吉川弘文館、二〇一一年に所収）
関　晃、一九六二　「大化の郡司制について」（『関晃著作集』二、吉川弘文館、一九九六年に所収）

薗田香融、一九七一「国衙と土豪との政治関係」（『日本古代財政史の研究』塙書房、一九八一年に「律令国郡政治の成立過程」と改題して所収）
高嶋弘志、一九八〇「律令新国造についての一試論」（佐伯有清編『日本古代史論考』吉川弘文館）
津田左右吉、一九三〇〜三一「大化改新の研究」（『上代日本の社会及び思想』岩波書店、一九三三年、『日本上代史の研究』岩波書店、一九四七年、『津田左右吉全集』三、岩波書店、一九六三年に所収）
寺西貞弘、二〇一一「奈良時代の国造」（『日本歴史』七五七）
虎尾俊哉、一九五三「大化改新後の国造」（『芸林』四―四）
一九五七「大化改新後国造再論」（『弘前大学国史研究』六）
新野直吉、一九六五『国造と県主』（至文堂）
一九七四『研究史　国造』（吉川弘文館）
森　公章、一九八六「評制下の国造に関する一考察」（『古代郡司制度の研究』吉川弘文館、二〇〇〇年に所収）
一九八七「評の成立と評造」（『古代郡司制度の研究』前掲に所収）
八木　充、一九六八『律令国家成立過程の研究』（塙書房）
一九七五「国造制の構造」（『日本古代政治組織の研究』塙書房、一九八六年に所収）
山尾幸久、一九八三「国造について」（古代を考える会編『藤澤一夫先生古稀記念古文化論叢』藤澤一夫先生古稀記念論集刊行会）
一九九三「大化年間の国司・郡司」（『立命館文学』五三〇）
吉田　晶、一九七三『日本古代国家成立史論』（東京大学出版会）
米田雄介、一九七二「国造氏と新国造の成立」（『続日本紀研究』一六二）

第二章　国造の国（クニ）再考

——神崎勝氏の所論にふれて——

はじめに

国造の国（クニ）[1]の性格をめぐってのこれまでの議論においては、次の二点が主たる論点であった。一つは、それを地域の豪族としての国造の支配領域とみるか、あるいはヤマト政権（中央権力）によって設定された行政区とみるかという点、そしていま一つは、それを日本列島（北海道・東北地方北部・沖縄を除く）のほぼ全域を覆う形で存在していたとみるか、あるいはその一部にすぎなかったとみるかという点である。筆者は、すでに別のところで述べたとおり[2]、国造はヤマト政権の地方官であり、クニは列島のほぼ全域を区分するものとして設定された行政区と考えるのであるが、近年、神崎勝氏は、「国造とそのクニについて——津田左右吉の改新研究に学ぶ（二）——」と題する論文[3]において、国造のクニの性格について専論し、これまでの議論とは異なる見解を提示された。神崎氏の見解を要約すると、およそ次のとおりである。

「クニ」は朝廷領を指す語であり、国造のクニは、大化以前においてはミタ・アガタ・コホリなどと呼ばれる他の朝廷領と並存していた。推古朝頃にはクニが朝廷領を代表する存在になっていたが、全国には朝廷領以外の土地（各豪族の私領）が広範に存在していた。大化改新によって新に評（コホリ）制が施行された後も、クニは廃止されずに評と並存したが、七世紀後半を通じて朝廷領以外の土地にも評が設置されていき（朝廷領化が進行し）、すべてが朝廷領化された段階で国造制・評制は廃止され、郡制に一本化された。

神崎氏は、これまでの国造研究においては地方豪族と地方官という国造の二つの性格が混同されてきたとし、社会的実体としての豪族と、政治制度としての国造とは厳密に区別されなければならないとされる。この点は筆者も同意見であり、重要な指摘と考えている。しかし、クニの理解に関しては、なお疑問に思うところも多く、本稿では、神崎氏の所論の検討を通して、改めてクニの性格について述べることにしたい。

一　「クニ」の語義

神崎氏は、その論文の副題に示されるとおり、国造やそのクニについて考える場合も、まずは津田左右吉の見解に立ち返って検討する必要があるとされる。

津田によれば、国造は、「国造」というカバネを与えられた地方豪族（地方的君主）であり、その国（クニ）は、地方豪族としての国造の支配領域そのものであったという。そして、全国には、クニのほかにも県主など国造以外の地方豪族の領地があり、さらに中央の皇族・貴族・豪族の領地があったとしている(4)。つまり津田は、クニを地方行政区とは考えていないのであり、行政区は大化改新で国司が設置されたことによりはじめて成立するのであって、国造の「国」と国司の「国」とではその意味が異なるとするのである。また「クニ」の語については、「或る限界を有する一定の地域」を指す語であり、一般に政治的区域の意味として用いられているとし(5)、国造の国を「クニ」という時のように地方豪族の支配領域を指す場合、「アメ」（天）に対して「クニ」という時のように天皇が統治する国の全体を指

す場合、国司の国を「クニ」という時のように地方的区画を指す場合などがあったとしている。(6)

神崎氏は、津田がクニを地方豪族としての国造の支配領域とした点は、地方豪族と地方官とを混同したものとして批判するのであるが、全土を区分した行政区画としての「クニ」は国司の「国」にはじまるとした点、および「クニ」の語に天皇の統治と結びついた特殊な政治的意味があるとした点は、継承すべき点として評価されるのである。

また、近年の「クニ」の語義についてのまとまった研究としては、鎌田元一氏の研究があげられる。(7)鎌田氏の見解は、国造のクニについての理解は津田説と異なるが、「クニ」の語義については基本的に津田説と共通している。

鎌田氏によれば、「クニ」の本義は、政治的・社会的領域としての国・国土と、故郷・郷里を意味する場合との二つに求められ、それは「クニ」が共同体としての側面と、支配・統治の対象としての政治的側面との二つの面を持つことと対応するとされる。記紀神話の体系における「アメ」に対する「クニ」の語に着目し、それが天皇統治にかかわる極めて政治的な概念であるとする点も津田説と同様である。また、古代において、各地の首長を意味する「クニヌシ」(国主)の概念も確かに存在していたとし、ヤマト政権による統一以前に列島各地に存在した政治的統一体も「クニ」と呼ばれていたとされる。

鎌田氏は、「クニヌシ」から「クニノミヤツコ」(国造)への変化を重視されるのであり、「クニ」の語に焦点をあてて統一国家形成の過程を跡づけるならば、(1)「クニヌシ」の時代、(2)「アガタヌシ」の時代、(3)「クニノミヤツコ」の時代、(4)令制国の時代、の四段階に整理できるとし、もっとも重要な画期をなしたのは(3)の段階であったとされる。そして、大王の支配がおよぶ地域全体を「クニ」とする意識も、この段階で成立したのであろうとされている。

鎌田説においては、国造のクニは、ヤマト政権の行政区であると同時に国造の支配・統治の対象としての性格を持っていたとされるのであり、これが今日の国造のクニについての一般的な理解であるといえよう。

このような鎌田氏の見解に対して、神崎氏は、「クニ」の源流をア・プリオリに『漢書』地理志の「百余国」まで遡及させた点に問題があり、漢語の「国」と日本語の「クニ」とを単純に対応させることはできないとされる。そして、日本語としての「クニ」の確実な初見は『隋書』倭国伝の「軍尼」（クニ）であり、その「クニ」は国造のクニにほかならないが、それは、国造に任じられた地方豪族の統治の対象としての「クニ」ではなく、天皇の統治の対象としての「クニ」（すなわち朝廷領）であるとされるのである。

「クニが朝廷領として認識されたのではなく、朝廷領をクニと呼んだのである」（五〇頁）と説かれるのであり、「国造と併称される県主のアガタが天皇直轄領を指したとすれば国造のクニも同様であろう。また伴造のトモが人民一般を指称するものではないように、国造のクニも領域一般をさすものではない」（五〇～五一頁）とも述べられている。つまり、各国造は各地に設置された朝廷領（クニ）の現地管掌者であり、その段階のクニは列島全土を覆うものではなかった、というのが神崎氏の主張である。

たしかに、『漢書』地理志の「国」に相当する各地の政治的統一体を、その当時に「クニ」という倭語で呼んでいたかどうかは不明とせざるをえない。しかし、「クニ」に政治的支配・統治の対象という意味があるならば、それは天皇（大王）によるものに限らず、各地の首長によるその対象も「クニ」と呼ばれていたとみる方が自然であろう。

また、神崎氏は「朝廷領」の内容について具体的な説明をされていないが、それが特別な組織を持つものではなく、単に大王統治の対象というほどの意味であるならば、国造のクニを「朝廷領」とする点に特に異論はない。江田船山古墳出土の大刀銘に「治天下獲□□□鹵大王」とあり、稲荷山古墳出土の鉄剣銘に「佐治天下」とあることからすれば、五世紀後半のワカタケル大王の時代には、すでに列島のほぼ全域を大王の統治の対象とする認識（「治天下」）が存在したとみられるからである。しかし、神崎氏のいわれる「朝廷領」はおそらくそうではなく、朝廷の直轄領の意味であると思われる。神崎氏が国造のクニを全土を覆うものではなくその一部とされるのも、直轄領と解されているからであろう。ただ、もしそうであるならば、アガタ・ミヤケ、あるいはコホリなどとはどこが異なる直轄領なのか、その点の説明が必要であったと思う。「クニ」という語に天皇（大王）統治の対象という意味のあることは確かであろうが、それを論拠に、国造のクニを直轄領とし、それを全土の一部に限定して考えることには問題があろう。

なお、神崎氏が県主のアガタと国造のクニとを対応させて両者を直轄領とされている点については、アガタを直轄領とすること自体が確定的ではないし、県主と国造とは並存するのではなく、時代的前後の関係にあった可能性も高い。また、たとえアガタが直轄領であったとしても、それは国造のクニを直轄領とする積極的根拠にはならないと思う。伴造のトモが全人民を指してはいないのと同様、国造のクニも全土を指すものではないとされる点についても、伴造制と国造制の性格の違いに注目するならば、「伴造国造」と併称されるからといって、かならずしもトモとクニとを同様に考えなければならないということではない。

二　『常陸国風土記』における国造のクニ

国造の国（クニ）が全土の一部であったのか、あるいは全土を覆う形で設置されていたのかを考える場合、具体的に検討できるほとんど唯一の史料が、『常陸国風土記』の建郡（評）記事である。(8) 著名な史料であるが、同書の総記の冒頭部分とあわせて、次に引用しておく。

①総記

問二国郡旧事一、古老答曰、古者、自二相模国足柄岳坂一以東諸県、惣称二我姫国一。是当時、不レ言二常陸一。唯称二新治・筑波・茨城・那賀・久慈・多珂国一、各遣レ造別令二検校一(9)。其後、至二難波長柄豊前大宮臨軒天皇之世一、遣二高向臣、中臣幡織田連等一、惣二領自レ坂已東之国一。于レ時、我姫之道、分為二八国一、常陸国、居二其一一矣。

②香島郡条

古老曰、難波長柄豊前大朝馭宇天皇之世、己酉年、大乙上中臣□子、大乙下中臣部兎子等、請二惣領高向大夫一、割二下総国海上国造部内軽野以南一里、那賀国造部内寒田以北五里一、別置二神郡一。

③行方郡条

古老曰、難波長柄豊前大宮馭宇天皇之世、癸丑年、茨城国造小乙下壬生連麿、那河国造大建壬生直夫子等、請二惣領高向大夫、中臣幡織田大夫等一、割二茨城地八里、那珂地□里(10)、合七百余戸一、別置二郡家一。

④多珂郡条

古老曰、斯我高穴穂宮大八洲照臨天皇之世、以二建御狭日命一、任二多珂国造一。茲人初至、歴二験地体一、以為二峯険岳崇一、因名二多珂之国一〈謂二建御狭日命一者、即是出雲臣同属。今多珂・石城所レ謂是也。風俗説云二薦枕多珂之国一〉。建御狭日命、当二所レ遣時一、以二久慈堺之助河一、為二道前一〈去レ郡西南三十里、今猶、称二道前里一〉、陸奥国石城郡苦麻之村、為二道後一。其後、至二難波長柄豊前大宮臨軒天皇之世一、癸丑年、多珂国造石城直美夜部、石城評造部志許赤等、請二申惣領高向大夫一、以二所部遠隔、往来不レ便、分置二多珂・石城二郡一〈石城郡、今存二陸奥国堺内一〉。

⑤信太郡条（『釈日本紀』巻十所引）

古老曰、難波長柄豊前宮御宇天皇之御世、癸丑年、小山上物部河内、大乙上物部会津等、請二惣領高向大夫等一、分二筑波・茨城郡七百戸一、置二信太郡一。

これらの記事については、もちろん神崎氏も検討を加えられており、ここからは、孝徳朝に評（コホリ）制が施行された後も国造制は存続し、国造のクニと評造のコホリが並存していた状況が読み取れるとされる。

まず①の総記についてであるが、神崎氏は、この記事からは、大化以前の新治・筑波・茨城・那賀・久慈・多珂の六国造のクニを合わせた範囲が令制国としての常陸国の範囲に相当する、という解釈は導けないとされる。しかしこの記事は、まさにそのことを述べたものとみるべきではなかろうか。この記事の文意は、次のように解するほかはないであろう。

孝徳朝以前の坂東は我姫（アヅマ）と総称されており、後の令制常陸国の範囲は、いまだ常陸とはいわず、新治以下の六国と称し、それぞれ国造を遣わして検校させていた。しかし孝徳朝に高向臣らを遣わして坂東を惣領させたとき、坂東は八国に編成された。その一つが常陸国である。

もちろん、ここで国造が中央からの派遣官とされている点、また令制常陸国が孝徳朝に成立したとされている点は、風土記編者の認識が事実と異なっている点とみるべきであろう。したがって、新治以下六国造のクニが令制常陸国の範囲に相当する点についても、編者の認識にすぎず、事実ではない可能性は否定できない。ただ、①の記事から、国造のクニが部分的に設置された直轄領であった、という解釈を導くことができないのは確かといえよう。

次に②の香島郡建郡記事について、神崎氏は、己酉年（大化五年）に香島郡（評）が海上国造・那賀国造のクニの一部を割いて新設された後も、それぞれのクニの残余の部分は、依然として国造のクニとして存続したとされる。そして、香島評が「別置」されたとする表現からしても、この後は評（コホリ）とクニとが並存したのであり、この記事から、「クニが評を包摂していたとか、クニが複数の評からなっていたとかいう関係を一般的に想定するのは困難である」（二八頁）と述べられている。筆者は、孝徳朝における評制施行後のクニとコホリ（国造と評造）は上下の関係として存在したと考えるのであるが、たしかにこの記事のみからそのように解釈するのは困難である。

しかし、大化二年八月発遣の「国司」に対して「宜下観二国々壃堺一、或書或図、持来奉レ示。国県之名、来時将定」と命じていることからすれば、[11]評制の施行に際しては国造のクニの再編も行われたと考えられるのであり、新設の香島評がその後は那賀国造の部内に編成されたとみることも不可能ではない。すくなくとも、②の記事が、そのような解釈を否定するものではないことはいえるであろう。

クニは地域（土地）を指す語であるのに対し、コホリは人間集団を指す語であることにも注意しなければならないと思う。②においても、国造部内の里が割かれてコホリが建てられたというのであって、それぞれのクニから土地が割かれたというのではない。クニとコホリが並存したとするのは、土地と人間集団という異なる性格のものの並存を説くことになり、この意味でも問題があるといえよう。孝徳朝における評制の施行は、クニを再編するとともに、クニの内部（国造部内）のすべてをコホリという人間集団に分割して統治する、という政策であったと考えられるのである。

それはさておくとして、ここで注意しておきたいのは、この記事では、香島評建評以前において那賀国造のクニと海上国造のクニとが隣接して存在したと述べられている点である。この点は、神崎氏のように香島評建評後、香島のコホリと那賀・海上のクニとが並存したとみるにせよ、あるいは評制施行により国造制は廃止され、那賀のクニも海上のクニもコホリになったとみるにせよ、さらには筆者のように那賀のクニの内部に香島のコホリが編成されたとみるにせよ、いずれにおいても変わりはないのである。

次に③の行方郡建郡記事についてであるが、神崎氏は、この場合、初代行方評の官人に任命されたのは、建評申請者である茨城国造小乙下壬生連麿と那珂国造大建壬生直夫子の二人ではなく、国造（壬生氏）の一族の人物であったとされる。しかしこれについては、鎌田元一氏の説かれたとおり、[12]②〜⑤いずれの場合も建評申請者がその評の初代官人に任命されたとみるのが妥当であろう。「茨城国造小乙下壬生連麿」「那珂国造大建壬生直夫子」という表記は、「大建」が天智三年制定の冠位であることからして最終的身分表記とみるべきであり、建評申請者の二人を建評申請時の癸丑年（白雉四年）においてすでに国造であったと解する必要はないのである。八世紀の例ではあるが、出雲国飯石郡の少領であった出雲臣弟山が後に出雲国造に就任している例があり、(13)この二人についても同様に考えてよいであろう。また、二人の表記が最終的身分表記であるならば、いうまでもないことであるが、この記事は、まさしく評制施行後も国造が存続したことを示す記事ということになるのである。

そして、この記事からも、行方評建評以前において、茨城国造のクニと那珂（那賀）国造のクニとが隣接して存在したことは明らかである。①の総記や②の記事をあわせて考えるならば、常陸地方において、評制成立以前の国造のクニが、その全域を区分する形で存在していたことは間違いないといえよう。なおこの場合も、建評後の行方評が茨城・那珂のクニと並存するのではなく、どちらか一方のクニに属したと解することは可能であり、筆者はそのように解するのである。

次に④についてであるが、まずその前半部において、初代多珂国造に任命された建御狭日命がクニの堺を定めた時に、「久慈堺之助河」を「道前」としたあるのは、久慈のクニと多珂のクニとが接していたことを述べたものとみてよいであろう。またこれによれば、多珂のクニの範囲は、律令制下の陸奥国石城郡と常陸国多珂郡（養老二年には多珂郡から菊多郡が分置される(14)）とをあわせた範囲であったことになるが、このことは、後半の建郡記事からも明らかである。

後半の建郡記事について、神崎氏は、多珂評の新設を述べた記事であるとし、白雉四年に、多珂のクニとそれ以前から存在していた石城評から、それぞれの一部を割いて多珂評が新設されたと解されている。そして、多珂評の初代官人には建評申請者ではなく、その一族ないし配下の人物が任命されたとし、その後は、多珂国・多珂評・石城評の三者が並存したとされる。氏がそのように解釈されるのは、建評申請者の「多珂国造石城直美夜部」「石城評造部志許赤」と表記される二人の申請者を、それぞれ申請時において多珂国造・石城評造であったと解するからである。

しかし、③の場合と同様、そのように解する必要はないのであり、この場合も、建評申請者の二人は、その評の初代官人に任命された人物とみるべきであろう。ただしこの場合は、「分置多珂・石城二郡」とあるとおり、新設された評は二つあり、いずれの評の官人に任ぜられたのかが問題となる。これも意見の分かれるところであるが、申請者の氏姓から判断して、石城評と考えるのが妥当であろう。また④の記事では、多珂国のことを述べた文に続けて、「分置二多珂・石城二郡一」と記しているのであるから、これによれば、白雉四年に多珂のクニを二分して多珂・石城の二評が建てられた、と解するほかはないと思う。

そして、建評申請者の表記が最終的身分表記であるならば、この記事からも、建評後なお国造（多珂国造）の存在したことが知られるのであり、その多珂国造のクニは、石城直を氏姓とし初代石城評の長官となった石城直美夜部が国造となっているのであるから、多珂・石城両評をあわせた範囲、すなわち建評以前と同じ範囲と考えて間違いないであろう。評制施行後のクニと評（コホリ）の関係は、やはりクニの内部にコホリが設置されている状況を考えるべきなのである。

最後に⑤の信太郡建郡記事についてであるが、神崎氏は、この記事は、「分二筑波・茨城郡七百戸一」とあるとおり、すでに成立していた筑波・茨城評から白雉四年に信太評が新設されたことを述べた記事と解すべきであり、信太評は国造のクニに由来するものではないとされる。つまり信太評を、従来の朝廷領である国造のクニ以外に、朝廷領が拡大された具体的例とされるのである。しかしこの場合も、この記事が、従来の筑波のクニと茨城のクニの内部に筑波評・茨城評・信太評が建てられ、信太評は再編されたどちらかのクニに属した、とする解釈を否定するものではないであろう。

以上、『常陸国風土記』の関係記事を検討し、評制施行以前の国造のクニは互いに隣接して存在していたこと（すなわち常陸地方全域を区分するものとして存在していたこと）、評制施行後も国造制は存続し、国（クニ）と評（コホリ）は並存するのではなく、クニという地域区分の内部がコホリという人間集団に分割されたと考えられること、の二点を述べた。これらの点は、常陸地方にのみ限られたことではなく、全国的に敷衍して考えてよいであろう。

なお、国造のクニを全土を区分したものとみることに対しては、クニを朝廷領と解するのではなくとも、従来から反対意見は少なくなかった。津田左右吉の見解もそうであったし、井上光貞・石母田正らにより国造制を全国的制度とする見解が提唱された後も、そうした意見は途絶えたわけではない。たとえば最近でも、舘野和己氏は、北陸地方の国造を例に、そのほとんどが日本海沿岸に本拠を有していることから、国造は満遍なく置かれたものではないとされている。しかし、本拠地が沿岸に偏在しているからといって、そのクニが内陸部にまで及んでいなかったということにはならないし、また、そもそもクニの境界は、④の前半部に示されるとおり、交通路に沿って定められているのであり、地図上に一線をもって画せるようなものではないのである。当時の地理的認識を考慮するならば、今日我々が持っているような正確な地図と対照させて、国造のクニの偏在をいうのは正しくないであろう。

(15) (16)

三　評制施行後のクニ

評制施行後の国造と評造、クニとコホリの関係を考えるにあたっては、『常陸国風土記』の建郡記事のほかにも検討すべき史料が存在する。まず注意されるのは『日本書紀』斉明五年是歳条の次の記事である。

命二出雲国造一〈闕レ名〉、修二厳神之宮一。狐嚙二断於宇郡役丁所レ執葛末一而去。又狗嚙二置死人手臂於言屋社一。

ここにいう「厳神之宮」については、後の意宇郡の熊野大社とする説と、出雲郡の杵築大社とする説があるが、後者を妥当とするべきであろう。門脇禎二氏の説かれるとおり[17]、この記事の後半部分から読み取れる意宇郡の役丁の不満は、他郡の杵築大社の修営に駆り出されたためのものとみられるからである。とするならば、この記事は、出雲国造が意宇郡にも出雲郡にもその権限を有していたことを示す記事ということになり、意宇のコホリや出雲のコホリは、出雲国造のクニと並存するのではなく、その内部にあったと考えられるのである。

次に、『日本書紀』天武五年八月辛亥条の諸国大祓の記事も注意される。

詔曰、四方為二大解除一。用物則国別国造輸二祓柱一、馬一匹・布一常。以外郡司各刀一口・鹿皮一張・钁一口・刀子一口・鎌一口・矢一具・稲一束。且毎レ戸、麻一條。

ここに「国別国造」とあることから、かつてはこの国造を、旧来の国造とは異なる一令制国一員の新国造とみる説が有力であった。しかし、大化改新で国造は廃止されたのではなく、その後も存続したと考えるべきであり、ここの国造も旧来の国造と考えて何ら問題はない。この点は神崎氏も同じ考えであるが、氏は、「国別」の「国」は国司の国と考えられているようである。国造のクニと国司の国との関係について、神崎氏は、「かつては幾つかのクニを取り纏めて管理するべく臨時の使者が派遣され、国造のクニを管するところから国司とも呼ばれたが、（中略）国司の任地への常駐が一般化するにつれて、その管轄範囲が固定される傾向を生んだと思われる。その結果、国司はその管轄下に入った国造のクニのいずれかの名を採って国司のクニの名としたのであろう」（四四頁）と述べられている。

しかし、国司のクニの内部にいくつかの国造のクニがあり、いずれも「クニ」と呼ばれ、「国」と表記されたとみるのは、いかにも不自然ではなかろうか。国司（国宰）の国は、天武末年の国境画定事業（『日本書紀』天武十二年十二月丙寅条、同十三年十月辛巳条、同十四年十月己丑条の三箇所に、伊勢王らを遣わし諸国を巡行して国境を定めたとする記事がある）によってはじめて成立したと考えるべきであり、それ以前の「国」は国造のクニを指すとみるべきであろう。[18]「国別国造」とある「国別」の「国」も国造のクニであり、この時の大祓は国造のクニ別に行なわれたのである。大祓を主催したのは中央からの派遣管（ミコトモチ）であろうが、当時のミコトモチ（宰）の管轄範囲は、一国造のクニと一致する場合もあったであろうが、一般にはいくつかの国造のクニをあわせた範囲であったと考えられるのであり、それを指して「国」（「クニ」）とは称さなかったと思う。それが「国」と称されるようになるのは、国境画定事業による令制国の成立からであり、それにより国造のクニは廃止され、地方行政区は国造のクニから国宰の国に変わったと考えられるのである。

また、この大祓の記事によれば、「国別」に国造は一人であるのに対し、郡司は「郡司各」とあるとおり、複数いたことが明らかである。つまりここからも、国造と郡司（評造）の関係は上下関係であり、クニの内部がコホリに分割されていたことが知られるのである。

なお、天武朝末年の国境画定以前の「国」を国造のクニと考えるについては、近年あいついで発見された一連の「三野国」木簡についての説明が必要であろう。すなわち、国境画定以前の紀年銘を有する木簡に、律令制下の美濃国とほぼ同じ範囲と考えられる「三野国」の表記がみえるからである。[19]評制施行後のミノ地域には、延喜十四年（九一四）段階で美濃国に二十四町の国造田（闕国造田）のあることからすれば、[20]すくなくとも四国造は存在していたとみるのが妥当である。したがって、これらの「三野国」を国造のクニとみるのは困難であり、それはミコトモチの管掌範囲を指すとみるべきであろう。ただ、この問題については、すでに別稿で述べたとおり、[21]かつてはミノ地方全域をクニとする国造が存在したため、「国」の表記がとられたと考えられるのであり、この例をもって、ミコトモチの管掌範囲が一般に「国」と称されていたとみるのは早計であろう。むしろ、これらの木簡のなかに「五十戸造」の表記のみえるものがあるのは、当時における国造―評造―五十戸造の組織の存在を示すものとして注目されるのである。

以上、評制施行後の国造のクニは内部に複数の評（コホリ）を含む行政区と考えられることを述べてきたが、このことは、評制施行以前（大化以前）の国造のクニも同様の性格を持っていたことを推測させるものであろう。もちろん今日においても、津田説を継承し、クニを行政区とみることに反対する意見は存在する。たとえば大町健氏は、『隋書』倭国伝に、当時の支配組織が「軍尼」―「伊尼翼」（国造―稲置）という人格間の上下関係で示されていることに注目し、クニは国造という人格によって体現されたその支配領域にすぎないとされる(22)。

たしかに国造のクニには、国造に任命された地域の豪族によって体現されるという側面はあったと考えられる。しかしそれは、実態としてそうであったということであり、中央権力が定めた制度としての国造のクニは、あくまで行政区であったとみるべきであろう。国造制の内容と、国造に任命された人物の地域の豪族としてのあり方とは、区別して考えなければならないのは神崎氏の強調されるとおりであり、それは、律令制度の内容と、律令制下の社会の実態とを区別しなければならないのと同様である。

さて最後に、漢語としての「国」に地方行政区という意味はないのに、なにゆえ倭（日本）ではそれに「国」の字をあてたのか、という問題を考えておきたい。

この問題も、すでに津田左右吉によって取りあげられているところであり、津田は、地方行政区である国司の「クニ」が「国」と書かれたことについて、「地方的豪族の領有してゐる一区画の土地がクニと呼ばれてゐて、其のクニに国の字をあて、其の首長たる豪族を国造と書いてゐた、従来の慣習に誘はれたもの」と述べている(23)。「クニ」という語が本来、一定の地域を指す語であり、各地の豪族の支配領域も地方行政区画も「クニ」と呼ばれたこと、国司の「クニ」を「国」と書くのは国造の「国」に倣ったものであること、これらの点は津田説のとおりであると思う。しかし、津田のように、国造の「クニ」と国司の「クニ」を意味の異なるものと解したならば、なにゆえ律令的地方支配制度を施行するにあたって、地方行政区を指す語に国造と同じ「国」の字を採用したのか、という問題は依然解消されないであろう。

この問題について神崎氏は、国造の「クニ」も国司の「クニ」も朝廷領の意味の「クニ」(前者は全土の一部、後者はそれが全土に拡大したもの)であり、朝廷領の意味の「クニ」に「国」の字があてられたと解されている。国司の「クニ」が国造の「クニ」と同じ意味であったから同じ語があてられた、というのはそのとおりであろう。しかし、両者に共通する意味は、これまで述べてきたとおり、朝廷領ではなく、地方行政区画であったとみるべきである。

そしてそうであるならば、国造のクニに「国」の字のあてられたことこそが問題になるが、これについては、国造の「クニ」は行政区ではあるが、実態としては漢語の「国」(中国史書にみえるいわゆる小国)に通ずる性格も持っていたから、と考えることができよう。国司の「クニ」の段階ではじめて地方行政区画としての「クニ」が成立し、その「クニ」に行政区画の意味を持たない「国」の字があてられたとみるよりは、国造のクニの段階であてられたとみる方が妥当であると考えるのである。

注

(1) 本稿において取りあげる国造とそのクニは、律令制成立以前のそれである。また、本稿においては、国造のクニを指す場合はクニと表記し、クニという語そのものをさす場合は「クニ」と表記することとする。

（2）拙著『日本古代国造制の研究』（吉川弘文館、一九九六年）。拙稿「国造はどのようにして地域を支配したか」（『新視点日本の歴史』2、新人物往来社、一九九三年）。

（3）『立命館文学』五七〇、二〇〇一年。以下、本稿で引用する神崎氏の所説は、いずれもこの論文による。また、神崎氏の文章をそのまま引用する場合は、「　」で括り、引用個所の頁を付すこととする。

（4）津田左右吉「大化改新の研究」（『津田左右吉全集』第三巻、岩波書店、一九六三年、所収。初出は一九三〇～三一年）。

（5）津田左右吉「書紀の書きかた及び訓みかた」（『津田左右吉全集』第二巻、岩波書店、一九六三年、所収。初出は一九三三年）二九九頁。

（6）津田左右吉「書紀の書きかた及び訓みかた」（前掲）二九八～三四七頁ほか。

（7）鎌田元一「日本古代の「クニ」」（同『律令公民制の研究』塙書房、二〇〇一年、所収。初出は一九八八年）。

（8）『常陸国風土記』の建郡記事についての全般的な検討は、拙著『日本古代国造制の研究』（前掲）第三編第二章「『常陸国風土記』の建郡（評）記事と国造」で行なっている。ここでは、神崎氏の所説を受け、クニの性格の問題に焦点をあてて再論することにしたい。

（9）「各遣造別令検校」の部分を、神崎氏は、「各おの造を遣はし別ちて検校せしむ」と訓まれている。日本古典文学大系本では「各、造・別を遣はして検校めしめき」と訓むが、ここは新治以下六国の国造のことをいっているのであり、神崎氏の訓みを妥当とするべきであろう。

（10）「那珂地□里」の部分は諸本にないが、前後の文章からここにこのような脱文のあることは明らかである。日本古典文学大系本では「那珂地七里」と補っている。

（11）『日本書紀』大化二年八月癸酉条。

（12）鎌田元一「評の成立と国造」（同『律令公民制の研究』前掲、所収。初出は一九七七年）。

（13）出雲臣弟山は、天平五年成立の『出雲国風土記』に飯石郡少領としてその名がみえ、天平十八年に出雲国国造に任命されている（『続日本紀』天平十八年三月己未条）。

（14）『続日本紀』養老二年五月乙未条。

(15) 井上光貞「国造制の成立」(『史学雑誌』六〇―一一、一九五一年)。石母田正『日本の古代国家』(岩波書店、一九七一年)。
(16) 舘野和己「ヤマト王権の列島支配」(『日本史講座1東アジアにおける国家の形成』東京大学出版会、二〇〇四年)一五一～一五二頁。
(17) 門脇禎二『出雲の古代史』(日本放送出版協会、一九七六年)一七九頁。
(18) 拙著『日本古代国造制の研究』(前掲)第二編第四章「国宰制の成立と国造」参照。
(19) 『飛鳥・藤原宮発掘調査出土木簡概報』一三、一九九八年、一三頁、一五頁。『同』一七、二〇〇三年、一三頁。『同』一八、二〇〇四年、二五頁。
(20) 『別聚符宣抄』延喜十四年八月八日太政官符。
(21) 拙稿「令制国の成立と東国」(佐伯有清編『日本古代中世の政治と宗教』吉川弘文館、二〇〇二年。本書第一部第三章)。
(22) 大町健「律令制的国郡制の特質とその成立」(同『日本古代の国家と在地首長制』校倉書房、一九八六年、所収。初出は一九七九年)六六～六七頁。
(23) 津田左右吉「応神天皇から後の記紀の記載」(『津田左右吉全集』第二巻、前掲、所収。初出は一九三〇年)一二五頁。

第三章　令制国の成立と東国

はじめに

『日本書紀』には、天武天皇十二年（六八三）から十四年にかけて、国境の画定事業が行われたとする一連の記事がある。大町健氏は、この国境画定事業をもって、領域的行政区画としての令制国成立の起点とされた(1)。この見解は、その後多くの支持を得ており、筆者も、それに基づき、国宰制の成立過程について論じたことがある(2)。そこでは、国境画定事業以前の地方派遣官は、単に宰（ミコトモチ）と称されていたのであって、国宰（クニノミコトモチ）の呼称が成立するのは、それ以降のことであるとした。

しかし近年、飛鳥池遺跡から、丁丑年（天武天皇六年）の年紀と、国・評・五十戸の記載を持つ木簡が二点発見され(3)、国境画定事業以前に「国」表記のあることが明らかになった。国宰の呼称の成立（令制国の成立）を国境画定事業以降とする私見にとっては、この木簡の「国」について説明する必要があるであろう。本稿では、まずこの点を取りあげることにしたい。

また、『日本書紀』の国境画定記事によれば、東国は、他地域よりも遅れて、あるいは再度にわたって画定事業のための使者の派遣されたことが推定される。本稿では、その意味についても考えてみたい。

一　国宰制の成立と「国」表記

国宰制の成立過程について、旧稿で述べたことの要点は、およそ次のとおりである。

(1)孝徳期の地方派遣官（『日本書紀』では「国司」と表記される）は、評制の施行を主目的とした臨時の派遣官であり、その段階では、全国的に常置の地方官を派遣するという制度は存在しなかった。

(2)常置の地方官が全国的に派遣されるようになるのは、天智天皇末年の庚午年籍の作成を画期としてのことと考えられる。

(3)しかしその段階の地方派遣官の管掌範囲は、国造のクニを単位としたものであり、一国造のクニの範囲と一致する場合もあれば、複数の国造のクニを合わせた範囲の場合もあった。

(4)したがって、その段階の地方派遣官の管掌範囲を「国」と表記することはなかったのであり、派遣官の呼称も単に「宰」であったと推定される。

(5)「国宰」の呼称が成立するのは、令制国の成立以降、すなわち天武天皇末年の国境画定事業以降と考えられる。

右の(3)〜(5)のように考えたのは、とくに次の史料に注目してのことであった。

(A)・壬午年十月［　　　］毛野
　　・□□□　　　　　　　　　　　　90. 20. 4　031

(B)癸未年七月三野大野評阿漏里／□〔阿カ〕漏人□□□〔米カ〕　　(169). 24. 3　059

(C)下毛野奈須評全二

(A)(B)はいずれも藤原宮跡出土の木簡であり、(A)の壬午年は天武天皇十一年、（B）の癸未年は同十二年に相当する。[4]
(C)は正倉院武器の箭刻銘であり、[5]評制下のものではあるが、はっきりした年代は不明である。

岸俊男氏は、(A)(B)について、そこに「□毛野」「三野」とのみあって「国」の表記を欠くことに注意されながらも、それらを「国」表記の省略されたものと解釈された。[6]それに対して森公章氏は、「□毛野」「三野」やさらに(C)の「下毛野」などは、地域名とみるべきであり、これらの史料は、その当時における令制国の未成立を示すものとされた。[7]筆者もまた森氏の見解にしたがい、そのうえで「□毛野」「三野」「下毛野」などは、令制国成立以前の宰の管掌範囲を指す表記と解釈した。令制国成立以前に「国」とあれば、それは国造のクニを指すのであって、宰の管掌範囲が「国」と表記されないのは、それが国造のクニと一致しない場合（いくつかの国造のクニを合わせた範囲の場合）もあったから、と考えたからである。

しかし、はじめに述べたとおり、一九九七年度の飛鳥池遺跡の調査（飛鳥藤原第八四次調査）により、次のような木簡が発見された。[8]

(D)・丁丑年十二月三野国刀支評次米
・恵奈五十戸造　阿利麻
春人服部枚布五斗俵　151. 28. 4　032

(E)丁丑年十二月次米三野国　加尓評久々利五十戸人
物部　古麻里　146. 31. 4　031

丁丑年は天武天皇六年（六七七）に相当し、これらの木簡により、国境画定事業以前にも国・評・五十戸の表記の行われていたことが明らかになった。つまり、国境画定以前の宰の管掌範囲を指して、「国」と表記した場合のあったことが考えられるのである。

右の新史料の発見をうけて、森公章氏は近年の著書で次のように述べられている。(9)

私は令制国の制度的確定は依然として天武末年でよいと考えているが、「国」表記の出現時期にはなお検討の余地があると思われ（丁丑年木簡は先取り的なものと見るか、あるいは令制国成立以前の国造のクニを基盤とする地域名を記したものと見るなどの可能性も残っていよう）、さらなる史料の増加を俟ちたい。

また、(D)(E)の木簡とともに、

(F)尾張海評□□五□□〔十戸カ〕　(127).22.2　032

のような、「国」表記を欠く木簡も出土していることから、「依然として『国』表記が定着していなかった可能性も考慮してみたい」とも述べられている。

一方、一九九八年度の飛鳥池遺跡の調査（飛鳥藤原第九三次調査）により、次のような木簡も発見された。(10)

(G)丁亥年若佐小丹評　木津□〔部カ〕五十戸
秦人小□□□〔益二斗カ〕　197.30.3　031

丁亥年は持統天皇元年（六八七）に相当し、この木簡によれば、国境画定以降も「国」表記を欠く場合のあったことが知られる。したがって、(C)(F)も、必ずしも国境画定以前の史料とは断言できないことになる。しかし、(G)に「五十戸」とあることに注目するならば、この木簡は何らかの理由で古い書き方に従った例とみることも可能であろう。(B)は今のところ「里」表記の初例であるが、付札木簡などにおける一般的な表記が「五十戸」から「里」へ変化するのは、天武天皇末年の頃とみられている。(11)(G)の木簡を右のように考えてよいとするならば、(C)(F)は、やはり国境画定以前の史料である可能性が高いということになるであろう。

いずれにせよ、(D)(E)(F)(G)の新出史料によって、令制国の成立を国境画定事業に求める説が否定されるということではあるまい。問題は、令制国成立以前にもかかわらず、なにゆえ(D)(E)に「三野国」とあるのかという点であり、その場合の「国」をどのように解釈するかという問題である。

まずこれを、令制国の先取り的表記とみるのは、丁丑年（天武天皇六年）という国境画定事業よりも五年以上さかのぼる年代からして、可能性が低いのではなかろうか。(B)の癸未年（天武天皇十二年）木簡の「里」表記が、飛鳥浄御原令の先取り的表記であるとするならば、そこに単に「三野」とあって「三野国」とないのも、(D)(E)の「三野国」を令制国の先取り的表記とみることに対して疑問を抱かせるものである。[12]

やはり、令制国成立以前の「国」は国造のクニを指しているとみるべきであり、この場合の「三野国」も、ミノ国造のクニを指すと解してよいのではなかろうか。つまり、当時ミノ地方に派遣されていた宰の管掌範囲は、ミノ国造のクニと一致していたため、ここではそれが「三野国」と表記された、と考えるのである。もちろん、国造のクニと宰の管掌範囲が一致した場合、必ずそれは「国」と表記されたということではない。(B)に「三野」とのみあるのは、そのことを明瞭に示している。

なお、(D)(E)の「三野国」や、(A)の「□毛野」、(B)の「三野」、(C)の「下毛野」、(F)の「尾張」、(G)の「若佐」などは、宰の管掌範囲を指すのではなく、単にその下に記される評の所在を示す地域名にすぎない、との見方もできるかもしれない。ただそう解したとしても、そのことは、(D)(E)の「三野国」を国造のクニと解することへの支障にはならない。

また、(D)(E)は「次米」の貢進という新嘗にかかわる特殊な場合であったがために、とくに「国」表記が用いられたという解釈も可能であろう。『日本書紀』にも、この年の新嘗についての記事が残されている。ただこのように解した場合も、やはり「三野国」を国造のクニと解して問題はないであろう。むしろ、大王（天皇）への服属を象徴する儀礼であったがために、ことさら国造のクニが強調された、ということも考えられる。

る。(B)の「大野評」は、令制下の美濃国の西部に位置し、(D)の「刀支評」「恵奈五十戸」(恵奈はのちに独立の郡となる)は美濃国の東端部、(E)の「加尓評」は刀支評の西隣りの評であるから、(B)の「三野」、(D)(E)の「三野国」は、ほぼ令制下の美濃国全域に相当する範囲を指しているとみてよい。

ミノ地方の国造として諸史料に伝えられる国造は、次のとおりである。

まず、『先代旧事本紀』の「国造本紀」には、「三野前国造」「三野後国造」の名がみえ、「三野前国造」の前に掲げられる「額田国造」も、ミノ地方の国造である可能性が考えられる。[13]また、『日本書紀』景行天皇四年二月是月条には「美濃国造」の名がみえ、『古事記』景行天皇段にも同じ国造を指して「三野国造」とある。『古事記』には、開化天皇段の系譜記事に「三野国之本巣国造」の名もみえている。そして、「上宮記」一云の継体天皇の系譜記事には、「牟義都国造」の名がみえ、牟義都はのちの美濃国武義郡に対応する地名と考えられる。

これらの国造をどのように考えるかについては諸説のあるところであり、いまだ定説は得られていない。[14]ただ、『別聚符宣抄』に引く延喜十四年八月八日の太政官符によれば、延喜十四年(九一四)当時、美濃国には二十四町の国造田(闕国造田)の置かれていたことが知られ、国造田は本来、見任の国造に対して一種の職分田として六町ずつ支給されたものと考えられるから、[15]美濃国には、かつて少なくとも四国造は存在していたことになる。[16]おそらく、天武天皇六年当時においても、四国造は存在したとみるのが妥当であろう。

とするならば、(D)(E)が書かれた当時、ミノ地方全域をクニとするようなミノ国造は存在しなかったことになり、先に述べた私見は成立しないことになる。しかし、ここで注意したいのは、『日本書紀』に「美濃国造」、『古事記』に「三野国造」の名がみえており、ミノ地方全域をクニとしたような国造の存在も推定されることである。天武天皇六年当時は、ミノ地方に四国造（ないしはそれ以上の国造）の存在していた可能性が高いが、かつては、ミノ地方全域をクニとするミノ国造が存在したとみてよいのではなかろうか。(D)(E)において「三野国」という表記がとられたのは、そのためであったと考えられる。

なお、一九八五年三月の伝飛鳥板蓋宮跡の調査で出土した木簡群には、「辛巳年」（天武天皇十年）の年紀のある削片とともに、「伊勢国」の表記のある削片も含まれていた(17)。この「伊勢国」も、それが確かに天武天皇十年頃に書かれたものであるならば、伊勢国造のクニを指すと考えてよいであろう。

類例は少ないが、(D)〜(G)の新たな木簡史料が追加されたことによっても、国境画定事業以前は、評の上の地域名に「国」表記の欠ける場合の多いことは認められるのである。国宰の呼称の成立を国境画定以降とする私見は、今のところ改める必要はないと考えている。

また、(D)には「五十戸造」とあるが(18)、これは、国造・評造と対応する職名とみてよいであろう。筆者は先の拙著において、令制国成立以前の地方組織は、国造—評造—五十戸造の三段階の組織であり、その上に中央から宰が派遣されていたと推測したが(19)、(D)の木簡は、むしろ右の私見に適合的な新史料ということができよう。

二　国境画定事業と東国

『日本書紀』に記す天武天皇末年の国境画定事業に関する記事は、次のとおりである。

①天武天皇十二年十二月丙寅条

遣㆓諸王五位伊勢王。大錦下羽田公八国。小錦下多臣品治。小錦下中臣連大嶋。并判官。録史。工匠者等㆒巡㆓行天下一而限二分諸国之境界一。然是年不レ堪二限分一。

②同十三年十月辛巳条

遣二伊勢王等一定二諸国堺一。

③同十四年十月己丑条

伊勢王等亦向二于東国一。因以賜二衣袴一。

これらによれば、まず、この時の国境画定事業は、伊勢王を長官とする国境画定のための特別チームが編成され[20]、それが全国を巡行して画定事業を行っていったことが知られる。チームの中には「工匠者」（おそらく測量のための技術者）も含まれており、地図上に一線をもって画せるような、厳密な画定事業が行われたものと推定される。

孝徳期においても、大化二年八月発遣の「国司」と任地の国造に対して、「宜下観二国々壃堺一。或書。或図。持来奉上示。国県之名来時将定」という命令が下されている[21]が、この時の国境の定め方とは、明らかに段階を異にした画定事業であったといえよう。また、孝徳期の「国々壃堺」というのは、令制国の境ではなく、国造のクニであったとみるべきである[22]。

次に、国境画定事業の実際の経過についてであるが、①の最後に「然是年不レ堪二限分一」とあることからすると、①の天武天皇十二年十二月丙寅（十三日）という年月日は、伊勢王らが派遣された日付ではなく、画定事業の途中ではあったが新年を迎えるためいったん都に戻ってきた、その日付を指している可能性が高い。十二月十三日に派遣されたばかりであるならば、そもそもその年のうちに画定事業を行うこと自体が不可能であり、「然是年不レ堪二限分一」というようなことは記されなかったと思う。ちなみに、伊勢王は①の記事が初見であり、羽田公八国・多臣品治は壬申紀に登場したのちは①にはじめてその名がみえ、中臣連大嶋も天武天皇十年十二月癸巳（二十九日）条に授位の記事があるのちは、①の記事までその名がみえない。つまり、右のように解して矛盾の生じないことは指摘できる。

①をこのように解してよければ、②についても、伊勢王らが派遣された日付ではなく、画定事業を終えて帰京した時の日付にかけて書かれている可能性が考えられるであろう。①と②の間の『日本書紀』の記事に伊勢王および羽田公八国・多臣品治・中臣連大嶋らの名はみえておらず、この場合もそのように解して矛盾は生じない。

そして③についても、伊勢王らが東国に向った時と、衣袴を賜わった時とが異なっており、天武天皇十四年十月己丑（十七日）という日付は、後者の日付である可能性が考えられるであろう。伊勢王は③の記事ののち、朱鳥元年正月癸卯（二日）条に、天皇の問うた「無端事」に「実」をもって答えたことにより衣袴などを賜わったとする記事があり、その時の在京が確認できる。③の記事のわずか二ヶ月半後のことであり、このことからすれば、③の日付は、東国に向った日付ではなく、衣袴を賜わった日付とみた方がよいように思われる。また、②と③の間の天武天皇十四年九月戊午条には、

直広肆都努朝臣牛飼為二東海使者一。直広肆石川朝臣虫名為二東山使者一。直広肆佐味朝臣少麻呂為二山陽使者一。直広肆巨勢朝臣粟持為二山陰使者一。直広参路真人迹見為二南海使者一。直広肆佐伯宿禰広足為二筑紫使者一。各判官一人。史一人。巡二察国司。郡司及百姓之消息一。

とあり、巡察使派遣の記事がみえる。これは、国境の画定事業をうけてのことであろうから、この巡察使が派遣された天武天皇十四年九月戊午（十五日）の段階では、東国も含めて画定事業が終わっていたとみる方が自然であろう。すなわちこのことからも、③の日付は衣袴を賜わった時の日付と考えるのが妥当といえるのである。

またそうであるならば、②と③とは同じ画定事業を指しており、②は伊勢王らが東国に向った日付、③はその帰京をうけて衣袴を賜わった日付にかけて書かれた、という可能性も考えなければならない。ただその場合には、①②③

のうち、②の記事のみが派遣の日付にかけて書かれていることになり、この点に不自然さが生ずることになる。②と③は、やはり異なる画定事業（つまり②の日付も帰京した時の日付）とみた方がよいと思うが、いずれにしても、③の日付は、伊勢王らが東国に向った日付ではなく、帰京して衣袴を賜わった日付と解すべきことには変わりはない[23]。

以上、国境画定事業の経過について推測を重ねてきたが、東国に対する画定事業は、他地域に比べて遅れたか、あるいは再度にわたって行われたかしたのは確かであろう。③の記事の「亦」が「向」にのみかかるとすれば前者、「東国」にまでかかるとするならば後者ということになる。

なぜこのような経過をたどったのか、この点を考えるうえで注目されるのが次の記事である。

天武天皇十四年七月辛未条

詔曰。東山道美濃以東。東海道伊勢以東諸国有ㇾ位人等。並免二課役一。

これは、東国豪族に対する優遇策といえようが、国境画定事業にかかわる優遇策とみてよいのではなかろうか。天武天皇十四年七月辛未（二十七日）というと、②と③の間のことであり、先に述べた国境画定事業の経過からすると、まさに伊勢王らが東国において画定事業を行っている最中である可能性が高い。

このような時期に、東国豪族に対する優遇策が出されたということは、国境画定事業にあたって東国豪族らの協力が得難い状況、あるいはそのように中央政府が懸念した状況を想定してよいであろう。当時の中央政府にとって東国は、他地域に比べてその掌握度が低かったと考えられるのである。

そしてこの点は、孝徳期においても同様であったとみられるのであり、それは、東国「国司」派遣のあり方から推定されるところである。

三　孝徳期の東国「国司」

『日本書紀』大化元年（六四五）八月庚子（五日）条、同二年三月甲子（二日）条、同辛巳（十九日）条には、東国「国司」らに対する一連の詔が載せられている。これを便宜上、順に第一詔、第二詔、第三詔と呼ぶこととする。

第一詔は、東国「国司」を任命し、その「国司」らに対して、いくつかの任務を与え、任務遂行上の注意事項を与えたものである。またこの大化元年八月庚子条には、東国「国司」と同時に、倭国六県にも「使者」の派遣されたことが記されている。第二詔は、任地に赴いた「国司」（東方八道に遣わされた八グループの「国司」）について、その長官の「六人奉ㇾ法。二人違ㇾ令」という「毀誉」が聞えてきたため、近く第一詔に照らして処断することを述べたもの。そして第三詔は、それをうけて、八グループの「国司」のそれぞれについて、詳しく勤務評定を行ったものである。

これら一連の詔について、はじめて本格的検討を加えられたのは井上光貞氏である(24)。氏は、東国「国司」と同様の地方官はこの時期全国的に派遣されたが、まず最初に派遣されたのが東国と倭国六県であったとして、その理由を、東国の大和朝廷に対する直属性に求められた。東国に最初に「国司」が派遣されたという理解は、その後、門脇禎二氏による批判もあったが(25)、今日においても、一般的に認められているようである(26)。

しかし、はたしてそうであろうか。筆者は、すでに論じたところであるが、この時の東国「国司」は、むしろ他地域に遅れて派遣されたものと考えている(27)。

東国「国司」に与えられた任務は、(イ)「造籍」「校田」、(ロ)武器収公、(ハ)地方政治機構の実状調査・報告、の三点であったが(28)、他地域に対する同様の任務の伝達について、『日本書紀』には次の記事が載せられている。

①大化元年九月朔条

遣下使者於諸国一治上レ兵。或本云。従二六月一至二九月一。遣二使者於四方国一。集二種種兵器一。

②大化元年九月甲申（十九日）条

遣二使者於諸国一。録二民元数一。（後略）

③大化二年正月是月条

天皇御二子代離宮一。遣下二使者一。詔二郡国一修中営兵庫上。（後略）

①③は、東国「国司」に命ぜられた(ロ)の任務に相当するが、これにより、他地域に対しては二度に分けて武器収公の任務の命ぜられたことが知られる。また①の分注によれば、この命令は、大化元年の六月から九月にかけて諸国に伝えられたとあり、これが正しければ、八月に東国「国司」が派遣される以前に、すでにある地域には(ロ)の任務が伝えられたことになる。この点のみからしても、まず最初に東国に「国司」が派遣されたとする理解に対しては、疑問がもたれるのである。

②は、東国「国司」に対する(イ)の「造籍」の任務に相当するものと考えられる。(イ)の「造籍」「校田」の内容は、倭国六県への「使者」に対して「宜下造二戸籍一并校中田畝上」とあるその分注に、「謂。検二覈墾田頃畝及民戸口年紀一」とあることからすると、人口・年齢の調査（②にいう「録二民元数一」）と、田地の面積の調査であったと推定される。したがって、(イ)の「造籍」の任務は、たしかに他地域に対しては、東国より遅れて伝えられたことになる。

しかし、ここで注意されるのは、(イ)の「校田」や、(ハ)の地方政治機構の実状調査・報告の任務については、これを諸国（他地域）に伝えたとする記事がみえないことである。(29) (イ)の「校田」の場合は、②の後略とした部分に載るいわゆる土地兼併禁止の詔を、それと対応させて考えることも可能であろうが、少なくとも(ハ)の任務に対応するような記事は、いっさいみえないのである。

㈧の任務は、評制施行の準備にかかわるとみられるのであり、(30) このような任務を帯びた地方官は、全国的に派遣されたと考えなければならない。『日本書紀』孝徳紀の編纂時において、たまたまこれに関する資料が残されていなかったために記事がない、との見方もあるかもしれないが、他の任務に関する資料は残されていて、㈧に関するもののみが残されていなかったというのも、不自然であろう。つまり、㈧の任務は、他地域については大化元年以前にすでに伝えられており、そのため孝徳紀には記事がない、ということも考えられるのである。

一方、①②③には「使者」とあって、「国司」とは書かれていないことも注意されるところである。とくに③の場合は、「使者」を遣わして「郡国」に詔す、とあるのであるから、この「使者」は任務の伝達者であり、任務を遂行するのは、すでに任地に派遣されている地方官（「国司」）と解さなければならない。①②の「使者」についても同様に解釈してよく、大化元年当時、他地域にはすでに「国司」の派遣されていたことが推定されるのである。

そこで想起されるのは、皇極紀の次の記事である。

皇極天皇二年（六四三）十月己酉（三日）条

饗二賜群臣伴造於朝堂庭一。而議二授レ位之事一。遂詔二国司一。如二前所勅一。更無二改換一。宜下之二厥任一慎中爾所上レ治。

この時に派遣されることになった「国司」は、「宜下之二厥任一慎中爾所上レ治」とあることからして、何らかの任務を与えられていたことが明らかである。この「国司」は、地方政治機構の実状調査・報告と、「校田」（「校田」については②で命ぜられた可能性もある）を任務として、東国以外の地域に派遣された「国司」と考えてよいであろう。①②③は、これらの「国司」に対して、新たな武器収公や「造籍」の任務を、使者を遣わして伝達した記事と考えられるのである。

この時期の地方派遣官（「国司」）は、評制施行の準備のために全国的に派遣されたのであり、東国「国司」は、けっして最初に派遣されたのではなかった。しかし東国が、他とは異なった特別な扱いをうけたことも確かである。まずは、派遣が遅れたこと、そして他地域に対しては何回かに分けて伝えられた任務が、東国「国司」に対しては一度に命ぜられたこと、これらを異なった点として指摘できる。また、任務遂行上の様々な注意事項が与えられ、それに基づいて厳しく詳しい勤務評定が行われたのも、東国「国司」のみであったと考えられる。孝徳紀に、東国「国司」についてのみ詳しい記事があるのは、たまたま資料が残っていたからというのではなく、東国「国司」が特別扱いされたからとみるべきであろう。

要するに、東国に対しては、評制施行のための準備が特別注意深く行われたことが推定されるのである。このことは、国境画定事業の場合と同様、その当時の中央政権の、東国に対する掌握度の低さを示すものといってよいであろう。またそれは、東日本に対する国造制の施行が、西日本に比べて遅れたと考えられることとも[31]、無関係ではないと思う。

古代東国の特殊性については、改めて筆者自身の検討結果を公表する必要があるであろうが、しばしば指摘されるところの、大和政権の軍事的基盤としての東国、王権に直属した地域としての東国といった性格と、本稿で述べた掌握度の低い東国ということとは、必ずしも矛盾するものではないと考えている。

注

（1） 大町健「律令制的国郡制の特質とその成立」（『日本史研究』二〇八、一九七九年）。のち同『日本古代の国家と在地首長制』校倉書房、一九八六年、に補訂して収録。

(2) 拙稿「国司制成立過程の再検討」(佐伯有清編『日本古代中世史論考』吉川弘文館、一九八七年)。
(3) この二点の木簡は、のちの本文で取りあげる。
(4) 奈良国立文化財研究所『藤原宮木簡』二、一九八一年。(A)は五四五号木簡、(B)は五四四号木簡。
(5) 釈文は、東野治之「正倉院武器中の下野国箭刻銘について」(『続日本紀研究』二〇八、一九八〇年)、のち同『日本古代木簡の研究』塙書房、一九八三年、所収、による。
(6) 岸俊男「日本における『京』の成立」(『東アジア世界における日本古代史講座』六、学生社、一九八二年)、のち同『日本古代宮都の研究』岩波書店、一九八八年、所収。
(7) 森公章「評制下の国造に関する一考察」(『日本歴史』四六〇、一九八六年)、のち同『古代郡司制度の研究』吉川弘文館、二〇〇〇年、所収。
(8) 奈良国立文化財研究所『飛鳥・藤原宮発掘調査出土木簡概報』十三、一九九八年。一三頁、一五頁。
(9) 森公章『古代郡司制度の研究』(前掲)七二頁。
(10) 奈良国立文化財研究所『飛鳥・藤原宮発掘調査出土木簡概報』十四、一九九九年、一三頁。
(11) 鬼頭清明『律令国家と農民』塙書房、一九七九年。鶴見泰寿「七世紀の宮都木簡」(『木簡研究』二〇、一九九八年)。舘野和己「律令制の成立と木簡」(同右)、など。
(12) 鬼頭清明『律令国家と農民』(前掲)。
(13) 早川万年「和珥部臣君手と大海人皇子の湯沐邑」(『岐阜史学』九一、一九九六年)。
(14) 最近の研究として、長瀬仁「三野後国造の実在性に関する一仮説」(『岐阜史学』七六、一九八二年)、尾関章「ミノの国造と県主について」(『岐阜史学』九六、一九九九年)などがある。
(15) 熊田亮介「国造田について」(『新潟大学教育学部紀要(人文・社会科学編)』二四―二、一九八三年)。拙著『日本古代国造制の研究』吉川弘文館、一九九六年、第二編第五章。
(16) 延喜十四年以前に、美濃国の国造田の一部がすでに他に転用されていた可能性もなくはないので、その場合は、四国造より多くの国造が美濃国の範囲に存在していたことになる。

(17) 岸俊男「飛鳥出土の木簡削片」（『明日香風』一七、一九八六年）。亀田博・和田萃「奈良・飛鳥京跡」（『木簡研究』一二、一九九〇年）。
(18) ほかに伊場遺跡出土の木簡にも「五十戸造」の表記がみえる。浜松市教育委員会『伊場木簡』一九七六年、第二十一号木簡。
(19) 拙著『日本古代国造制の研究』（前掲）第二編第三章・第四章。
(20) なおこの時のチームは、伊勢王を長官とするチームのほかに、羽田公八国を長官とするもう一つのチームが編成された可能性も考えられる。
(21)『日本書紀』大化二年八月癸酉条。
(22) 大町健「律令制的国郡制の特質とその成立」（前掲）。拙著『日本古代国造制の研究』（前掲）第二編第二章。
(23) 以上、①②③の日付の解釈については、倉本一宏氏の御教示によるところが大きい。記して謝意を表する。
(24) 井上光貞「古代の東国」（『万葉集大成』五、平凡社、一九五四年）、「大化改新と東国」（同『日本古代国家の研究』岩波書店、一九六五年）。
(25) 門脇禎二「いわゆる、大化の東国『国司』について」（『日本史研究』一三〇、一九七三年）、のち同『「大化改新」史論』下巻、思文閣出版、一九九一年、所収。
(26) たとえば、大津透「大化改新と東国国司」（『新版古代の日本』8、角川書店、一九九二年）、荒井秀規「『東国』とアヅマ」（『古代王権と交流』2、名著出版、一九九四年）など。
(27) 拙著『日本古代国造制の研究』（前掲）第二編第一章。
(28) (イ)は、第一詔に「凡国家所レ有公民。大小所レ領人衆。汝等之レ任。皆作二戸籍一。及校二田畝二」とあるとおりであり、(ロ)も、「於二閑曠之所一。起二造兵庫一。収二聚国郡刀甲弓矢一」と明記されている。(ハ)については、第一詔に任務として明記されてはいないが、任務遂行上の注意事項を述べた部分に、「若有二求レ名之人一。元非二国造。伴造。県稲置一而輙詐訴言。自二我祖時一。領二此官家一。治二是郡県一。汝等国司。不レ得三随レ詐便牒二於朝一。審得二実状一而後可レ申」とある。これはあくまで但し書であるが、このような但し書があるということは、任務として地方政治機構の実状調査・報告が命ぜられていたことを示している。
(29) 井上光貞「大化改新と東国」（前掲）。樋口知志「律令的調制成立の前提」（『歴史学研究』五九八、一九八九年）。

（30）薗田香融「国衙と土豪との政治関係」（『古代の日本』9、角川書店、一九七一年）、のち同『日本古代財政史の研究』塙書房、一九八一年、に「律令国郡政治の成立過程」と改題して収録。

（31）拙著『日本古代国造制の研究』（前掲）第一編第三章。

第四章　国造の「氏姓」と東国の国造制

はじめに

国造の氏姓についての基礎的研究としては、戦後間もなく発表された阿部武彦、井上光貞両氏の研究があげられる。(1)そしてこの両氏の見解は、今日においても大きな影響力を有しているといえようが、それは、およそ次のように要約されるであろう。

① 国造のカバネは直が一般的であるが、ほかにも臣・連・君などがあり、直以外のカバネを称する国造の分布は、それぞれ特定の地域に限られている。

② またそれらの国造は、直のカバネを称する国造よりも、ヤマト政権に対する独立性が高かったと考えられる。

③ 国造のほとんどは「地名（クニの名）＋カバネ」の氏姓を称するが、一部には「部名＋カバネ」（伴造たることを表す氏姓）を称する国造も存在し、それは東国に多く分布している。

④ その伴造たる氏姓を称する国造（伴造的国造）は、直のカバネを称する国造よりも、さらにヤマト政権に対する隷属度が高かったと考えられる。

国造の氏姓の違いはヤマト政権の浸透度の違いを示し、そこには地域的な特徴が認められるとする両氏の指摘は、その後の研究においても基本的に踏襲されていったといえよう。そのようななかで筆者も、旧著において簡単にではあるが、この問題について考えるところを述べた。(2) それは、国造のカバネの地域的偏差は、国造制の内容それ自体に違いがあったことを示すものではない、という点を主張しようとしたものであったが、そこで述べたことは、およそ次のとおりである。

①　国造制の施行とカバネの賜与とは本来別個のものであったが、国造制を施行するにあたって、国造に任ずる首長がそれまでカバネをもたなかった場合に、統一して直のカバネが賜与されたと考えられる。

②　臣・連・君など、直以外のカバネを称する国造は、国造に任ぜられる以前からそのカバネを賜与されていたとみられるのであり、国造制の施行にあたって、その内容の違いに応じて異なったカバネが賜与されたのではない。

③　国造は「伴造的国造」も含め、本来そのすべてが、「クニの名＋カバネ」の職名的称号を称したと考えらるのであり、東国に「伴造的国造」が多いということは、たしかに東国の特徴ではあるが、それは東国の国造制の内容に他地域との違いがあったことを示すものではない。

④　東国に「伴造的国造」が多いということの意味は、庚午年籍における定姓（あるいはその後の賜姓）の際の問題として考えるべきである。

これらの点については、今でも訂正の必要はないと考えているが、ただ旧著において、④の点は単に指摘したのみであって、その意味については論じていない。伴造に由来する氏姓を賜与された国造がなにゆえ東国に多いのかという問題は、国造制の内容に違いがあったからではないにせよ、やはり東国の特性として考えられなければならない問題であろう。本稿では、東国においても、国造の称号は「クニの名＋カバネ」であったとみてよいことを確認した上で、その問題について考えることにしたい。

一　国造の称号と氏姓

「クニの名＋カバネ」という国造の呼称は、阿部氏や井上氏の研究をはじめ、これまでの多くの研究においては、国造の氏姓として理解されてきた。しかし、加藤晃氏が説かれたとおり、父系出自集団の呼称としての氏姓（律令制的「姓」）の成立は、庚午年籍以降と考えられるのであり、「クニの名＋カバネ」の呼称は、本来は国造個人が称した職名的称号と理解するべきであろう(3)。ただし、その職名的称号の多くは、庚午年籍以降に賜与された氏姓から推測されるものなのである。まずは、これまでの研究において、各国造の氏姓として推定されてきた例を、一覧表にして掲げておくこととする(4)。

国造とその「氏姓」

	国造名	「氏姓」
畿内	大倭	大倭直
	葛城	葛城直
	凡河内	凡河内直
	山城・山背	山背直・久我直
	闘鶏・都下	都祁直
東海道	伊賀	伊賀臣・阿保君・健部君
	伊勢	伊勢直
	嶋津	嶋直
	尾張	尾張連
東海道	参河	三河直
	穂	穂別
	遠淡海	檜前舎人
	久努	久努直
	素賀	?
	珠流河	金刺舎人
	廬原	廬原公
	伊豆	日下部直・嶋直
	甲斐	日下部連・日下部直・壬生直
	相武	漆部直・壬生直
	師長	丈部造・丈部直

東海道	无邪志・胸刺	笠原直・丈部直・大部直
東海道	知々夫	三宅連・大伴部
東海道	須恵	末使主・日下部使主
東海道	馬来田	湯坐連
東海道	上海上	檜前舎人直
東海道	伊甚	伊甚直・春日部直
東海道	武社	武射臣
東海道	菊麻	谷直・刑部直
東海道	阿波	大伴直
東海道	印波	丈部直・大生部直
東海道	下海上	海上国造他田日奉部直
東海道	長狭	壬生直
東海道	千葉	千葉国造大私部直
東海道	新治	新治直
東海道	筑波	壬生直・丈部直
東海道	茨城	壬生連
東海道	仲	壬生直・宇治部直
東海道	久慈	?
東海道	高	石城直
東山道	淡海・近淡海之安	近淡海之安直
東山道	額田・近淡海	額田国造
東山道	美濃	美濃直
東山道	三野前	?
東山道	本巣	国造・栗栖田君
東山道	三野後	?

東山道	牟義都	牟義都君
東山道	斐陀	飛驒国造・主水直
東山道	上毛野	上毛野君
東山道	下毛野	下毛野君
東山道	道奥菊多	?
東山道	道口岐閉・道尻岐閉	?
東山道	阿尺	丈部直
東山道	思	?
東山道	伊久	?
東山道	染羽	丈部
東山道	浮田	吉弥侯部
東山道	信夫	丈部
東山道	白河	奈須直・大伴部
東山道	石背	吉弥侯部
東山道	石城・道奥石城	石城直・丈部
東山道	那須	那須直
東山道	科野	金利舎人・他田舎人・科野直
北陸道	若狭	膳臣・稚桜部臣
北陸道	高志	高志公・道君
北陸道	三国	三国公
北陸道	角鹿	角鹿直
北陸道	加我・加宜	道君
北陸道	江沼	江沼臣
北陸道	能登	能登臣

北陸道	羽咋	羽咋君
	伊弥頭	射水臣
	久比岐	高志公
	高志深江	?
	佐渡	?
山陰道	丹波	丹波直
	但遅麻	多遅麻君・神部直・日下部・朝来直
	二方	?
	稲葉	国造・伊福部臣
	波伯	伯耆造
	出雲	出雲臣
	石見	?
	意岐	?
山陽道	針間	佐伯直・針間直
	針間鴨	針間国造・針間直
	明石	海直
	吉備	吉備臣
	大伯	吉備海部直
	上道	上道臣
	三野	三野臣
	下道	下道臣
	加夜	賀陽臣
	笠臣	笠臣
	吉備中県	仲県国造・三使部直
	吉備穴	阿那臣・安那公

山陽道	吉備風(品)治	品遅君
	阿岐	佐伯直・凡直
	大嶋	?
	波久岐	?
	周防	周防凡直
	都怒	都奴臣
	穴門	穴門直
	阿武	阿牟君
南海道	紀伊	紀直
	熊野	熊野直
	淡道	凡直
	粟	粟凡直
	長	長直
	讃岐	讃岐凡直・佐伯直・讃岐公
	伊余	凡直
	久味	久米直
	小市	越智直
	怒麻	?
	風速	風早直
	都佐	凡直
	波多	?
西海道	筑志	筑紫君
	竺志米多	米多君・末多君
	豊	豊国直・豊直
	宇佐	宇佐君

西海道	
国前	国前臣
比多	?
大分	大分君
火	肥君
松津	?
末羅	?
阿蘇	阿蘇君
葦分	葦北君・刑部靫負
西海道	
天草	?
日向	?
大隅	大隅直
薩摩	薩摩君・阿多君
伊吉	壱岐直
津嶋・津嶋上・下県	津嶋県直・直
葛津立	葛津直
多褹	多褹直

この表の国造は、『先代旧事本紀』「国造本紀」の国造を含め、古代の文献上に「某国造」とある例は、律令制下の国造（いわゆる新国造）と「東国造」（『古事記』景行天皇段）、「神郡国造」（『類聚三代格』巻七）を除き、すべて掲げてある。「国造本紀」とその他の文献との両方に名のみえる国造もあり、[5]「国造本紀」にはみえない国造も数例存在するが、過半数は「国造本紀」にのみ名のみえる国造である。したがって、そのなかには、実際には国造ではなかった（国造職には就いていなかった）と考えられる例も含まれている。

「国造本紀」は、大宝二年に認定された国造氏を登録した「国造記」[6]（ないしはそれに基づいた史料）を原資料としたものと考えられ、そこに掲げられた国造は、職としての国造というかたちをとってはいるが、実は国造氏であり、実際に職として存在した国造を直接に示すものではない。ただ国造氏は、原則として国造の職を世襲していた一族が認定されたものと考えられるのであり、「国造本紀」の国造も、そしてこの表の国造も、多くは原則として実在した国造と考えてよいものである。[7]

また、この表で推定されている氏姓は、なかには『古事記』『日本書紀』の系譜記事などにおいて、「某＋国造」と

「某＋カバネ」とが対応することによって推定される氏姓が含まれている。たとえば大倭国造は、『日本書紀』神武天皇即位前紀に「倭国造」に任命された珍彦（椎根津彦）を「倭直」の始祖とする記載がみえ、『古事記』神武天皇段には、その槁根津日子を「倭国造」の祖としている。ほかに同様の例として、凡河内国造の凡河内直、山代（山城）国造の山代直、出雲国造の出雲臣、紀伊国造の紀直、筑紫（築志）国造の筑紫君、葦分国造の葦北君などがあげられる。また、武蔵（无邪志・胸刺）国造の笠原直が『日本書紀』安閑天皇元年条による推定であること、茨城国造の壬生連や仲（那珂）国造の壬生直が『常陸国風土記』の記載による推定であること（これらの例については後に具体的に取りあげる）など、とくに関連する記事が存在する例もある。しかし多くは、八世紀の郡領などの氏姓から推測したものである。[8]

この表の氏姓は、それがそのまま各国造の称していた職名的称号を示すものではなく、各国造のなかには、実際には庚午年籍において他の氏姓を賜与されたという例の含まれている可能性は否定できない。また各国造の一族が、庚午年籍において、異なる氏姓を称する複数の氏に分かれたということも十分考えられる。

しかし、国造制の廃止後に、国造およびその一族の人々は、一般的にはその地域の郡領に任ぜられていったこと、国造一族の氏姓が、一般的にはその職名的称号に因んで賜与されたものであること、この二点が認められるならば、この表は、一般論として国造の職名的称号を推測する上では、有効なものといえるであろう。

そしてこの表からは、東国（東海・東山道地域）も含め、「クニの名＋カバネ」を氏姓とする氏が、八世紀の郡領などの有力氏族として、各地域にほとんど例外なく存在することが知られるのである。各国造が本来「クニの名＋カバネ」の称号を持っていたのではないかとの推測は、十分な妥当性を持つものといえよう。

また、この点について考える上では、旧著においても指摘したが、『新撰姓氏録』にみえる次の伝えも参考になる。

A　右京皇別下佐伯直条

佐伯直　景行天皇皇子稲背入彦命之後也。男御諸別命、稚足彦天皇諡成務。御代、中㆓分針間国㆒給㆑之。仍号㆓針間別㆒。

（後略）

B　右京皇別下廬原公条

廬原公　笠朝臣同祖、稚武彦命之後也。孫吉備建彦命、景行天皇御世、被㆑遣㆓東方㆒、伐㆓毛人及凶鬼神㆒、到㆓于阿倍廬原国㆒。復命之日以㆓廬原国㆒給㆑之。

C　大和国神別大和宿禰条

大和宿禰　出㆑自㆓神知津彦命㆒也。神日本磐余彦天皇、従㆓日向地㆒向㆓大倭洲㆒、到㆓速吸門㆒時、有㆓漁人㆒乗㆑艇而至。天皇問曰、汝誰也。対曰、臣是国神、名宇豆彦、聞㆓天神子来㆒、故以奉㆑迎。即牽㆓納皇船㆒、以為㆓海導㆒。仍号㆓神知津彦㆒。一名椎根津彦。能宣㆓軍機之策㆒。天皇嘉㆑之、任㆓大倭国造㆒。是大倭直始祖也。

Aに、御諸別命が成務天皇の時代に針間国を中分して給わり針間別を号したというのは、針間国造に任ぜられて針間別を称したということであろうし、Bに吉備建彦命が廬原国を給わったというのも、廬原国造に任ぜられて廬原公を称したということであろう。そしてCにおいては、『日本書紀』神武天皇即位前紀と同様、大倭直の氏姓と大倭国造の任命とが対応するものとされている。また、旧著ではふれなかったが、『豊後国風土記』の次の伝えも注意されるであろう。

D　『豊後国風土記』総記

豊後国者、本与㆓豊前国㆒合為㆓一国㆒。昔者、纏向日代宮御宇大足彦天皇、詔㆓豊国直等祖菟名手㆒、遣㆑治㆓豊国㆒、（中略）天皇、於㆑茲、歓喜之有、即勅㆓菟名手㆒云、天之瑞物、地之豊草。汝之治国、可㆑謂㆓豊国㆒。重賜㆑姓、曰㆓

豊国直一。因曰二豊国一。

ここに、豊国直の祖の菟名手に国を治めさせたというのは、菟名手を国造に任命したということであろうが、ここでは、そのことで菟名手は豊国直の姓を賜り、その国は豊国と名づけられたというのであって、「クニの名＋カバネ」の姓（称号）の成立とクニの成立とが一致するものとして語られているのである。

このように、そのクニの統治を任されたことにより、その「クニの名＋カバネ」の称号を得たという伝えは広く残されており、このことからも、国造の称号が「クニの名＋カバネ」であったことは認められるであろう。

なお、そうであるならば、「クニの名＋カバネ」という称号と、「クニの名＋国造」という呼称との関係については、どのように考えればよいのであろうか。従来は、前者を氏姓、後者を職名と解することが多かったのであるが、右に述べてきたように、前者こそが国造の職名的称号であったとするならば、当然、後者の呼称をいかなるものと考えるかという問題が生ずるであろう。国造と連称される伴造についてみてみると、各伴造の職名的称号は「職掌名ないし部名＋カバネ」であり、この点、国造と同様である。ただ伴造の場合は、「職掌名ないし部名＋伴造」という呼称はみられないのであり、この問題は、国造に特有のものであるといえよう。

国造の職名的称号においては、その地名（クニの名）にこそ意味があったということは旧著において強調した点であるが、「姓」における地名も、王権に対する「仕奉」をあらわすということは、近年、須原祥二氏の明快に論じられたところである(9)。そしてその場合の地名は、クニの名に限らないことはいうまでもあるまい。「地名＋カバネ」の呼称は、蘇我臣、巨勢臣、あるいは神門臣、利波臣など、国造以外にも広く中央、地方の人物の称号としてみとめられるものである。おそらく国造の場合は、それと区別するために、必要に応じて、「地名（クニの名）＋国造」の呼称を用いることもあったのではなかろうか。国造の任命がそのクニの画定と一体のものとして認識されている(10)のは、事実そうであったからというだけではなく、国造の職名的称号における地名が王権への「仕奉」を示す地名（王権によって画定されたクニ）であるからにほかならない。[11]

この問題については、氏（ウヂ）と名（ナ）、カバネと系譜などの問題とあわせて、改めて論じる必要があるが、ここでは、「クニの名＋国造」という呼称の存在が、国造の称号を「クニの名＋カバネ」と解する上での障害にはならないことを述べたのである。

二　東国国造の氏姓

前掲の表に示されるとおり、東国においては、国造の氏姓として伴造に由来する氏姓が多く推定されていることは事実である。ただ、より詳細にみるならば、東国といっても、そのような特徴を有しているのは、遠淡海以東の東海道地域と、東山道地域の一部（東北地方南部）に限られている。これらの地域の国造も、もちろん「クニの名＋カバネ」を称号としていたと考えられるのであり、この表において推定されているこの地域の国造の氏姓も、その多くは、八世紀以降の郡領などの氏姓から推測されたものであって、各国造が庚午年籍以降に賜与された氏姓（すなわち、本来は「クニの名＋カバネ」を称号としていた）とみて問題のない例である。

たとえば、地域的にはややずれるが、科野国造を例にみてみよう。科野国造の氏姓は、かつては八世紀以降の郡領などの氏姓から推測して、金刺舎人、あるいは他田舎人と推測されてきたのであるが、関晃氏は、国造の氏姓は一般には「クニの名＋直」であること、『日本書紀』（継体紀・欽明紀）に斯那奴阿比多・斯那奴（科野）次酒・科野新羅の名がみえることなどを理由に、本来は科野直を氏姓としていたのではないかと説かれた。[12]関氏が科野直を氏姓とみられていることには問題があるが、科野国造の称号が科野直であったことは認められるであろう。なお関氏は、科野直を氏姓とする科野国造の一族から、金刺舎人、他田舎人などを氏姓とする多くの支族が独立し、国造の地位も欽明・敏達朝以降のある時期に、科野直氏から金刺舎人氏ないし他田舎人氏（おそらくは金刺舎人氏）に交代したと推定されたのであるが、これについては、科野国造の一族が、金刺舎人や他田舎人などを出仕させていたため、庚午年籍において、金刺舎人、他田舎人などを氏姓とするいくつかの氏に分かれたとみる方が妥当であろう。

科野国造の場合は、たまたま斯那奴阿比多などの人名が『日本書紀』に残されていたから、関氏によって右のような推測がなされたのであるが、他の例についても、同様に考えて差し支えないであろう。逆にいえば、従来、八世紀以降の郡領などの氏姓から、伴造に由来する氏姓を推測されてきた国造は、「クニの名+カバネ」の呼称が残されていないからであって、「クニの名+カバネ」の呼称の残されている場合は、郡領などの氏姓の如何を問わず、それが国造の氏姓と推測されてきたのである。

ただし、「クニの名+カバネ」以外の氏姓で、国造の氏姓と推測されているものの中には、八世紀以降の郡領などの氏姓からの推測ではない例も含まれており、それについては検討しておく必要があろう。

まず、茨城国造の壬生連と仲（那珂）国造の壬生直であるが、これは、次に掲げる『常陸国風土記』行方郡条の建郡（評）記事からの推測である。

古老曰、難波長柄豊前大宮馭宇天皇之世、癸丑年、茨城国造小乙下壬生連麿、那珂国造大建壬生直夫子等、請二物領高向大夫、中臣幡織田大夫等一、割二茨城地八里、那珂地□里、合七百余戸一、別置二郡家一。

ここには「茨城国造小乙下壬生連麿」と「那珂国造大建壬生直夫子」の二人の建評申請者の名がみえるが、『常陸国風土記』には、ほかにも「古老曰」とする建評記事が、逸文も含めて三例存在し、いずれも二名ずつの建評申請者が伝えられている。これらの建評申請者は、鎌田元一氏が説かれたとおり、いずれもその評の初代官人に任命されたと考えられるのであり、「茨城国造小乙下壬生連麿」と「那珂国造大建壬生直夫子」の二人についても、初代行方評の官人に任命された人物とみてよい(13)。

なお、鎌田氏は、そのように考えてよいならば、二人がそれぞれ茨城国造・那珂国造その人であったというのは不自然であるとし、この場合の「茨城国造」「那珂国造」は、職としての国造その人ではなく、国造の一族全体にかかる身分的称号であると解されたのである。しかし、国造の下に人名のくる表記において、その人物を国造一族の某という意味にとれる表記はほかに存在しないのであり、この場合の国造も、一般的な用例のとおり職としての国造と解すべきであろう。

もちろん、行方評建評時において、初代官人に任命された二人がそれぞれ茨城国造・那珂国造その人であったと考えるのは不自然である。ただ、「茨城国造小乙下壬生連麿」「那珂国造大建壬生直夫子」という表記は、「小乙下」が大化五年ないし天智三年制定の冠位であること、「大建」が天智三年制定の冠位であることに示されているように、建評申請時（「癸丑年」＝白雉四年）の表記ではなく、最終的身分表記であることに注意しなければならない。評（郡）の官人が後に国造に任命された例としては、天平五年成立の『出雲国風土記』に飯石郡少領として名のみえる出雲臣弟山が、天平十八年に出雲国造に任命されている例が知られるのであり(14)、この二人についても同様に考えてよいであろう。

さてそこで、茨城国造と壬生連、那珂国造と壬生直の問題であるが、右の表記における「壬生連」「壬生直」は、明らかに氏姓（「姓」）とみなせるものである。そして「茨城国造」「那珂国造」は、それぞれ職としての国造とみてよいのであるから、これらの例は、伴造に由来する氏姓を有する人物が国造職に就いていたことを直接に示すところの、まさしく「伴造的国造」の具体例ということになる。ただし、この例から、茨城国造・那珂国造が、その当初から壬生連・壬生直の氏姓を称していたとみることには問題がある。

まず、「茨城国造小乙下壬生連麿」「那珂国造大建壬生直夫子」が最終的身分表記であることからすれば、これは庚午年籍における定姓以降の表記である可能性が考えられるからである。二人が庚午年籍作成以後も存命であった場合はもとより、そうでなかったとしても、それぞれの人物の後裔が壬生連・壬生直の氏姓を賜与されたとすれば、そのような人名表記（庚午年籍以降の人名表記）がとられたとして不思議ではない。

また、この二人の場合は、右に述べたように、いずれも行方評の官人から国造に任命されたと考えられるのであり、もともと茨城国造・那珂国造のそれぞれを世襲していた一族は、ほかに存在していた可能性も否定できない。茨城国造については、後の茨城郡の郡司として天平勝宝四年十月の調布墨書銘に「那司擬主帳従八位□茨城□□」の名がみえており[15]、「クニの名（茨城）＋カバネ」の氏姓を称した氏の存在が推定できること、那珂国造については、後の那賀郡の譜第郡領氏族は宇治部直であり[16]、那珂国造を世襲した一族は庚午年籍において宇治部直の氏姓を賜与された可能性も考えられること、が参考になるであろう。

いずれにせよ、これらの例は、庚午年籍以前から国造が伴造に由来する氏姓を称していた具体例、ということにはならないのである。

次に、伴造に由来する氏姓ではないが、高（多珂）国造の石城直は、クニの名と氏姓の地名とが一致しない例であり、これも、『常陸国風土記』の建郡（評）記事（多珂郡条）からの推測である。

古老曰、斯我高穴穂宮大八洲照臨天皇之世、以二建御狭日命一、任二多珂国造一。兹人初至、歴二験地体一、以為二峯険岳崇一、因名二多珂之国一。（中略）建御狭日命、当二所レ遣時一、以二久慈堺之助河一、為二道前一、（中略）陸奥国石城郡苦麻之村、為㆓道後㆒。其後、至㆓難波長柄豊前大宮臨軒天皇之世㆒、癸丑年、多珂国造石城直美夜部、石城評造部志許赤等、請㆓申物領高向大夫㆒、以㆓所部遠隔、往来不㆑便、分㆓置多珂・石城二郡㆒。

ここに建評申請者として名のみえる「多珂国造石城直美夜部」と「石城評造部志許赤」の二人は、石城評の初代官人に任命されたとみられるが、(17)この二人の人名表記も、やはり最終的な身分表記とみるべきであろう。したがって、この場合も、建評申請時（白雉四年）に「多珂国造石城直美夜部」が多珂国造であったとは限らないし、石城直という氏姓を称していたということにもならないのである。また、庚午年籍で石城直の氏姓を賜与された美夜部の一族が、もともと多珂国造を世襲していた一族ではなかった可能性も、やはり否定できないであろう。

次に検討すべきは、『日本書紀』安閑天皇元年閏十二月条からの推測である武蔵（无邪志・胸刺）国造の笠原直の例である。これも伴造に由来する氏姓ではないが、「多珂国造石城直美夜部」と同様、クニの名と氏姓の地名とが異なる例である。『日本書紀』の同条には、武蔵国造職をめぐって「武蔵国造笠原直使主」と同属小杵とが争ったという次の記事が載せられている。

武蔵国造笠原直使主与㆓同族小杵㆒、相㆓争国造㆒、使主・小杵、皆名也。経㆑年難㆑決也。小杵性阻有㆑逆。心高無㆑順。密就求㆓援於上毛野君小熊㆒。而謀㆑殺㆓使主㆒。使主覚之走出。詣㆑京言㆑状。朝廷臨断、以㆓使主㆒為㆓国造㆒。而誅㆓小杵㆒。国造使主、悚憙交㆑懐、不㆑能㆓黙已㆒。謹為㆓国家㆒、奉㆑置㆓横渟・橘花・多氷・倉樔、四処屯倉㆒。

ここに「武蔵国造笠原直使主」との表記がみえるが、笠原は『和名類聚抄』に武蔵国埼玉郡笠原郷の名がみえる地名であり、埼玉古墳群の営まれる武蔵国造の本拠地とも目されることから、「笠原直」を武蔵国造の氏姓とすることに不自然さはないとの見方もある。(18)しかし、この記事では、使主は同族小杵との争いの後に武蔵国造に任命されたというのであるから、国造任命後なお「笠原直」を称していたということではない。安閑紀の屯倉設置記事と結びつけられているこの記事が、どの程度の信憑性を有するものか甚だ疑わしいが、「笠原直」が武蔵国造に任命されたという事実があったとすれば、その場合の「笠原直」は、氏姓ではなく、笠原という地名を負って王権に「仕奉」した人物の称号とみるべきであろう。その人物は、武蔵国造就任後は当然、武蔵直を称号としたと考えられる。

ただ一方では、ここでいう「笠原直」が氏姓であり、この記事そのものが、「笠原直」を氏姓とする一族(その存在は史料上は今のところ知られていないが)によって伝えられた話であるという可能性も否定できない。その場合の「笠原直」は、使主にさかのぼって「笠原直」の氏姓を付したということになろう。

以上、東国における「クニの名+カバネ」以外の呼称の伝えられる国造について、その呼称が庚午年籍をさかのぼる氏姓ではないこと(すなわち、東国においても、国造の称号は「クニの名+カバネ」であったと考えてよいこと)を述べた。

三　東国の国造制

それでは、東国(遠淡海以東の東海道地域と東北地方南部)においては、なにゆえ庚午年籍による定姓の際に、国造に由来するのではなく伴造に由来する氏姓を賜与された国造が多かったのであろうか。まず、東北地方南部について考えてみたい。

前節に引用した『常陸国風土記』多珂郡条の記事の前半部によれば、多珂国の範囲は「久慈堺之助河」から「陸奥国石城郡苦麻之村」であったとされており、「助河」は現在の茨城県日立市助川、「苦麻之村」は福島県大熊町熊をそれぞれ遺称地としている[19]。したがってその範囲は、後の常陸国多珂郡(養老二年に多珂郡から菊多郡が分置される[20])と陸奥国石城郡とを合わせた範囲であったことになるが、このことは、記事の後半部（多珂・石城二評分置記事）からも明らかである。しかし、「国造本紀」には、この範囲内と推定される国造として、高国造・道奥菊多国造・道口岐閇国造・石城国造の四国造の名が掲げられており、『古事記』の系譜記事にも、「国造本紀」の道口岐閇国造に相当すると考えられる道尻岐閇国造と、同じく石城国造に相当すると考えられる道奥石城国造の名が伝えられている。『常陸国風土記』に伝える多珂国造のクニの範囲内に、現実にこれらの国造が職として存在していたとは考え難く、これらの「国造」は、大宝二年に認定された国造氏を指しているとみるのが妥当であろう。「国造本紀」には、これらの「国造」よりもさらに北方に位置する阿尺・思（亘理あるいは志太か）・伊久・染羽・浮田・信夫・白河・石背などの国造の名がみえるが、おそらくこれらの「国造」についても、同様に考えてよいであろう。

そして、これらの「国造」の氏姓としてこれまで推測されてきた氏姓のなかに、その国の「クニの名＋カバネ」という呼称は、石城直を除いてほかには見当たらないのである。その石城直の石城も、右に述べたとおり、実際には国造のクニとして存在しなかったと考えられる。つまり、東北地方南部の有力者が庚午年籍による定姓およびその後の賜姓において、国造に由来する氏姓を賜与されなかったのは、この地域に職としての国造が存在しなかったからと考えられるのである。

庚午年籍における諸豪族の定姓のあり方について、須原祥二氏は、「姓」を与えられる側の意向がある程度反映されたとし、次のように述べられている[21]。

王権に仕える諸豪族は元来複数の「仕奉」を持ち得たのであり、庚午年籍の定姓時には、各々が自らの政治的・社会的基盤を確保する上で、もっとも政治的訴求力があると判断した「仕奉」に基づいた「姓」を選び（なかには複数の「仕奉」を含んだ「姓」を作り出して）、天皇（大王）の承認を経て戸籍に登録する「姓」としたと考えられるのである。

妥当な見解であると考えるが、そうであるならば、東北地方南部の諸豪族は、現実に国造としての「仕奉」を持たなかったために、国造に由来する氏姓を選ばなかった（選べなかった）ということになろう。

次に、遠淡海以東の東海道地域についてであるが、右の須原氏の見解に従えば、この地域の国造は、国造としての「仕奉」よりも、伴造としての「仕奉」に基づいた「姓」を賜与された方が、自らの政治的・社会的基盤の確保に有効であると判断する例が多かったということになる。その理由は、結論からいえば、この地域における国造制の定着度の低さに求められるのではなかろうか。

クニを統括する地方官という国造の地位からすれば、その国造に由来する氏姓を選ぶことが、国造およびその一族にとってはもっとも有利であったと推測されるのであり、この地域を除く他地域の国造がほとんど国造に由来する氏姓を賜与されていること自体、そのことを示している。したがって、国造に由来する氏姓を選ばなかった国造については、クニを統括するという国造の機能が、そのクニにおいては現実には果たされていなかった状況が推測されるのである。

ただ一方では、国造に由来する氏姓を求めたが許可されなかった、という場合も考えられる。その場合は、国造に由来する氏姓を求める一族が多数存在し、一つに限定できなかった、というような状況も推測されるであろう。『日本書紀』大化元年八月庚子条の東国「国司」詔の一節に、「若有二求レ名之人一、元非二国造・伴造・県稲置一、而輙詐訴言、自二我祖時一、領二此官家一、治二是郡県一。汝国司、不レ得三随レ詐便牒二於朝一。審得二実状一而後可レ申」とあるのは、このような状況を推測する際の参考になる。

いずれにせよ、国造に由来する氏姓を賜与された氏の存在がみとめられない場合、そのクニにおいては、国造制が十分に機能していなかった状況が推測されるのである。「伴造的国造」が多いということは、ヤマト政権に対する隷属度が高かったことを示すのではなく、むしろヤマト政権の浸透度の低さを示すものというべきであろう。

旧著において、東国に国造制が施行されたのは、西国よりも半世紀ほど遅れた六世紀末と考えられること、また乙巳の変後に東国に「国司」（使者）が派遣されたのは、評制施行の準備を主目的としていたと考えられるが、同様の使者はその他の地域にはすでに派遣されていたとみられることなどを述べたが[22]、これらのことも、ヤマト政権の東国に対する掌握度・浸透度の低さを示すものであろう。また、天武朝における国境画定事業においても、東国は遅れたか、あるいは手間取ったかした状況が推定されるのである[23]。

『日本書紀』（孝徳紀・天武紀）にいう「東国」は、遠淡海以東の東海道地域にのみ限定されない（すくなくともほかに科野・上毛野・下毛野・那須は含む）であろうが、この地域に「伴造的国造」が多い（国造に由来する氏姓を賜与された国造が少ない）ということは、これらの現象と一連のものとして理解されるべきであろう。もちろん、この地域にも、武社国造の武射臣、新治国造の新治直など、国造の称号に基づく氏姓を賜与された例は存在するのであり、この地域の国造の性格をひとくくりにして論ずることはできない[24]。ただ、東北地方南部に国造に由来する氏姓が見当たらないことが、その地域に国造制が存在していなかったことによると考えられることを合わせてみるならば、この地域においては、国造制の定着度が低かったことにより国造に由来する氏姓を称する例が少ない、ということは指摘できると思う。

注

（1）　阿部武彦「国造の姓と系譜」（『史学雑誌』五九―一一、一九五〇年。同『日本古代の氏族と祭祀』吉川弘文館、一九八四年、所収）。井上光貞「国造制の成立」（『史学雑誌』六〇―一一、一九五一年。『井上光貞著作集第四巻　大化前代の国家と社会』岩波書店、一九八五年、所収）。

（2）拙著『日本古代国造制の研究』（吉川弘文館、一九九六年）第一編、第三章。なお、以下本稿で旧著という場合は、いずれもこの拙著を指している。

（3）加藤晃「我が国における姓の成立について」（坂本太郎博士古稀記念会編『続日本古代史論集』上巻、吉川弘文館、一九七二年）。

（4）この表の氏姓は、阿部武彦「国造の姓と系譜」（前掲）、井上光貞「国造制の成立」（前掲）のほか、太田亮『全訂日本上代社会組織の研究』（邦光書房、一九五五年）、新野直吉『研究史　国造』（吉川弘文館、一九七四年）、八木充「国造制の構造」（同『日本古代政治組織の研究』塙書房、一九八六年、所収。初出は一九七五年）、佐伯有清・高嶋弘志編『国造・県主関係史料集』（近藤出版社、一九八二年）などにおいて推定されている氏姓を掲げたものであるが、一部個別の論文によって筆者が加えた氏姓も含まれている。

（5）「国造本紀」と他の文献とで国造の表記に違いのある場合もあるが、表の表記は「国造本紀」に従ったものである。

（6）『続日本紀』大宝二年四月庚戌条に、「詔定㆓諸国国造之氏㆒。其名具㆓国造記㆒」とある。

（7）もちろんこれは原則であって、後述のとおり、「国造本紀」に載せられる東北地方南部の国造は、実在した国造とは考え難い。

（8）「国造本紀」には、「无邪志国造」と「胸刺国造」の二つの同名国造が掲げられており、ほかに同様の例として、「山城国造」と「山背国造」、「加我国造」と「加宜国造」の例がある。これらは、現実に存在した国造は一つであったが、国造氏には二氏が認定された例と考えられる。なお、「国造本紀」の「国造」についての私見は、旧著第三編四章参照。

（9）須原祥二「「仕奉」と姓」（笹山晴生編『日本律令制の構造』吉川弘文館、二〇〇三年）。

（10）『古事記』成務天皇段、『日本書紀』成務天皇五年九月条の国造設置記事においては、国造の任命はそのクニの境界の画定をともなうものとされている。

（11）国造の任命が事実そのクニの境界の画定をともなったものであると考えられることについては、旧著第一編三章参照。

（12）関晃「科野国造の氏姓と氏族的展開」（『関晃著作集第五巻　日本古代の政治と文化』吉川弘文館、一九九七年、所収。初出は一九九一年）。

(13) 鎌田元一「評の成立と国造」（同『律令公民制の研究』塙書房、二〇〇一年、所収。初出は一九七七年）。

(14)『続日本紀』天平十八年三月己未条。

(15) 松嶋順正『正倉院宝物銘文集成』（吉川弘文館、一九七八年）二九九頁。

(16)『続日本紀』養老七年二月戊申条に那賀郡大領として宇治部直荒山、同天応元年正月乙亥条に同じく那賀郡大領として宇治部全成の名がみえる。

(17) 鎌田元一「評の成立と国造」（前掲）参照。

(18) 佐伯有清・高嶋弘志編『国造・県主関係史料集』（前掲）一六六頁。

(19) 秋本吉郎校注『日本古典文学大系2　風土記』（岩波書店、一九五八年）八八～八九頁頭注。

(20)『続日本紀』養老二年五月乙未条。

(21) 須原祥二「「仕奉」と姓」（前掲）五二頁。

(22) 旧著第一編第三章、第二編第一章。

(23) 拙稿「令制国の成立と東国」（佐伯有清編『日本古代中世の政治と宗教』吉川弘文館、二〇〇二年。本書第一部第三章）参照。

(24) 前之園亮一「関東国造の性格と諸類型」（『市原地方史研究』一三、一九八四年）は、関東地方の国造は三つの類型に大別できるとして、それぞれの性格について論じている。なお、この論文においても、直のカバネを有する国造が、かならずしもヤマト政権に対する隷属度が高かった国造とはいえないことが指摘されている。

第五章　東国国司詔の史料性について

はじめに

『日本書紀』巻第二十五の孝徳紀には、「改新詔」をはじめ長文の詔が数多く載せられている。大化元年（六四五）八月庚子（五日）条、大化二年三月甲子（二日）条、同辛巳（十九日）条に載せられる通常「東国国司詔」と呼ばれる一連の詔もその一つである。

津田左右吉の『古事記』『日本書紀』（記紀）研究は、記紀の叙述を歴史的事実の伝えとみることはできないとした研究として知られるが、津田は、孝徳紀（およびそれ以降）の詔勅については、基本的には原資料に基づいたものと考えている。(1)

津田がそのように考えた理由は、大化改新以降であれば、当然詔勅は記録されたであろうということ、それは国語を漢字で表記したはずのものであり、孝徳紀以降の詔勅にはその国語を混在させるものが多いこと、またそれには内容的にも当時のものと考えて矛盾のないものが多いこと、の三点である。もちろん、そこには『日本書紀』編者による潤色や造作はあったとするのであり、津田の大化改新研究(2)は、孝徳紀の史料批判の上に立って行われた最初の研究として高く評価されている。(3)

津田が記事内容の信憑性を疑うのは、記事そのものが純粋の漢文で書かれていたり、漢文的修飾が著しい場合、または、その記事内容がほかの記事と矛盾していたり、当時のものとしてふさわしくない場合である。そしてその矛盾や、当時のものとしてふさわしいか否かの判断は、当然津田自身が行ったのである。ここに、津田の大化改新研究が、画期的業績と評価されつつも、一方において、「主観的合理主義につらぬかれている」と指摘された理由がある。(4)

しかし、記事内容の信憑性を判断するためには、やはり、それがほかの記事と矛盾するか否か、当時のものとしてふさわしいか否かの検討が必要であろう。また津田は、孝徳紀の諸詔には、本来別の詔として伝えられたものが、編者によって合成された例もあるとしている。この点も、津田の指摘のとおりであろう。

東国国司詔の記事内容の信憑性については、かつて筆者も津田の方法にならって検討したことがある。(5)その検討結果は今でも訂正する必要はないと考えているが、本稿では、東国国司詔の原資料のあり方と、それに基づく孝徳紀編者の叙述という点に焦点を置き、改めてその史料性について考えてみたい。

一　東国国司詔の内容

まずは、一連の東国国司詔（その発布順に、第一詔、第二詔、第三詔と呼ぶ）を、その記事内容や構文に即していくつかの段落に分け、記号を付して引用しておこう。

○第一詔（大化元年八月庚子条）

　拝㆓東国等国司㆒。仍詔㆓国司等㆒曰、

(A)随㆓天神之所奉寄㆒、方今始将㆑修㆓万国㆒。

(B)㋑凡国家所有公民、大小所領人衆、汝等之㆑任、皆作㆓戸籍㆒、及校㆓田畝㆒。

㋺其薗池水陸之利、与二百姓一倶。

(C)又国司等、

㋑在レ国不レ得レ判レ罪。

㋺不レ得下取二他貨賂一。令上レ致二民於貧苦一。

㋩上レ京之時、不レ得三多従二百姓於己一。唯得レ使レ従二国造郡領一。

㋥但以二公事一往来之時、得レ騎二部内之馬一、得レ飡二部内之飯一。

㋭介以上、奉レ法必須褒賞。違レ法当降二爵位一。判官以下、取二他貨賂一、二倍徴之。遂以二軽重一科レ罪。

㋬其長官従者九人、次官従者七人、主典従者五人。若違レ限外将者、主与二所従之人一、並当科レ罪。

㋣若有二求レ名之人一、元非二国造伴造県稲置一、而輙詐訴言、自二我祖時一、領二此官家一、治二是郡県一。汝等国司、不レ得三随レ詐便牒二於朝一。審得二実情一而後可レ申。

(D)㋑又於二閑曠之所一、起二造兵庫一、収二聚国郡刀甲弓矢一。

㋺辺国近与二蝦夷一接レ境処者、可下尽数二集其兵一、而猶仮中授本主上。

(E)其於二倭国六県一被レ遣使者、宜下造二戸籍一、并校中田畝上。謂レ検二覈墾田頃畝及民戸口年紀一。

(F)汝等国司、可二明聴退一。

即賜二帛布一、各有レ差。

○第二詔（大化二年三月甲子条）

詔二東国国司等一曰、

(A)集侍群卿大夫及臣連国造伴造、幷諸百姓等、咸可レ聴之。
(B)夫君二於天地之間一、而宰二万民一者、不レ可二独制一。要須二臣翼一。由レ是、代々之我皇祖等、共二卿祖考一倶治。朕復思下欲蒙二神護力一、共二卿等一治上。
(C)故、前以二良家大夫一、使レ治二東方八道一。既而国司之レ任、六人奉レ法、二人違レ令。毀誉各聞。朕便美二厥奉レ法、疾二斯違レ令。
(D)凡将レ治者、若君如臣、先当正レ己、而後正レ他。如不二自正一、何能正レ人。是以、不二自正一者、不レ択二君臣一、乃可レ受レ殃。豈不レ慎矣。汝率而正、孰敢不レ正。
(E)今随二前勅一而処断之。

○第三詔（大化二年三月辛巳条）
詔二東国朝集使等一曰、
(A)集侍群卿大夫及国造伴造、幷諸百姓等、咸可レ聴之。
(B)以二去年八月一、朕親誨曰、
㋑莫下因二官勢一、取中公私物上。

㋺可レ喫二部内之食一。可レ騎二部内之馬一。

㋩若違レ所レ誨、次官以上、降二其爵位一、主典以下、決二其笞杖一。入レ己物者、倍而徴之。

詔既若レ斯。今問二朝集使及諸国造等一、国司至レ任、奉レ所レ誨不。
(C)於是、朝集使等、具陳二其状一。

㋑穂積臣咋所レ犯者、於百姓中、毎レ戸求索。仍悔還レ物。而不二尽与一。其介富制臣闕レ名。巨勢臣紫檀、二人之過者、不レ正二其上一云々。凡以下官人、咸有レ過也。

㋺其巨勢徳禰臣所レ犯者、於百姓中、毎レ戸求索。仍悔還レ物。而不二尽与一。復取二田部之馬一。其介朴井連、押坂連、並闕レ名。二人者、不レ正二其上所レ失。而飜共求二己利一。復取二国造之馬一。台直須弥、初雖レ諌レ上、而遂倶濁。凡以下官人、咸有レ過也。

㋩其紀麻利耆拕臣所レ犯者、使二人於朝倉君、井上君、二人之所一、而為牽二来其馬一視之。復使二朝倉君作レ刀。復得二朝倉君之弓布一。復以二国造所レ送兵代之物一、不二明還レ主、妄伝二国造一。復於二所任之国一、被二他偸レ刀。復於二倭国一、被二他偸レ刀。是其紀臣、其介三輪君大口、河辺臣百依等過也。其以下官人河辺臣磯泊、丹比深目、百舌鳥長兄、葛城福草、難波癬亀倶毗柯梅。犬養五十君、伊岐史麻呂、丹比大眼、凡、是八人等、咸有レ過也。

㋥其阿曇連闕レ名。所レ犯者、和徳史有二所患一時、言二於国造一、使レ送二官物一。復取二湯部之馬一。其介膳部臣百依所レ犯者、草代之物、収二置於家一。復取二国造之馬一、而換二他馬一来。河辺臣磐管、湯麻呂、兄弟二人、亦有レ過也。

㋭大市連闕レ名。所レ犯者、違二於前詔一。前詔曰、国司等、莫下於二任所一、自断中民之所訴上。輙違二斯詔一、自判二菟礪人之所訴、及中臣徳之奴事一。中臣徳亦是同罪也。涯田臣闕レ名。之過者、在二於倭国一、被レ偸二官刀一。是不レ謹也。小緑臣、丹波臣、並闕レ名。是拙而無レ犯。忌部木菓、中臣連正月、二人亦有レ過也。

㋬羽田臣・田口臣、二人闕レ名。並無レ過也。

㋣平群臣闕レ名。所レ犯者、三国人所訴、有而未レ問。

(D)㋑以レ此観之、紀麻利耆拕臣、巨勢穂禰臣、穂積咋臣、汝等三人、所二怠拙一也。

㋺念二斯違レ詔、豈不レ労レ情。夫為二君臣一、以牧レ民者、自率而正、孰敢不レ直。若君或臣、不レ正レ心者、当レ受二其罪一。追悔何及。

㈧是以、凡諸国司、随二過軽重一、考而罰之。又諸国造違レ詔、送二財於己国司一、遂倶求レ利。恒懐二穢悪一。不レ可レ不レ治。

(E)念雖レ若レ是、始処二新宮一、将レ幣二諸神一、属二乎今歳一。又於二農月一、不レ合レ使レ民、縁レ造二新宮一、固不レ獲レ已。深感二二途一、大二赦天下一。自レ今以後、国司郡司、勉之勗之。勿レ為二放逸一。宜遣二使者一、諸国流人、及獄中囚、一皆放捨。

(F)別塩屋鯯魚、鯯魚、此云二挙能之慮一。神社福草、朝倉君、椀子連、三河大伴直、蘆尾直、四人並闕レ名。此六人、奉レ順二天皇一。朕深讃二美厥心一。

(G)宜レ罷二官司処々屯田、及吉備嶋皇祖母処々貸稲一。以二其屯田一、班二賜群臣及伴造等一。

(H)又於二脱レ籍寺一、入二田与レ山。

第一詔は、「東国等」[6]に派遣する「国司」を任命し、その「国司」らに対して発した詔であり、「造籍」「校田」、地方政治機構の実情調査・報告、武器収公を任務として命じ[7]、その任務遂行にあたっての注意事項を伝えたものである。第二詔は、第一詔で派遣された「国司」らに対して、任地における勤務状況についての毀誉がおのおの聞こえてきたので、近く第一詔に照らして処断すると述べた詔である[8]。そして第三詔は、「東国朝集使等」[9]に対して発した詔であり、「朝集使等」の陳状による「国司」らの任務遂行上の「犯過」「怠拙」を詳しく示し、本来ならば厳しく処断すべきであるが、今は特別の状況下にあるため大赦するので、今後も勤務に勉めるように、と命じた詔である。

これらの東国国司詔の史料性については、原詔の形をよく留めるものであり、したがってその記事内容の信憑性も高い、とみるのがふつうである[10]。原詔との関係については本稿で改めて検討するが、記事内容の信憑性が高いことは、旧稿で述べたとおり、筆者も基本的には認められると考えている。

また、この時の「国司」派遣の目的については、評制施行のための準備にあったとする説(11)が有力であり、この時期、同様の目的を持った「国司」は、東国のみならず全国的に派遣されたとみられている。これらの点についても、筆者に異論はない。

ただ、「国司」は最初に東国に派遣されたとみるのが一般的であるが、この点は疑問ではないかと考えている(12)。孝徳紀には、大化元年九月朔条に「遣二使者於諸国一、治レ兵。或本云、従二六月一至二于九月一、遣二使者於四方国一、集二種々兵器一。」、同甲申（十九日）条に「遣二使者於諸国一、録二民元数一」、大化二年正月是月条に「遣二使者一、詔二郡国一修二営兵庫一」とあり、この時期、東国以外の諸国に対しても、「使者」を派遣して武器収公と「造籍」の任務を伝えたということは記されている。しかし、「校田」と地方政治機構の実情調査・報告の任務については、諸国に命じたとの記事がみえないのである。

さかのぼって、皇極紀二年（六四三）十月己酉（三日）条には、「饗二賜群臣伴造於朝堂庭一。而議二授レ位之事一。遂詔二国司一、如二前所レ勅、更無二改換一。宜之二厥任一、慎二爾所レ治」とあり、この時に何らかの任務を帯びた「国司」を派遣したことが記されている。この「国司」は、東国以外の諸国に派遣した「国司」であり、その任務は、「校田」と地方政治機構の実情調査・報告にあったとみてよいであろう(13)。

つまり、この時期の「国司」派遣（評制施行準備のための地方官の派遣）の経過は、次のように考えられるのである。まず皇極二年に、東国以外の地域に対して、「校田」と地方政治機構の実情調査・報告を任務とする「国司」を派遣した。その後、大化元年にいたって、東国に派遣する「国司」を任命し、「造籍」「校田」、地方政治機構の実情調査・報告、武器収公を任務として命じた。一方、すでに任地にいる東国以外の「国司」に対しては、いまだ命じていなかった「造籍」と武器収公の任務を、それぞれ使者を派遣して伝達した。

このように解してこそ、孝徳紀において「国司」と「使者」が使い分けられていることの理由も説明できるであろう。

二　東国国司詔の原資料とその叙述

さて、孝徳紀編者が、これらの東国国司詔を叙述するにあたって、どのような原資料が存在していたのであろうか。第一詔から考えて行きたい。

1　第一詔

第一詔は、先に引用したとおり、その構文および記事内容から(A)から(F)の六つの部分に分けることができる。(A)は、書き出しの部分。(B)は、「造籍」「校田」を任務として命じ㋑、薗池水陸の利は「百姓」と共にせよと命じた㋺部分。(C)は、その任務を遂行する際の注意事項を述べた部分であり、任地において罪を判ずること、人々から賄賂を取ること、上京の時に多くの人々を従わせることを禁じ㋑㋺㋩、任務のためのの往来にあたっては部内の馬に乗り、部内の食をとることを許し㋥、法に従えば褒賞し、違えば処罰すると述べ㋭、従者の人数を制限し㋬、もともと国造・伴造・県稲置ではない者が偽って「我が祖の時より、此の官家を領り、是の郡県を治む」と訴えても、その偽りのまま報告するのではなく、実情を調査した上で報告せよとしている㋣。(D)は、空き地に兵庫を建て、武器を集め収めよと命じ㋑、蝦夷と境を接している国については、武器を数え集めた上で、持ち主に返せ㋺と命じた部分。(E)は、倭国六県に派遣した使者に、「造籍」「校田」を命じた部分。最後の(F)は、「国司」らに詔の内容をよく承知せよと伝えた締めくくりの部分である。

まず、孝徳紀に記されるこの第一詔（現第一詔）が、そのまま大化当時の詔（原第一詔）を伝えるものでないことは確かであろう。そもそも現第一詔に「国司」という表記が用いられているのはそのことを示すものであり、Ⓒ部分の㋩には「郡領」、Ⓓ部分の㋑には「国郡」の表記もみえる。

次に、倭国六県への使者に「造籍」「校田」を命じたというⒺ部分は、すでに津田が指摘しているとおり(14)、本来別個の詔であったものが、孝徳紀の編者によってここに合成されたものであろう。「造籍」「校田」を命じたという記述はⒷ部分にもみられるのであるが、「謂㆑検㆓覈墾田頃畝及民戸口年紀㆒」という注記がⒺ部分に付されているのは、明らかにそのことを示している。Ⓑ部分とⒺ部分が、本来一つの詔として伝えられていたのであれば、右の注記は、当然先に「造籍」「校田」のことを記すⒷ部分に付されてしかるべきであろう。

現第一詔は、Ⓔ部分を除けば、東国国司のみを対象とした詔になっているのであり、大化元年八月庚子条の最初に「東国等国司」とあるのは、東国国司のみを対象とした原第一詔にかかわる部分（Ⓔ部分以外）に、倭国六県への使者を対象としたⒺ部分を合成したことに対応させた表記と考えられる。

次に、Ⓒ部分の㋣からは、たしかに井上光貞の指摘のとおり(15)、この時の「国司」の任務の一つに、地方政治機構の実情調査・報告のあったことがうかがえるのであるが、Ⓒ部分は、任務遂行上の注意事項を述べた部分であることが注意される。㋣も、「若有㆓求㆑名之人㆒」ではじまるように、あくまで注意事項として述べられているのである。このことからは、原第一詔には、地方政治機構の実情調査・報告をはっきり任務として述べる部分のあったことが推定されてよいであろう。また、このⒸ部分は、第三詔のⒷ部分と対応し、第三詔のⒷ部分は、このⒸ部分を要約・省略して述べられているはずの部分であるが、そこに、このⒸ部分にみられない内容の「主典以下、決㆓其笞杖㆒」とあることも、現第一詔が原第一詔のすべてを伝えるものではないことを示すものである。

孝徳期における評制施行が事実であるならば、その準備のための地方官が東国に派遣されたことも事実と認められるのであり、原第一詔（それを詔と呼ぶことにも問題はあるが）の存在そのものは否定できない。しかし、原第一詔の記録が、そのまま『日本書紀』編纂段階（孝徳紀執筆段階）に原資料として残されていたのではなかったのである。[16]

おそらく孝徳紀編者（現第一詔の執筆者）は、いくつか断片的に残されていた原第一詔にかかわる資料を合成して、現第一詔を作成したものと考えられる。(B)部分において任務（「造籍」「校田」）について述べ、任務遂行上の注意事項を述べた(C)部分をはさんで、再び(D)部分において任務（武器収公）について述べているという点も、(B)部分と(D)部分が別々の原資料に基づくことを推定させるであろう。

また、同じ(C)部分のなかでも、「国司」の官人構成が、㋭では「介以上」「判官以下」と表記され、㋬では「長官」「次官」「主典」と異なる表記になっている点も、㋭と㋬が別々の原資料に基づくことを示すものと考えられる。㋭・㋬が同一の原資料に基づいていたならば、このような不統一はなかったであろう。また㋭・㋬がいずれも孝徳紀編者の作文であった場合も、隣り合う箇所において、このような不統一は犯さなかったと思われる。この点は、異なる原資料を合成したゆえの不統一とみてよいであろう。[17]

そして、この点が認められるならば、㋭・㋬における「長官」「次官」「判官」「主典」「介」といった官人表記は大宝令に基づくものであろうから、それぞれの原資料自体も、大宝令制定以降に作成されたということになる。またそうであるならば、現第一詔の随所に見える「国司」の表記や、(C)部分㋩の「郡領」、(D)部分㋑の「国郡」などの表記も、孝徳紀編者が現第一詔を執筆した際の潤色ではなく、それぞれの原資料においてすでにそのように表記されていたという可能性も考えなければならない。

次に、最初の(A)部分と最後の(F)部分についてであるが、これらの部分については、原第一詔はもとより、それにかかわる原資料に基づいたものでもなく、孝徳紀編者による現第一詔執筆の際の作文とみるのが妥当であろう。(A)部分は、第一詔を新政権発足後の最初の具体的政策を実施する詔として位置づけた部分であり、事実、孝徳紀においては、この第一詔がはじめての具体的政策として記されている。しかし、先に述べたとおり、事実としては、評制施行準備のための「国司」派遣は、東国が最初ではなかったと考えられるのである。(A)部分は、孝徳紀全体の構想が成った上で、はじめて執筆可能な部分であったとみるべきであろう。また(F)部分も、とくに具体的内容を含まない締めくくりの部分であり、その前のE部分が本来（原資料において）別個の詔として伝えられていた部分であるならば、原第一詔にかかわる資料に基づく部分とみるよりは、現第一詔執筆時における作文とみる方が自然であろう。

現第一詔は、けっして原第一詔の形をよく留めているとはいえないのである。

2 第二詔

第二詔は、(A)から(E)の五つの部分に分けられる。(A)は、詔の対象者に呼びかける慣用句的な書き出しの部分。(B)は、君主は民を治めるにあたり独裁であってはならず、必ず群臣の助けを得て共に治めるべきであるとした部分。(C)は、「東方八道」に遣わした「国司」が任地に赴き、六人は法を奉り、二人は令に違ったという「毀誉」がおのおの聞こえてきた、法を奉った者は褒め、令に違ったものは憎む、と述べた部分。(D)は、統治者は君主も臣下も、まず自らを正さなければならないとした部分。(E)は、「前勅」（第一詔）に従って「国司」らを処断するとした部分である。

具体的内容を持つのは、(C)部分と(E)部分であるが、その記事内容の信憑性は認められるであろう。「良家大夫」をもって「東方八道」に遣わしたということや、六人は法を奉り、二人は令に違ったとの「毀誉」が聞こえてきたという内容は、第一詔や第三詔からは作文され得ない独自のものであり、第二詔そのものが、何らかの意図をもって全く新たに作成されたということも考え難い。孝徳期において、(C)・(E)部分に記されるような内容の原第二詔が、原第一詔と原第三詔との間に発せられたことは事実と考えられる。

しかし、「集侍群卿大夫及臣連国造伴造、幷諸百姓等、咸可㆑聴之」とある(A)部分は、すべての人々を対象にした呼びかけとなっており、東国「国司」らに対する詔の最初の部分としてはふさわしくない。第三詔の(A)部分もこれとほぼ同じ表現になっており、また第二詔の直前に記される大化二年二月戊申（十五日）条の詔の冒頭にも、「明神御宇日本倭根子天皇、詔㆓於集侍卿等臣連国造伴造及諸百姓㆒」とみえ、ここでは令（早くとも飛鳥浄御原令）の知識によって書かれた「明神御宇日本倭根子天皇」の表記と結びついて用いられていることが注意される。(A)部分は、詔としての体裁を整えるために、孝徳紀編者（現第二詔の執筆者）が付け加えた部分とみるのが妥当であろう。

また、(B)部分と(D)部分についても、同様に考えてよいと思う。これらの部分は、儒教的施政観に基づきそのあるべき姿を述べた部分であり、(D)部分の「汝率而正、執敢不㆑正」は、『論語』顔淵篇の文章と類似することが指摘されている[18]。いずれも具体的内容に欠け、また(C)・(E)部分と内容上の直接の関係があるわけでもなく、いかにも後から挿入したという印象を受ける部分である。これらについても、現第二詔の執筆者が、詔を荘厳なものにするために作成した部分と考えるのが妥当であろう。

現第二詔の(C)・(E)部分は、たしかに原第二詔の内容を伝えるものと考えられるが、その原第二詔が、発布当時に記録され、その記録がそのまま『日本書紀』編纂段階まで伝えられていたか否かは不明である。(C)・(E)部分が、原第二詔の文章そのものも伝えている可能性も否定はできないが、現第二詔とはかなり異なったものになっていることは確かであろう。

3　第三詔

第三詔は、(A)から(H)の八つの部分に分けられる。(A)は詔の対象者に呼びかけた部分。(B)は、「去年八月」の詔（第一詔）において「国司」らに命じた任務遂行上の注意事項を要約して示し、「国司」らがそれを奉じたか否かを、「朝集使及国造等」に問うと述べた部分。(C)は、それを受けて、「朝集使等」の陳状を記した部分。[19](D)はその内容を受けて、詔に違った「国司」と、賄賂を送った国造を処罰しなければならないと述べた部分。(E)は、しかし今は、「新宮」に居し、諸神に幣帛を奉らなければならず、また「新宮」を造営するため農月であるにもかかわらず人々を使役しなければならないので天下に大赦するとし、今後も「国司郡司」は勤務に勉めよと述べた部分。(F)は、別に塩屋鯯魚ら六人を、「天皇」の命によく従ったため褒めると述べた部分。(G)は、官司の処々の屯田と吉備嶋皇祖母の処々の貸稲を廃止し、その屯田は群臣・伴造らに班賜せよと命じた部分。(H)は、籍に漏れた寺に田と山を入れよと命じた部分である。

まず、末尾の(G)・(H)部分についてであるが、これは、第一詔の(E)部分と同様、原資料においては、東国「朝集使」（「国司」）らに対する詔とは別の詔として伝えられていたものを、孝徳紀編者が合成した部分とみてよいであろう。(G)・(H)ともに、多くの問題を考えさせる部分であるが、その内容は、それ以前の部分（(B)から(F)部分）と直接の関係はなく、東国「国司」にかかわるものではない（少なくとも東国「国司」のみにかかわるものではない）ことは明らかである。これらを、もともと東国「国司」らに対する詔の一部であったとみるのは正しくないであろう。なお、(G)部分について津田は、その文意が不明であるとし、「或は此の記事には、書紀の編者が詔勅を潤色した場合に生じた何等かの混乱があるのかも知れぬ」と述べ[20]、その信憑性を疑っている。

次に、(A)部分であるが、これは先にも述べたとおり、第二詔の(A)部分とほとんど同じ文章であり、第二詔の(A)部分と比べて、「臣連」の語がないだけである。この場合も、東国「国司」らに対する詔の最初の部分としてはふさわしくなく、孝徳紀編者が付け加えた部分と考えてよいであろう。

次に、(B)部分についてであるが、ここは具体的内容を有する部分であり、その内容も当時のものと考えて不審はない。(ハ)に「主典以下、決二其笞杖一」とあるのは、現第一詔に対応する記事がなく、一見矛盾のように考えられるが、これも先に述べたとおり、現第一詔が原第一詔のすべてを伝えるものではないとすれば、矛盾にはならない。ただ、この(B)部分が、原第三詔の文章をそのまま伝えるものではないことも、「次官」「主典」「国司」などの表記がみえることから明らかである。

次に、(C)部分について。ここは「朝集使等」の陳状を引用した部分であり、その記事内容の具体性からして、原資料に基づいた部分と考えて間違いない。これだけ多くの人名が登場する独自性を有した詳細な記事は、一見、当時の「朝集使等」の陳状をそのまま伝えるもののようにも思われる。しかしここでも、「介」「国司」など、大宝令制定以降の知識に基づく潤色のみられる点は注意されなければならない。

ただ、この場合の潤色は、用語の書き換え程度であり、記事内容にまでは及んでいないとみるべきであろう。この部分からは、当時の「朝集使等」の陳状が、その当時において記録されたことを推定してよいと思う[21]。津田が指摘したとおり、当時はすでに、政府が公的記録を作成するということが行われていたと推定されるのである。

しかし、その記録そのものが、現第三詔執筆時に資料として残されていたのか、それはすでに失われており、その写しが残されていたにすぎないのか、この点は不明である。また用語に潤色を加えたのが、現第三詔執筆時なのか、あるいは写しの段階なのかも不明とせざるを得ない。

なお、「朝集使等」の陳状が、当時において記録として残されたことが認められるならば、それに基づいて勤務評定を行ったという内容の詔（原第三詔）が当時発せられたことも、事実と認めてよいであろう。原第三詔自体も、当時において記録された可能性は高いと思う。

次に、(D)部分であるが、㋑・㋩については、(C)部分を受けたものとしてふさわしい具体的内容を有しており、また一定の独自性も認められる。原資料（原第三詔とは限らない）に基づいた記述とみてよいであろう。しかし㋺は、第二詔の(B)・(D)部分と同じく、儒教的施政観に基づくその原則を述べた文章（しかも第二詔(D)部分とほぼ同じ文章）であり、具体的内容を有するものではない。㋺については、第二詔の(B)・(D)部分の場合と同様、孝徳紀編者（現第三詔の執筆者）が詔を飾るために作文し、挿入したとみるのが妥当であろう。

次に、(E)部分は、旧稿でも述べたとおり、ほとんどが編者の作文と考えられる部分である。そのように考えられる理由は、第一に、孝徳期に「大赦」が行われたということ自体に疑問が持たれるという点。第二に、「大赦」の理由とされるのが、「新宮」に遷り、はじめて諸神に幣を奉ずる年にあたっていること、「新宮」の造営のため農月であるにもかかわらず人々を使役しなければならないこと、の二つであるが、それらはいずれも「大赦」の理由としては不自然であるという点。第三に、「新宮」とあるのは難波長柄豊碕宮を指すとみるのが妥当であろうが、孝徳紀白雉元年十月条によれば、その造営が開始されたのはこの時のこと、白雉二年十二月晦条によれば、そこに遷ったのはこの日のこととされており、これらの記事と、(E)部分との間に矛盾が存在するという点。第四に、それまでの(B)・(C)・(D)部分では「国司」と国造のことが述べられているのに、ここでは「国司郡司」と、唐突に「郡司」が登場するという点である。

(E)部分の主旨（すなわち、厳しい勤務評定が行われたが、「国司」らを罰することなく、さらに任務に励むことを命じて任地に送り返したということ）は事実とみてよいであろうが、(E)部分の叙述を、原第三詔に基づいた叙述とみることはできないであろう。また、(E)部分の主旨が、何らかの原資料に基づくものか、第三詔執筆者の記憶に基づくものか、あるいは解釈に基づくものにすぎないのか不明であるが[22]、ただ、ここで「新宮」への遷都とその造営が述べられていることについては、大化元年十二月癸卯条に「天皇遷二都難波長柄豊碕一」とあるのと対応させた記事であり、新政権が発足したその年に、難波長柄豊碕宮への遷都が行われたとする孝徳紀編者の構想に基づく作文と考えるべきであろう。

次に、残る(F)部分についてであるが、その具体性・独自性からして、この部分が何らかの原資料に基づく部分であることは間違いないと思う。ただし、その原資料が、原第三詔の一部として残されていたものか否かは不明である。そして、原第三詔の一部であったとしても、ここに、そのままの文章が記されているのでないことは、「天皇」の表記がみえることから明らかである。

現第三詔も、全体としてみれば、けっして原第三詔の形をよく伝えているものとはいえないのである。

以上、第一詔から第三詔について、その原資料と執筆者の叙述という問題に焦点を置いて考えてきた。最後に、なにゆえ東国「国司」に対してのみ、任務遂行上の注意事項を与えたという記事があり、「朝集使等」の陳状に基づく勤務評定が行われたという記事が載せられているのか、という点について言及しておきたい。

その理由として考えられるのは、①事実として、東国「国司」に対してのみ注意事項が与えられ、「朝集使等」の陳状に基づく勤務評定が行われたため。②他地域の「国司」に対しても東国「国司」と同様であったが、それは記録に残されなかったため。③記録には残されたが、その記録は『日本書紀』編纂段階まで伝えられなかったため。④伝えられてはいたが、孝徳紀編者がそれを記事に取り上げなかったため、の四とおりであろう。そして、この時期の「国司」派遣の経過が先に述べたとおりであるならば、①の理由を考えるのが妥当であると思われる。当時の東国は、中央政府の掌握度が低く、評制の施行にあたっては抵抗も危惧された地域であり、そのため、特に大規模な「国司」

団が派遣され、慎重にことが進められたと考えられるのである。(23)

むすびにかえて

東国国司詔については、最近、須原祥二により、その史料性を改めて高く評価する見解が提示されている。(24)

須原は、東国国司詔を原資料に基づく信頼できるものとし、第一詔(C)部分㋩の「郡領」と、第三詔(E)部分の「郡司」についても、原資料においては「評造」とあったもので、それぞれの記事内容は信頼できるとする。すなわち、第一詔(C)部分㋩の「郡領」(評造)は、「国司」が任地において銓衡した評造候補者を指すとし、この部分では、「国司」の上京にあたってこの候補者の引率が命じられたとする。また第三詔(E)部分の「郡司」については、中央において任命された評造を指し、そこには評造を兼任した国造も含まれているとし、この部分では、「国司」とその「評造」に対して、今後も勤務に努めるよう命じられたと解するのである。そして、評制の施行時期について、東国においては、大化元年から二年にかけて一斉に建評されたとしている。(25)

しかし、第一詔(C)部分の㋩は、「国司」は上京するにあたって、多くの「百姓」を従わせてはならないが、「国造郡領」であれば許可するというのであり、評造の銓衡を命じたのではない。やはり第一詔は、評制施行のための準備段階とみるのが妥当であろう。また、第三詔(E)部分の「国司郡司」を須原のように解するならば、その後も、大化二年八月癸酉条の後半部分に示されるように、地方行政の中心は「国造」とされていることとの説明が困難になるであろう。(26)

須原の研究は、評制の成立過程を国造制・部民制との関連で包括的に論じたすぐれた研究であるが、疑問が持たれるのは、東国国司詔に限らず、孝徳紀の諸詔は、その記事内容を矛盾なく説明できれば、それは原資料に基づいた信頼できる記事と解されている点である。

孝徳紀には、数多くの長文の詔が載せられており、これは、『日本書紀』のそれ以前の巻はもとより、天武紀・持統紀を含めたその後の巻と比べても明らかに異例である。孝徳紀の諸詔は、「改新詔」に限らず、『日本書紀』編者の構想（この構想自体を明らかにすることも容易な問題ではないが、蘇我蝦夷・入鹿父子を討ったのちに成立した新政権によって、画期的かつ重要な改革が行われたとの構想を抱いていたことは認められるであろう）に基づいて叙述されているとみなければならない。東国国司詔もその例外でないことは、本稿で述べてきたとおりである。

問われなければならないのは、『日本書紀』編纂時においてなにゆえそのような構想が立てられたのか、またその構想は、どの程度の事実に基づいて立てられたものなのか、という点であろう。

津田が提唱した孝徳紀の史料批判の方法は、より厳しい徹底した形で、大化改新否定論に継承された。「改新詔」の信憑性をめぐる郡評論争に決着をつけたのは木簡であり、それによって、「改新詔」に『日本書紀』編纂時の知識に基づく潤色のあることは明らかになった。しかし一方では、七世紀後半にさかのぼる評制や五十戸制の存在を示す木簡の出土例がふえたことにより、大化改新否定論を批判する見方も支配的になってきている。

筆者も旧稿において、東国国司詔の記事内容は大筋において孝徳期の事実を伝えるものと認められるとし、大化改新否定論を批判した。ただ、「改新詔」に限らず、孝徳紀の諸詔が、そのまま当時の事実を伝えるものでないこともまた明らかである。孝徳紀を用いた歴史研究・歴史叙述においては、「主観的合理主義」に陥る危険性はあるにせよ、その史料批判を省略することはできないのである。

『日本書紀』の史料批判の方法を模索し、それを鍛えて行くことは、今後も継続されなければならない重要な課題である。

注

（1）津田左右吉「応神天皇から後の記紀の記載」（『日本古典の研究』下、岩波書店、一九五〇年。『津田左右吉全集第二巻』岩波書店、一九六三年、所収。ここでは後者による）一四〇～一五六頁。

（2）津田左右吉「大化改新の研究」（『日本上代史の研究』岩波書店、一九四七年。『津田左右吉全集第三巻』岩波書店、一九六三年、所収）。

（3）野村忠夫『研究史　大化改新』（吉川弘文館、一九七三年）参照。

（4）井上光貞「大化改新研究史論」（『日本古代社会』一、三笠書房、一九四七年。『井上光貞著作集第四巻』岩波書店、一九八五年、所収。ここでは後者による）一一七頁。

（5）拙著『国造制の成立と展開』（吉川弘文館、一九八五年）第二章第一節「東国「国司」らへの詔の検討」。同『日本古代国造制の研究』（吉川弘文館、一九九六年）第二編第一章「東国「国司」らへの詔の検討」。以下本稿において「旧稿」という場合は、いずれもこれらの拙稿を指すこととする。

（6）ここに「東国等」とあるのは、(E)部分に倭国六県への使者についての記事があることと対応させた表現と考えられる。なおこの点については後述する。

（7）「国司」の任務をこのように解することについては、井上光貞「大化改新と東国」（『日本古代国家の研究』岩波書店、一九六五年。『井上光貞著作集第一巻』岩波書店、一九八五年、所収。ここでは後者による）参照。なおこの点についても後述する。

（8）第二詔をこのように位置づけることについては、関晃「大化の東国国司について」（『文化』二六―二、一九六二年。『関晃著作集第二巻』吉川弘文館、一九九六年、所収）参照。

（9）ここにいう「朝集使」は、任務の途中で召還された「国司」を指すと考えられる（旧稿参照）。

（10）井上光貞「大化改新と東国」（前掲）において示されたこの見解が、その後多くの論者に継承されている。

（11）薗田香融「国衙と土豪との政治関係」（『日本の古代』九、角川書店、一九七一年。のち「律令国郡政治の成立過程――国衙と土豪との政治関係――」と改題し、『日本古代財政史の研究』塙書房、一九八一年、に収録）。早川庄八「選任令・選叙令と郡領の「試練」」（『奈良平安時代史論集』上、吉川弘文館、一九八四年。のち『日本古代官僚制の研究』岩波書店、一九八六年、に収録）。

(12) 以下の本節の記述について、詳しくは旧稿参照。
(13) 近年、吉川敏子は、皇極紀二年十月己酉条の「国司」を、任那に派遣された「国司」を指すとの新説を提示された（吉川敏子「大化の東国国司二題」『律令国家史論集』、塙書房、二〇一〇年）。吉川は「大化の東国国司」の画期性を主張し、皇極紀の「国司」はそれとは異なると説くのであるが、しかし、任那に派遣された「国司」であれば、雄略紀七年是歳条のように「任那国司」と表記されたのではないか。単に「国司」と表記されるのは、推古紀十二年四月戊辰条に記す「憲法十七条」にみえる「国司」の例のように、国内の各国に派遣された「国司」の意味で用いられているとみるべきであろう。
(14) 津田左右吉「大化改新の研究」（前掲）一五八頁。
(15) 井上光貞「大化改新と東国」（前掲）三六九頁。
(16) 『日本書紀』以外にも、『常陸国風土記』『皇太神宮儀式帳』などに孝徳期の建郡（評）を伝える記事があり、全面的建評がなされたか部分的であったかは別として、孝徳期に評制が施行されたことについては、ほぼ異論はない。
(17) なお、表記上の不統一がそのまま残されたことについては、孝徳紀編者がそれぞれの原資料の表記を重視したからという理由も考えられるが、合成後の最終的調整を怠ったからと考える方が妥当であろう。『日本書紀』には、ほかにもこのような例が少なからず存在する。
(18) 新編日本古典文学全集『日本書紀』三、一四〇頁頭注一。
(19) (C)部分を㋑から㋣に分けたのは、「国司」のグループごとに分けたものである。ただし、㋬には二つのグループが含まれ、羽田臣と田口臣は、それぞれ第六・第七グループの長官と考えられる。「国司」グループをこのように分けたのは、井上光貞説（「大化改新と東国」前掲）に従ったものであるが、旧稿においては、井上説を批判した門脇禎二の説（『「大化改新」史論』下、思文閣出版、一九九一年）に従い、㋭部分の後半に登場する小緑臣と丹波臣を第六・第七グループの長官と考えた。しかし、それぞれの氏名から判断すると、やはり井上説が妥当であろう。この点、旧稿を改めることにしたい。ただ、井上が第八グループの長官の平群臣に「犯」がなかったとするのは疑問であり、この点は、旧稿で述べたとおりである。なお、吉川敏子は、「平群臣」ではじまる㋣部分は、(D)の㋑部分にまで続けて読むべきであるとし、そこまでが「朝集使等」の陳状を引用した部分であるとする。そして、平群臣は、紀麻利耆拕臣・巨勢徳禰臣・穂積咋臣ら三ヶ国の国司を統轄した総領の地位にあった「国司」としている（吉川敏子

「大化の東国国司二題」前掲)。しかし、紀麻利耆拕臣らを指して「汝等三人」と呼びかけているのは、この部分が、「朝集使等」の陳状を引用した部分ではなく、それを受けた「詔」の部分であることを示している。(ト)部分を(D)(イ)部分に続けて読むことはできない。

(20) 津田左右吉「大化改新の研究」(前掲)一六二頁。

(21) なお、その記録は、それぞれの「朝集使等」の陳状をそのまま記録したものではなく、それに基づいて中央政府が「国司」の勤務状況をまとめた記録とみるべきであろう。

(22) なお、その解釈は、必ずしも事実と異なるとはいえない。

(23) 拙稿「令制国の成立と東国」(『日本古代中世の政治と宗教』吉川弘文館、二〇〇二年。本書第一部第三章)。同「国造の「氏姓」と東国の国造制」(『王権と信仰の古代史』吉川弘文館、二〇〇五年。本書第一部第四章)参照。

(24) 須原祥二『古代地方制度形成過程の研究』(吉川弘文館、二〇一一年)第二部第二章「評制施行の時期をめぐって」。

(25) なお、東国以外の地域に対しては、大化二年から三年にかけて、一斉に建評されたとしている。

(26) 大化二年八月癸酉条の後半部分は、東国国司詔第一詔・第二詔・第三詔との関係から、第四詔と呼ばれることも多い。「校田」の均給、男身の調の徴収などを命じた詔であり、「今発遣国司幷彼国造、可以奏聞」ではじまるとおり、新たに派遣する「国司」と、任地の国造に対して命じられている。なお、この詔に「宜観国々壃堺、或書或図、持来奉示。国県之名、来時将定」とある部分が、それまでの「国司」に対して命じた評制施行のための準備作業を受けて、新たに派遣する「国司」(と任地の国造)に対し、評制(国――評制、すなわち国造――評造制)の施行を命じた部分と考えられる(旧稿参照)。

第六章　山上碑を読む

——「佐野三家」を中心として——

はじめに

山上碑は、現在、高崎市山名町字山神谷二一〇四番地に位置し、丘陵上縁部南側の、平坦に削平された場所に、覆屋におおわれ、自然石の台石に据えつけられて立っている。碑の東側には山上古墳が存在し、この古墳と関係のある碑とみられているが、碑が現在のような形で安置されるようになったのは明治以降のことであり、本来の設置場所は不明である。しかし、それ以前も、古墳の近くにあったことは認められるようであり[1]、碑と古墳が関係することは、それぞれの年代からしても、否定できないものと考えられる。

碑身は、輝石安山岩の自然石であり、高さ約一一一センチ、幅約四七センチ、厚さ約五二センチを測る。碑身および台石の輝石安山岩は、妙義山・霧積山・榛名山などを構成するものと類似するが、特定はできないとのことである[2]。

碑文は、碑身の広い平面を有する部分に、四行五三字が彫られており、風化によって不鮮明となったところもあるが、つぎのように読むことができる。

辛己歳集月三日記

佐野三家定賜健守命孫黒賣刀自此

新川臣児斯多々弥足尼孫大児臣娶生児
長利僧母為記定文也　放光寺僧

訓読文を示すと、

辛己（巳）歳集月三日記す。
佐野《さの》三家《みやけ》と定め賜える健守命《たけもりのみこと》の孫黒売刀自《くろめとじ》、此れ
新川臣《にいかわのおみ》の児斯多々弥足尼《したたみのすくね》の孫大児臣《おおこのおみ》と娶《めあ》いて生める児、
長利僧《ちょうりほうし》、母の為に記し定める文也。　放光寺《ほうこうじ》の僧。

ということになろう。

小稿は、従来の碑文の解釈にとくに異を唱えるものではないが、まずはひととおり碑文の解釈をたしかめた上で、主として「佐野三家」の検討をとおし、建碑の理由・背景について考えてみることにしたい。

一　碑文の解釈

1　「辛己歳」「集月」「佐野三家」

最初に、冒頭の「辛己歳」であるが、「己」と「巳」は通用されることが多く、「辛巳歳」と読んで間違いないであろう。またその「辛巳歳」が、六八一年（天武天皇十）にあたるということも、通説のとおりと考えられる。七四一年（天平十三）とする説もあるが、以下の点からして従い難い。

(1)干支による紀年は、七世紀末までの金石文・木簡に多く、大宝律令制定（七〇一年）以降は、年号による紀年が

一般的になること。

(2)「年月日＋記」という形の書き出しは、古く埼玉県稲荷山古墳出土鉄剣銘（辛亥年＝四七一年）にその例があるが、法隆寺献納観音菩薩像台座銘（辛亥年＝六五一年）、野中寺弥勒菩薩像台座銘（丙寅年＝六六六年）など、七世紀後半の金石文、および七世紀後半の木簡に多くみられること。

(3)碑の人名は、後述のとおりすべて個人名と考えられ、律令制下の姓（セイ）による人名表記がみえないこと（近接して存在する神亀三年〈七二六〉の金井沢碑では、人名は律令制下の姓名によって表記されている）。

(4)碑の書風は、全体として楷書体ではあるが、隷書の筆使いを多くのこしており、石上神宮所蔵七支刀銘、熊本県江田船山古墳出土大刀銘、先の稲荷山古墳出土鉄剣銘など、四、五世紀の金石文の書風と共通する古風なものであること。(3)

なお、右の諸点からすると、「辛巳歳」を通説よりさらに干支一運さかのぼらせて六二一年（推古天皇二十九）、あるいはそれ以前にあててもよいように思われるかもしれないが、しかし碑文には、「僧」「放光寺」といった仏教の受容を示す語があり、六二一年およびそれ以前では早過ぎるであろう。(4)また、碑の文体は、完全な和文体となっており、このことは、「辛巳歳」を六八一年に限定する積極的理由にはならないが、(5)白雉元年（六五〇）頃のものと考えられる法隆寺金堂四天王造像銘も和文体であり、(6)そのように考えて矛盾のないものである。七二六年の金井沢碑が和漢混合の文体であることも、参考になるであろう。

つぎに「集月」であるが、一般には「集」と「十」の音通により、十月のことと考えられている。拾月（十月）の「拾」と「集」とは「ひろい集める」の意でも通じるとの指摘もあり、(7)十月とみてよいであろう。

つぎに「佐野三家」は、佐野の地に設置されたヤマト政権のミヤケと考えられる。『日本書紀』に、一般に「屯倉」と表記されるところのミヤケであるが、これがどのような性格のミヤケであったかは後に考えることとする。

「佐野三家定賜健守命」の読みについては、「佐野三家と定め賜える健守命」と読む説と、「佐野三家を定め賜える健守命」と読む説が示されている。前者は、「佐野三家の管理者にヤマト政権の大王から任命された健守命」の意に解する[8]のに対し、後者は、「佐野三家」を「佐野三家の管理者」と解するのは拡大解釈であり、またそのように読んでは「定賜」の主語がなくなってしまうとして、「佐野三家を治定された健守命」の意に解するのである。[9]

「定賜」の用例は、『先代旧事本紀』「国造本紀」に多くみえ、そこではいずれも、国造に任命するの意で用いられており、「定賜」（任命する）の主体は天皇（ヤマト政権の大王）である。「定賜」といった場合、やはりその主語は、大王およびその権限の代行者、とみるのが自然であろう。また、「佐野三家」はたしかにミヤケの名称であるが、同時にそれは、その管掌者の大王への奉仕を示す職名・称号でもあったとみて、拡大解釈にはならないと思う。

したがって、健守命が在地の人物（あるいはそのように伝承されていた人物）であるならば、「佐野三家と定め賜える健守命」と読むのがよいと考えられる。しかし、健守命が中央から派遣されてきた人物（あるいはそのように伝承されていた人物）であった場合は[10]、「佐野三家を定め賜える健守命」と読んだ方がよいのかもしれない。その場合は、健守命を大王の権限の代行者とみて、「定賜」の主語として不自然はないからである。

ただ、いずれの場合も、健守命を祖とする黒売刀自の一族が、代々佐野三家の現地管掌者の地位を世襲してきた、と解釈できる点では違いはないといってよいであろう。

2　人名と系譜

碑文には、健守命・黒売刀自・新川臣・斯多々弥足尼・大児臣・長利僧と、六人の人名が記されているが、このうち、健守命・黒売刀自・斯多々弥足尼が個人名であることは明らかであろう。新川臣と大児臣、および長利僧については、それを個人名とみるためには、若干の説明が必要と思われる。

尾崎喜左雄氏は、新川臣と大児臣について、「新川」「大児」は現在も群馬県勢多郡新里村新川《にっかわ》・同大児《おおご》町にその名があることから、地名であるとし、また「臣」はカバネのオミであるとして、地名＋カバネで、その地の支配者・有力者の一族をさす呼称であると解釈された。(11) しかし、すでに関口裕子・東野治之氏らの指摘があるとおり、(12) 他の人名が個人名である以上、新川臣・大児臣も個人名とみなければならないであろう。また、「臣」をカバネとすることも疑問であり、それは、斯多々弥足尼の「足尼」とともに、個人名に付された尊称とみるのが妥当と考えられる。

ただそれだからといって、「新川」「大児」がただちに地名ではないということにはならないであろう。地名＋称号で個人名を表わすことも広く行われていたとみられるのであり、たとえば、『日本書紀』に蘇我馬子・蝦夷は「嶋大臣」「豊浦大臣」とも表記されるが、嶋・豊浦はいずれも地名である。したがって、新川・大児の地に住んだある個人をさして、それぞれ新川臣・大児臣と表記したと解しても、問題はないのである。ただし、現在のこる新川・大児の地名が、山上碑の時代にまでさかのぼるか否かは不明であり、(13) 新川・大児が地名とは関係のない個人名である可能性も、もちろん否定はできない。しかしその場合は、碑の新川臣・大児臣の名から、新川・大児の地名が付けられたということであろうから、やはり、新川臣・大児臣の居住地が、後にその名を地名としたとみるのが自然である。「新川臣」「大児臣」は、あくまで個人名であり、地名＋カバネの姓（セイ）ではないが、それぞれ、現在のこる新川・大児の地付近（いずれも律令制下の勢多郡南部）を本拠とした豪族と考えられる点は、尾崎氏の説かれたとおりであると思う。(14)

なお、関口裕子氏は、「臣」や「足尼」をカバネの制度が整えられる以前の「一般的尊称」であるとされながら、一方では、それを母系（ないし父系）で継承されるものと解されているが、[15]この点は、東野治之氏の説かれるとおり、[16]単なる尊称とみるのが正しいであろう。碑の「臣」や「足尼」は、稲荷山古墳出土鉄剣銘にいう「上祖名意富比垝其児多加利足尼」（上祖、名は意富比垝《おほひこ》、其の児、多加利足尼《たかりのすくね》）の「比垝」「足尼」に相当する尊称であり、代々継承されていくカバネとは、性格の異なるものと考えられる。

つぎに長利僧であるが、「長利」もやはり個人名（僧名）とみるのが妥当であろう。一寺を統括する僧職の名である長吏の音通とみる可能性も指摘されているが、[17]「職名＋僧」という表現はふつうみかけないものであり、また、長利僧に至る系譜上の人名がすべて個人名と考えられる以上、長利も同様に解するのが自然である。

つぎに、その系譜についてであるが、これまで二通りの解釈が示されている。

(A)は「健守命孫黒売刀自」「斯多々弥足尼孫大児臣」の「孫」を、実際の孫をさす語と解するのであり、尾崎喜左雄氏に代表される解釈である。[18]これに対して(B)は、義江明子氏によって示された系譜であり、[19]健守命および新川臣——斯多々弥足尼は、それぞれ黒売刀自・大児臣からみて祖にあたる人物であって、「孫」は子孫の意に解さなければならないとされる。すなわち、山上碑の系譜は、長利僧の母方・父方それぞれの族長位継承を示す一系系譜と、長

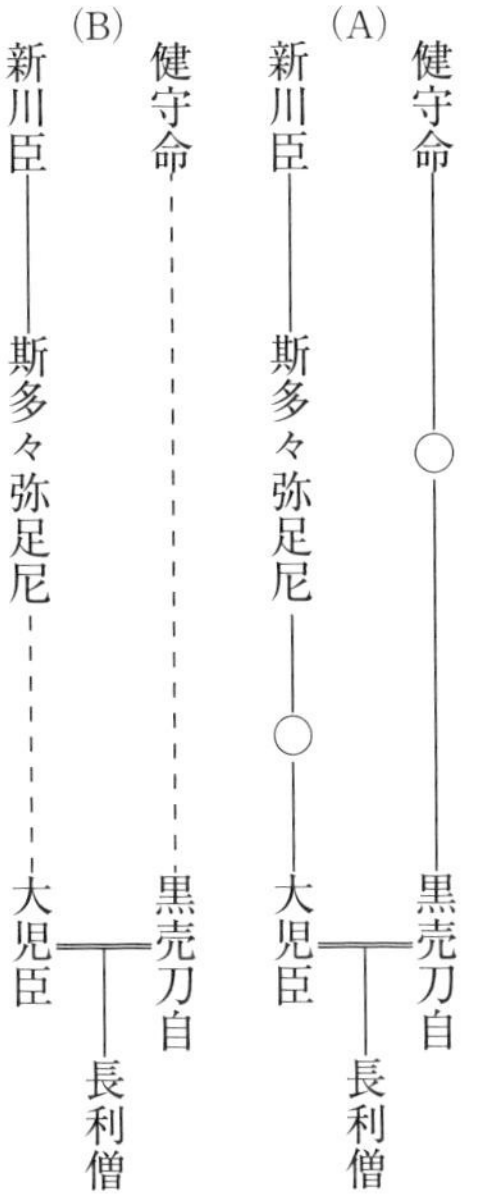

利僧個人の帰属を示す両属系譜が組み合わされたもの、と解されるのである。稲荷山古墳出土鉄剣銘の系譜・『古事記』崇神天皇段のオホタタネコ系譜・『上宮記』逸文の継体天皇の系譜など、他の古系譜と対比させて考えるならば、「佐野三家定賜」を奉事の根源にかかわる文言とする指摘とともに、義江氏の見解を妥当とするべきであろう。

そしてこのように解するならば、先にも少しふれたように、健守命および新川臣・斯多々弥足尼は、必ずしも実在の人物とは限らないということになろう。ただこのことは、健守命らが非実在の人物であることを積極的に示すものではなく、(B)の系譜においては、健守命らは実在の人物であってもかまわないのであり、また「孫」についても、子孫の意に解すべきではあるが、黒売刀自・大児臣が実際に健守命・斯多々弥足尼の孫であってもよいのである。

3　「母為記定文」「放光寺僧」

碑文は「母為記定文也」で結ばれており、そのあと一字あけて「放光寺僧」とある。「放光寺僧」は、いわば署名にあたる部分であり、建碑の主体とみられるが、この放光寺の僧と、「母為記定」の主語である長利僧とが同一人であることは間違いないであろう。

長利僧が母のために記し定めた文である、というのがこの碑文の主旨であるが、「文」はもちろん、この碑文そのものをさしていると考えられる。つまり、この碑文による限り、建碑の目的は、石にこの文を記すこと自体にあったということができよう。金井沢碑も、「如是知識結而天地誓願仕奉石文」で文が結ばれており、三家子□ら九人が知識を結び天地に誓願して仕え奉る、という碑の文章そのものを、石文として記すこと自体に建碑の目的があったと理解されよう。

これまで、「母為」とあっても、母の何のためであるかは碑文に書かれていないとし、隣接する山上古墳の被葬者（追葬の可能性も含めて）を母（黒売刀自）とみて、母のために墓を造った際の墓碑と解したり、あるいは、すでに山上古墳に葬られている母のために追善供養を行った際の供養碑と解したりしてきたが、碑文の内容そのものは、墓碑でもなければ供養碑でもないのである。碑が山上古墳と関係し、建碑が母（黒売刀自）の埋葬、あるいは追善供養の際に行われたことはおそらくそのとおりであろうが、碑の「母為」というのは、「母その人を顕彰するため」という意味を出ないのであり、母の何のためかの「何」が碑文に省略されている、というようなことではないと考えられる。

とするならば、「母為記定文」とある以上、この碑文に書かれていることのすべてが、母を顕彰する意味を持っているとみなければならないであろう。すなわち、「佐野三家定賜健守命孫」という母自身の系譜だけではなく、新川臣の児の斯多々弥足尼の子孫である大児臣と婚姻関係を有し、その間に長利僧を生んだこと、その長利僧が放光寺の僧であること、これらすべてが、母を顕彰する意味を持っているということである。ただし、母の祖である健守命にのみ「佐野三家定賜」とあって、新川臣・斯多々弥足尼にはそのような記述のないことからすれば、「母為記定」の中心が、「佐野三家定賜」を奉事の根源とする母の系譜にあることは明らかであろう。

また、「記定」という表現については、『日本書紀』天武天皇十年（六八一）三月丙戌条に、天皇が川嶋皇子らに命じて、「令レ記二定帝紀及上古諸事一」とあることが注意される。天武天皇十年は、ちょうどこの碑文が「記定」された年と同じ年であり、川嶋皇子らのなかには上毛野君三千も含まれている。中央における歴史書編纂の事業と、山上碑の建立が関係するか否かは別として、すでに東野治之氏の指摘されるとおり、[20]右の『日本書紀』の用例から類推して、「記定」という表現に「過去の事実を確定して後代に記し伝える」という意味が込められていることはたしかであろう。石に刻むということも、長く後代に伝えるという意図と関係すると考えられる。

「母為記定文」というのは、「文」の内容のすべてが母を顕彰するだけではなく、それを石文として「記定」することもまた、母を顕彰する目的を持っていたと解されるのである。

つぎに「放光寺僧」であるが、これが長利僧と同一人と考えられることは先に述べたとおりである。放光寺については、近年、前橋市総社町の山王廃寺から、発掘調査によって、「放光寺」あるいは「放光」と篦書きされた瓦が出土したことにより、その山王廃寺が放光寺にあたると考えられている。山王廃寺は、一九七四年から八一年まで、七次にわたる発掘調査が行われ、東に塔、西に金堂の法起寺式伽藍配置を有する壮大な寺院であったことが明らかにされた。創建の時期は、創建期の瓦の形式や、塔心礎・根巻石などの検討から、七世紀の第3四半期とみられており、山上碑の建てられた六八一年にはすでに存在していたことになる。考古学上の年代からも、両者を同一の寺院と考えて矛盾はない。また、緑釉水注などの出土から、十一世紀までは存続していたと考えられており、長元三年（一〇三〇）に作成された「上野国交替実録帳」に、氏人の申請によって定額寺から除かれたとある放光寺も、この山王廃寺にあたるとみられている。[21]

山王廃寺の位置する前橋市総社町は、七世紀代の大規模方墳である愛宕山古墳・宝塔山古墳・蛇穴山古墳などからなる総社古墳群の営まれている地域であり、また八世紀に入っても、上野国府が置かれ、国分寺・国分尼寺が建立された上野国の中心地域である。山王廃寺・総社古墳群の造営集団と、碑文の人々との関係が問題になるのであるが、ここでは、碑の「放光寺」が前橋市総社町の山王廃寺にあたると考えられる、という点を確認しておきたい。

二　建碑の背景

1　佐野三家の成立とその性格

佐野三家が設置された時期について、尾崎喜左雄氏は、辛巳歳（六八一）に黒売刀自が没したならば、その祖父にあたる健守命は推古朝頃の人物と推定できるとされ、『日本書紀』推古天皇十五年（六〇七）是歳条の屯倉設置記事と、佐野三家の設置を対応させて理解された。[22]しかし、先に述べたとおり、建碑は黒売刀自の追善供養の際に行われた可能性もあり(23)、必ずしも辛巳歳を黒売刀自の没年とみることはできない。また健守命は、黒売刀自の祖であって、実際の祖父とは限らないのである。推古紀の屯倉設置記事も、「於二倭国一作二高市池、藤原池、肩岡池、菅原池一。山背国掘二大溝於栗隈一。且河内国作二戸苅池、依網池一。亦毎レ国置二屯倉一」というものであり、「毎レ国」の意味については議論のあるところではあるが、全国にということではなく、前文の倭国・山背国・河内国の三国にとの意に解すべきであろう。佐野三家の設置時期を、推古朝に求める根拠はないといわなければならない。

ただ、それが大化以前にさかのぼることは認めてよいと思われる。健守命が実在の人物であれば、それは黒売刀自からみて三世代以上はさかのぼる人物とみるのが自然であろうし、健守命が遠い昔に佐野三家の管掌者に定められた(あるいは中央から派遣されてきて佐野三家を定めた)と伝えられる伝承上の人物であったならば、なおさら実際のミヤケの設置は、大化以前にさかのぼるとみてよいであろう。

大化以前のミヤケをどのように考えるかは、史料的制約もあって難しい問題であるが、ミヤケの語義がミ(御)+ヤケ(宅)で、王権に属するヤケをさすことは、ほぼ異論のないところである。ヤケは、吉田孝氏によれば、ヤ(屋)・クラ(倉)などからなる経営の拠点としての一区画(施設)をさす語であるとされる(24)。『日本書紀』大化二年(六四六)正月朔条の「改新詔」の第一条や、大化二年三月壬午条の「皇太子奏」からすると、「子代之民」や、「子代入部」「御名入部」のそれぞれに対応して「屯倉」の存在したことが知られるが、これは、全国各地に設置された個々の部に対応して、ミヤケが置かれていたことを示していよう。また、大化元年(六四五)八月庚子条の「東国国司詔」には、「国司」らに対して与えた任務遂行上の注意事項の一つとして、「若有レ求レ名之人一、元非二国造、伴造、県稲置一而輙詐訴言、自二我祖時一、領二此官家一、治二是郡県一。汝等国司、不レ得三随レ詐便牒二於朝一。審得二実状一而後可レ申」とあるが、このことから、正規の国造・伴造(地方伴造)・県(コホリ)の稲置(25)らは、「官家」

を領していたことが窺えるであろう。ここにいう「官家」は、「ミヤケ」と読まれているが、この場合は、ヤマト政権の地方官である国造・伴造・稲置の役所をさした語とみることができる。地方伴造の「官家」というのは、「改新詔」「皇太子奏」にいう「屯倉」と同一のものであろう。

そして、それらのミヤケは、実際には、多くが地方豪族としての国造・伴造・稲置らの経営の拠点（居宅）＝ヤケであったと考えられる。ここに、地方豪族のヤケが、その豪族が国造・伴造・稲置といったヤマト政権の地方官に任命されることによって、王権に属するヤケとして「ミヤケ」と称されるようになる、ということがよく示されているといえよう。要するにミヤケは、種々のタイプのものがあったと考えられるのである。

しかし、ヤマト政権の支配制度の一つとしてミヤケ制をいう場合、右のようなミヤケはそれに含めて考えないのがふつうである。ミヤケ制という場合のミヤケは、ヤマト政権の直轄地ともいわれ、稲穀の収取を主目的として設置され、田部によって耕作される土地をさすとするのが一般的理解である。前期（型）ミヤケと後期（型）ミヤケに分けて考えられることが多く、前期ミヤケは、ヤマト政権自らの手によって開発された畿内のミヤケであり、屯田とも呼ばれ、五世紀以前にさかのぼるが、六世紀以降に置かれたものもあり、律令制下の供御田に継承されていったとされる。また後期ミヤケは、六世紀以降に、全国の国造層の支配領域を割き取る形で設定されたミヤケであり、稲穀の収取に限らず、採鉄地・港湾・軍事基地など多様な性格を持つものもあり、ヤマト政権の地方支配の拠点となったとされる(26)。

ヤマト政権によって開発された直轄地としてのミヤケが存在したことはたしかであろうが、一般にいわれるところの後期ミヤケは、先にみた県（コホリ）の稲置の「官家」（ミヤケ）と同じものとみてよいのではなかろうか。大化以前にコホリが存在したか否か、存在したとするならばそれはどのような実態のものであったか、たしかなことはわからないのであるが、「丁籍」「名籍」(27)によって掌握された田部の人間集団をさしてコホリと呼び、その田部による農業経営の拠点がミヤケであり、そのコホリ・ミヤケの現地管掌者が稲置であった、とみるのが妥当ではないかと考えている(28)。

『隋書』倭国伝には、「有㆓軍尼一百二十人㆒、猶㆓中国牧宰㆒。八十戸置㆓一伊尼翼㆒、如㆓今里長㆒也。十伊尼翼属㆓一軍尼㆒」とあるが、「軍尼」(クニ)は国造をさし、「伊尼翼」は「伊尼冀」(イナキ)の誤りで稲置をさすとみるのがふつうである。また、『日本書紀』成務天皇五年条には、国造と稲置の同時設置が述べられており、先の大化元年(六四五)八月庚子条の「東国国司詔」でも、国造と稲置がならび称されている。これらのことからすれば、大化以前に、国造―稲置(クニ―コホリ)の地方組織が存在していたことは否定できないであろう。ただ、その段階のクニ―コホリ制は、国造のクニの内部がすべて稲置のコホリから構成されているというような整然とした組織であったとは考えられず(29)、クニの内部には、地方伴造に統轄される部集団や、コホリにも部にも編成されていない集団が多く存在していたと推定される。

したがって、国造のクニのなかの稲置のコホリは、ある意味では拠点的に設置されたものといえるのであり、またコホリ(ミヤケ)の経営には、しばしば中央から田令が派遣されたと考えられるから(稲置はミヤケの現地管掌者である)、たしかにミヤケは、そのような意味で、ヤマト政権の地方支配の拠点という性格を持っていたといえるのである。

なお、史料上の稲置の具体例が少なく、その分布範囲の限られていることから、稲置の全国的設置を疑う説もあるが、東国にも稲置が置かれていたことは、先の「東国国司詔」に示されているとおりである。

さて、大化以前の地方組織を右のように考えてよければ、佐野三家は、いわゆる後期ミヤケであり、上毛野国造のクニのなかに置かれた稲置のコホリであった、とみるのがもっとも妥当ということになるであろう。佐野という地名をつけて「佐野三家」と呼ばれたのは、その経営の拠点、いいかえれば稲置に任命された在地豪族の居宅が、佐野の地に置かれていたからと考えられる。あるいは、ヤマト政権の主導のもとに、新たに佐野の地に経営の拠点が設置されたということも考えられるが、その場合も、その後その拠点には、ミヤケの現地管掌者である稲置が居住したものと推定されよう。

健守命を祖とする一族は、この稲置の職を代々世襲した一族と考えられるのであり、その際、健守命が実際に初代佐野稲置に任じられた人物であっても、また単なる伝承上の人物であってもかまわないことは、先に述べたとおりである。

2　建碑当時の佐野三家

それでは、山上碑が建てられた天武天皇十年（六八一）の段階において、佐野三家はどのようになっていたのであろうか。稲置のコホリ（後期ミヤケ）は、孝徳朝における評制の施行によって、その多くが評（コホリ）に継承されていったとみられるが、後期ミヤケとコホリが対応することは、つぎの諸点によく示されている。

(1)『日本書紀』安閑天皇二年五月甲寅条の全国のミヤケ設置記事に、上毛野国に置かれたミヤケとして緑野屯倉の名がみえるが、この「緑野」の名は、律令制下の緑野郡に継承されていること。

(2)同じく安閑天皇元年四月朔条には、伊甚国造による伊甚屯倉献上の記事があり、その最後に、「因定㆓伊甚屯倉㆒。今分為㆑郡属㆓上総国㆒」とあること。

(3)同年閏十二月是月条には、武蔵国造職をめぐる笠原直使主と同族小杵の争いの記事があり、国造に任ぜられた使主によって、横渟・橘花・多氷・倉樔の四処の屯倉が献上されたとあるが、横渟はのちの武蔵国横見郡、橘花は同国橘樹《たちばな》郡、多氷は多末の誤りで同国多磨郡、倉樔は倉樹の誤りで同国久良《くらき》郡に継承されていったとみられること。

また、コホリ（評・郡）の設置が、ミヤケの設置をともなうものでもあったことは、『皇太神宮儀式帳』に、度会・多気・飯野評の成立を述べて、

　難波朝廷天下立レ評給時仁、以二十郷一分弖、度会乃山田原立二屯倉一弖、新家連阿久多督領、礒連牟良助督仕奉支。以二十郷一分、竹村立二屯倉一、麻続連広背督領、礒部真夜手助督仕奉支。（中略）近江大津朝廷天命開別天皇御代仁、以二甲子年一、小乙中久米勝麻呂仁、多気郡四箇郷申割弖、立二飯野高宮村屯倉一弖、評督領仕奉支。即為二公郡一之。

とあることに明らかである。また『常陸国風土記』に孝徳朝の癸丑年（白雉四年＝六五三）における行方郡（評）の建評を述べて、「割二茨城地八里、（那珂地□里）、合七百余戸一、別置二郡家一」とあることも、その点を示している。

評制の施行過程については、孝徳朝全面施行説と、孝徳朝における建評は認めるがその後段階的に施行されていったとする段階的施行説とがあるが、右の『皇太神宮儀式帳』に「難波朝廷（孝徳朝）天下立評」とあることからすれば、前者の説を妥当とするべきであろう。後者の説の根拠の一つとして、孝徳朝以降にも国造の存在することがあげられているが、国造は、孝徳朝における評制の施行によって廃止されたのではなく、その後も評の官人（評造）の上に立つ地方官として存続したとみるべきであり、評制の施行によって、はじめて国造のクニの内部がすべて評（コホリ）に分割されるというクニ―コホリ（国造―評造）制が成立したと考えられるのである。(30) なお、国造制の廃止については、天武天皇十二～十四年（六八三～六八五）にかけて行われた令制国の画定事業により国宰制（国司制の前身）が成立し、それによって廃止が決定されたとみられるのであり、しかもそれは、その時の現任の国造を解任するとい

う形で行われたのではなく、現任国造が死去した後は、後任を任命しないという形で廃止されていったものと推定できる。(31)

以上のことから考えるならば、佐野三家は、孝徳朝における評制の施行後は、評家（コホリのミヤケ）として存続し、天武天皇十年（六八一）の段階においても、クニ—コホリ（国造—評造）制下の評家として現存していた可能性が高い、ということができるであろう。その場合、健守命を祖とする黒売刀自の一族は、評制施行後は評造の職を世襲していたということになる。

そして、天武天皇十年段階において佐野三家が現存していた可能性が高いということは、碑文そのものからも窺えるように思われる。すなわち、碑文に黒売刀自の一族の奉事の根源として、佐野三家の設置がことさら述べられていること、しかもそれは石文に記定され、長く後代に伝えられることが意図されていること、こうした点は、佐野三家が現存していたとしてこそ、よく理解できるものであろう。(32)また、金井沢碑にみえる三家子□・三家毛人ら、三家を姓（セイ）とする一族は、黒売刀自の一族の後裔とみられるが、三家（ミヤケ）を姓とするということも、姓が定められた段階（おそらく庚午年籍の作成された六七〇年段階）において、その一族がミヤケ（評家）の管掌者の職（評造）にあったことを示すものと思われる。

ところで、「佐野」という地名は、律令制下の郡名には継承されていないのであるが、この点はどのように考えたらよいであろうか。佐野の地名は、現在、高崎市上佐野町・下佐野町としてのこっているが、それが当時どの程度の広がりをさす地名であったかについては、尾崎喜左雄氏の詳細な検討がある。

尾崎氏は、金井沢碑に群馬郡下賛郷（この下賛郷は『和名類聚抄』にはみえない）とある「下賛」は「しもさぬ」と読むことができ、下佐野に通ずること、『和名類聚抄』の郡馬郡小野郷・緑野郡小野郷の「小野」も「さぬ」（佐野）

とみられること、片岡郡の佐没郷は佐沼郷の誤りで、やはり「さぬ」（佐野）と考えられることなどから、現在の高崎市上佐野町・下佐野町から倉賀野町・根小屋町、山上碑・金井沢碑の建つ山名町を含み、藤岡市の大字中、森におよぶ範囲が佐野であったと推定された(33)。なお異論も示されてはいるが、当時の佐野の地名が、律令制下においては、群馬郡・片岡郡・緑野郡など、複数の郡に分割される範囲をさしていた可能性は高いとみてよいであろう(34)。

とすると、天武天皇十年段階で存在していた佐野評は、郡制施行の段階で、いくつかの郡に分割編入されたということになる（あるいは、天武十年以降の評制下において、すでにいくつかの評に分割編入されたということも考えられる）が、そのまま郡に移行しなかった評が存在することは、大和の飽波評(35)、伊場遺跡出土の木簡にみえる駅評、『因幡国伊福部臣古志』にみえる水依評などの例に明らかであり、そのように解して問題はないであろう。なにゆえ佐野評は佐野郡に移行しなかったのか、その理由は不明とせざるをえないが、佐野評が解体の方向に進んでいるというような状況があり、それに抗して山上碑が建立され、ことさら「佐野三家定賜」という奉事の根源が認定され、ミヤケの管掌者（稲置・評造）の職を世襲してきた一族の黒売刀自が顕彰された、といった事情が考えられてよいかもしれない。

3　黒売刀自の一族と山上古墳

先に述べたとおり、建碑は、黒売刀自の死去、あるいはその追善供養に際して行われたとみられるのであるが(36)、そうであるならば、そのどちらであっても、黒売刀自は山上古墳に埋葬されていると考えられる。山上古墳が黒売刀自を埋葬主体とした古墳であるのか、または黒売刀自の父や兄弟などが埋葬主体であり、黒売刀自はそこに追葬・合葬されたものなのか、いずれとも決し難いが、夫の大児臣（ないしその一族）を埋葬主体とする可能性は少ないと思われる。大児臣は現在の勢多郡大児町付近に居住した豪族と推定されるのであり、おそらくその墳墓は、「大児」の地に造営されたものと推定される。このことは、当時の婚姻家族形態を考える上で重要な問題となるが、ここでは、黒売刀自の埋葬された山上古墳が、「佐野」の地に営まれた古墳であることに注意しておきたい。

山上古墳は、傾斜地に若干の盛土をし、墳形を整えて造った山寄せの円墳であり、墳丘の直径はおよそ一五メートルほどを測る。内部構造は両袖式の横穴式石室であり、石材には截石を使用したいわゆる截石切組積石室の古墳である(37)。山上古墳の西方二五〇メートルほどのところには、山上西古墳が存在し、やはり直径一〇メートルほどの山寄せの円墳であり、両袖式の截石切組積石室を有している(38)。

截石切組積石室の古墳は、現在、群馬県内に三〇基ほどが知られており、各地に広く分布するが、いずれも、同時期の群集墳とは区別される占地を有し、各小地域を単位に、一基、多くは二基が一つのまとまりをもって営まれている。その築造年代については、七世紀後半を中心とした時期とみるのが妥当なようであり、短期間に各地で一斉に築造されたものと考えられている(39)。截石切組積石室墳が、この時期の各小地域を単位に造営された首長墓であることは間違いないであろう。

山上碑の建つ「佐野」の地には、山上古墳・山上西古墳の二基の截石切組積石室墳が存在するが、「佐野」の地から北東方向へ約一三キロメートルほどの「大児」の地にも、堀越古墳と五十山古墳の二基が近接して営まれている。また、「大児」の地から東へ約六キロメートルほどの勢多郡新里村新川にも、截石切組積石室の中塚古墳が存在するが、この地は、碑文に大児臣の祖とある「新川臣児斯多々弥足尼」の新川臣と関係すると考えられる地域である(40)。そして、碑文の放光寺に比定される山王廃寺に近接して営まれる前橋市総社町の総社古墳群にも、宝塔山古墳・蛇穴山古墳の二基の截石切組積石室墳が含まれている。この総社古墳群の営まれる地域は、「佐野」の地からは北へ約一〇キロメートル、「大児」の地からは西へ約七キロメートルほどの距離にあるが、この総社古墳群の地域が、七世紀後半の上毛野国の中心地であったと考えられることは、先に述べたとおりである。

截石切組積石室墳の造営に示された政治的動向については、右島和夫氏によるすぐれた研究があり、右島氏はおよそつぎのように述べられている。(41)

(1)三〇基ほど存在する截石切組積石室墳のうち、総社古墳群の宝塔山古墳（一辺約五六メートルの方墳）と蛇穴山古墳（一辺約四〇メートルの方墳）は、墳丘規模や石室の築造技術などからみて、その他の古墳（いずれも直径一〇〜三〇メートル前後の円墳）を圧倒する優位を示しており、その他の古墳は均質的であり、それぞれの間に優劣の差は見出し難い。

(2)七世紀後半においては、宝塔山古墳・蛇穴山古墳の築造者を頂点として、その下に、それぞれの小地域において截石切組積石室墳を築造した有力者が、政治的に組織されていたと推定される。

(3)宝塔山古墳・蛇穴山古墳の築造と、山王廃寺の建立は、同じ勢力によって行われた一体のものであり、(42)それは、ヤマト政権の技術的援助があってはじめて可能であったと考えられ、この勢力とヤマト政権の間には、きわめて密接かつ直接的な関係があったと考えられる。

(4)各小地域の截石切組積石室墳の築造者は、のちの郡領層に相当するとみられるが、その分布は必ずしもすべてが律令制下の郡の広がりと対応しているわけではなく、截石切組積石室墳の造営に示される政治組織は、律令制の地域編成が完成するまでの過渡的形態であったと推定される。

このような、右島氏の説かれる七世紀後半の政治組織は、すでにいうまでもないであろうが、先に述べたところの、評制施行以後の国造―評造（クニ―コホリ）制に相当する、ということができるであろう。

黒売刀自は、「佐野」の地における評造の家柄の女性であり、夫の大児臣も、「大児」の地における評造、ないしそれに準ずる地位の有力者であったとみてよいであろう。そして、その両者の間に生まれた長利僧は、母や父の一族の上に立つ国造一族によって建立された放光寺（山王廃寺）の僧となっていたのである。(43) 長利僧が放光寺においてどのような地位にあった僧かは不明であるが、右の三者の間に、密接な関係があったことはたしかである。

長利僧が、母のために建立した山上碑に、わざわざ「放光寺僧」と記したのは、放光寺が当時の上毛野国の頂点に立つ国造一族の寺であり、自身がそこの僧になっていることが、母の地位を顕彰することにもつながったから、と考えることができよう。夫の大児臣とその系譜が碑文に記されているのも、大児臣が評造ないしそれに準ずる地位にあった有力者であったがゆえ、それを記すことが母の地位の顕彰につながったからであろう。

山上碑には、七世紀後半の在地における国造・評造層相互の関係が具体的に示されているといえるのであるが、このことは、逆にいえば、七世紀後半における国造—評造制の存在を示す一つの史料が山上碑である、ということになると思うのである。

注

（1）前沢和之「主要史料解説　山上碑銘」（『群馬県史』資料編四原始古代四、群馬県、一九八五年）、一二一五頁。

（2）『古代の碑』（国立歴史民俗博物館、一九九七年）、二八頁。

（3）東野治之「山ノ上碑の書風と形態」（『群馬県史』通史編二原始古代二、群馬県、一九九一年）、九二～九五頁。

（4）東野治之「山ノ上碑銘文の解釈」（『群馬県史』通史編二原始古代二）、八八頁。

（5）八世紀初めの「長屋王家木簡」にも、和文体の文章が多くみとめられる。

（6）多聞天の光背に「薬師徳保上而鉄師刊古二人作也」、広目天の光背に「山口大口費上而次木閇二人作也」とある。ここにみえる「山口大口費」は、『日本書紀』孝徳天皇白雉元年（六五〇）是歳条に、「漢山口直大口奉レ詔刻二千仏像一」とある漢山口直大口と同一人と考えられる。

(7) 東野、前掲注(4)論文、八四頁。

(8) 尾崎喜左雄「山ノ上碑及び金井沢碑の研究」(『群馬大学教育学部紀要』人文・社会科学編、一七、一九六七年)、七一〜七三頁。

(9) 東野、前掲注(4)論文、八四〜八七頁。

(10) この場合には、健守命は、実在の人物ではなく、伝承上の人物である可能性が高いと思われる。『常陸国風土記』において、新治国造の祖とされる比奈良珠命、那賀国造の祖とされる建借間命、多珂国造の祖とされる建御狭日命は、いずれも中央から派遣されたとされる伝承上の人物であることが参考になるであろう。

(11) 尾崎、前掲注(8)論文、七四〜七五頁。

(12) 関口裕子「日本古代家族の規定的血縁紐帯について」(井上光貞博士還暦記念会編『古代史論叢』中巻、吉川弘文館、一九七八年)、四五六〜四五七頁。東野、前掲注(4)論文、八七〜八九頁。

(13) 『和名類聚抄』に新川・大児の地名はみえておらず、他の古代の史料にもその名はみえない。大児の名は、『吾妻鏡』(建久元年〈一一九〇〉十一月七日丁巳条において、頼朝入洛の行列中に大児太郎の名がみえる)までさかのぼることができる。

(14) なお、「新川臣」については、健守命と同様に実在の人物ではなく、伝承上の人物である可能性も考えられる(この点、「斯多々弥足尼」も同様である)。ただその場合も、「新川」の地を本拠とした人物(少なくとも「新川」の地と関係した人物)として伝えられていたとみてよいであろう。

(15) 関口、前掲注(12)論文、四五五〜四五八頁。

(16) 東野、前掲注(4)論文、八九頁。

(17) 尾崎、前掲注(8)論文、七五頁。

(18) 尾崎、前掲注(8)論文、七二〜七六頁。

(19) 義江明子『日本古代の氏の構造』(吉川弘文館、一九八六年)、三三一〜三三三頁ほか。

(20) 東野、前掲注(4)論文、八七〜八八頁。

(21) 以上、山王廃寺、およびそれが放光寺とみられることについては、飯塚誠・石川克博・田口正美・富沢敏弘・松田猛「山王廃寺」(『群馬県史』資料編二原始古代二、群馬県、一九八六年)、一二一〇〜一二三三頁。松田猛「寺院の建立とその背景」(『群馬県史』通史編二原始古代二)、九九～一一五頁ほか。
(22) 尾崎、前掲注(8)論文、七三～七四頁。
(23) 碑の人名表記に姓（セイ）が欠けていることからすると、黒売刀自や大児臣は、姓が定められる以前、すなわち庚午年籍作成（六七〇年）以前に死去している可能性が高く（長利僧は僧の名であるから姓がなくて当然である）、そうであるならば、六八一年の建碑は、黒売刀自の追善供養の際に行われた、ということになるであろう。
(24) 吉田孝「イヘとヤケ」（同『律令国家と古代の社会』岩波書店、一九八三年）。
(25) 「県稲置」については、「県主稲置」の「主」が脱落したとする説、「アガタの稲置」と読むべきであるとする説もあるが、史料上の「県」には県主のアガタと稲置のコホリがあるとする中田薫氏の説（中田薫「我古典の『部』及び『県』に就て」『国家学会雑誌』四七—九・一〇、一九三三年）にしたがうべきであり、ここは「コホリの稲置」と読むのがよいと考える。
(26) このようなミヤケの通説的理解は、近年の研究では、平野邦雄『大化前代政治過程の研究』（吉川弘文館、一九八五年）第三編「六世紀の国家組織」に、代表的に示されている。
(27) 『日本書紀』欽明天皇三十年正月朔条に「白猪田部丁籍」とみえ、敏達天皇三年（五七四）十月丙申条に（白猪屯倉の）「田部名籍」とみえる。
(28) 拙著『日本古代国造制の研究』（吉川弘文館、一九九六年）第三編第一章「国造制の内部構造」。
(29) 『隋書』倭国伝の記事には、七世紀初め頃のヤマト政権による誇張ないし理想が反映されている可能性が高い。
(30) 前掲注(28)拙著、第二編第三章「評制の成立と国造」。
(31) 同右、第二編第四章「国宰制の成立と国造」。
(32) なお、コホリのミヤケ（評家）の設置（建評）が、そのミヤケの管掌者（評の官人）の地位を世襲した一族にとって、奉事の根源と認識されていたことは、先に引用した『皇太神宮儀式帳』の記事によく示されている。また『日本霊異記』上巻第十七話の、越智直による越智郡（評）設置の話からも、その点を窺うことができよう。
(33) 尾崎、前掲注(8)論文、七三、八三～八四、九四～九六頁。
(34) 松島栄治氏は、『和名類聚抄』高山寺本に、群馬郡上郊郷を「かみつさの」と読んでいることから、この郷もかつての「佐野」

の地に含めてよいとされ、前橋市総社町の山王廃寺（すなわち放光寺）は「佐野三家」一族の氏寺と考えられるとして、上郊郷を山王廃寺の所在地を含む地域に比定できるとされる。つまり、「佐野」の地は、尾崎氏の推定された範囲をさらに北に拡大して、前橋市総社町付近まで含む範囲であったとされている。（松島栄治・梅沢重昭・田島桂男・茜史朗「闘論、古代東国の謎に挑む」〈上田正昭ほか『古代東国の謎に挑む』あさを社、一九八二年〉における松島栄治氏の発言）。しかし、後述のとおり、山王廃寺を造営した一族と、「佐野三家」の一族とは、それぞれ基盤を異にした別の一族とみるべきであり、「佐野」の地を、山王廃寺の所在地を含む範囲とするのは疑問である。また、東野治之氏は、群馬郡小野郷・緑野郡小野郷の小野は、『和名類聚抄』の訓にも「乎乃」とあるとおり、ヲノと読むべきであり、それらの郷を含めて「佐野」の地を想定するのは避けるべきであるとされる（東野、前掲注(4)論文、八五～八六頁）。ただ東野氏も、金井沢碑の群馬郡下賛郷、『和名類聚抄』の片岡郡佐没（沼）郷）と「佐野」との関係は認められており、東野説にしたがった場合でも、「佐野」の地は、律令制下の群馬郡と片岡郡にわたる範囲であったことになる。

(35) この評については、狩野久「額田部連と飽波評」（同『日本古代の国家と都城』東京大学出版会、一九九〇年）。

(36) 追善供養の際の可能性の方が高いことは、注(23)に述べたとおりである。

(37) 桜場一寿「山ノ上古墳」（『群馬県史』資料編三古墳、群馬県、一九八一年）、二七三～二八〇頁。

(38) 松本浩一「山ノ上西古墳」（『群馬県史』資料編三古墳）、二八〇～二八三頁。

(39) 右島和夫『東国古墳時代の研究』（学生社、一九九四年）第九章「古墳からみた六、七世紀の上野地域」三六七頁ほか。

(40) なお、勢多郡新里村には、ほかに長者塚古境・山内出古墳の二基の截石切組積石室墳が存在している。

(41) 右島、前掲注(39)論文、三六〇～三七二頁。

(42) なおこの点は、つとに尾崎喜左雄氏の指摘されたところである。尾崎喜左雄『横穴式古墳の研究』（吉川弘文館、一九六六年）、六二六～六二九頁ほか。

(43) なお、放光寺（山王廃寺）を建立した一族を、「佐野三家」の一族とする説もあるが（注(34)に述べた松島栄治氏の説）、「佐野三家」の一族は、山上古墳・山上西古墳を造営した一族と考えられるのであり、山王廃寺を建立した一族、すなわち総社古境群の宝塔山古墳・蛇穴山古墳を造営した一族とは、明らかに別の一族であったと考えられる。

コラム　『隋書』倭国伝の「軍尼」と「国」

『隋書』倭国伝には、当時（七世紀初めごろ）の倭国の地方支配組織を記したと考えられる次の記事がある。

軍尼一百二十人あり、なお中国の牧宰のごとし。八十戸に一伊尼翼を置く、今の里長の如きなり。十伊尼翼は一軍尼に属す。（訓読は岩波文庫本による）

ここにいう「軍尼」は、「クニ」という倭語を漢字の音を借りて表記したもので国造（クニノミヤツコ）を指し、「伊尼翼」は「伊尼冀」の誤りで「イナキ」すなわち稲置を指す、と解するのが普通である。すなわち、この記事は、当時における国造の実在を示す記事とみられているのである。

しかし、ここには「軍尼」とのみあることから、藤間生大氏は、当時はクニはあっても国造はいまだ存在していなかったとされる（「国造制についての一考察」遠藤元男博士還暦記念会編『日本古代史論叢』同会、一九七〇年）。また山尾幸久氏も、「軍尼」が中央から派遣される牧宰に比定されていることから、それを国造とみることに疑問を示され（「国造について」古代を考える会編『藤沢一夫先生古稀記念古文化論叢』藤沢一夫先生古稀記念論集刊行会、一九八三年）、さらに最近の著書『日本古代国家と土地所有』（吉川弘文館、二〇〇三年）においても、その点を説かれている。

山尾氏によれば、右の『隋書』の記事は、「七世紀初めに、中央政府によって区分された支配地域として「クニ」の語があり、そこへと中央から派遣される使者をも「クニ」と呼んでいた」ことを示すものではあるが、この記事から、国造の存在を考えることはできないとされる（前掲書、一三九頁ほか）。たしかに、『隋書』においては、「軍尼」は中央からの派遣官とされているのであり、この記事から直接、国造の実在を説くことはできない。

しかし、この記事からただちに、クニごとに後の「国宰」（クニノミコトモチ）に繫がる使者が派遣されるという組織を考えることにも、問題はあるといえよう。この記事には、山尾氏も認められているように、七世紀初めごろの倭国の中央政府が、隋に対して国制の整備を示そうとした誇張の含まれている可能性が高いからである。八十戸ごとに一人の「伊尼翼」（稲置）を置き、十人の稲置が一人の「軍尼」に属する、というような整然とした支配組織が、その当時において、そのとおりに存在していたとは考えがたい。

とするならば、ここでいう「軍尼」は、実際には在地の人物を任じた職（地位）、すなわち国造であったものを、倭国の側が隋の側に派遣官として説明した、という可能性は充分考えられるであろう。しかしまた、実際には整っていなかったものの、クニごとにクニノミコトモチを派遣するという組織の存在を、隋の側に伝えたという可能性も考えられる。その場合、「軍尼」は国造ではなく、クニノミコトモチを指すことになる。なお、「軍尼」はクニノミヤツコあるいはクニノミコトモチの略とみるべきであり、「一百二十人」と表現されるその職を、「クニ」とのみ称したとするのは、クニという倭語の意味からして不自然であろう。

かつて筆者は、「軍尼」は国造を指すとする通説が妥当であるとし、山尾氏の示された疑問に対しては、牧宰に比定したのは『隋書』の判断であり、そこには誤解の可能性もあろうし、地方長官という共通性をいっただけかもしれないとして、あくまで「軍尼」は国造を指すと考えるべきであるとした（拙著『日本古代国造制の研究』吉川弘文館、一九九六年、一〇七頁ほか）。もちろん「軍尼」が国造を指している可能性は存在するのであるが、現在の筆者は、右に述べたとおり、「軍尼」がクニノミコトモチを指している可能性も否定できないと考えている。ここに、訂正しておきたい。

ただし、その場合も、『隋書』に直接には記されていないことになるが、クニを単位とした在地の管掌者（すなわち国造）は存在したとみるべきであろう。『隋書』の記事からは、クニという地方支配のための地域区分のあったことは確実にうかがえるのであり、そうであるならば、この記事が当時における国造の実在を示す記事であることに変わりはないと思う。

山尾氏も、クニを統括する在地の職の存在は認めておられるのであるが、それは国造ではなく、国造は、六七〇～六七五、六年に創設されたものであるとされる（前掲書、一二八～一五七頁ほか）。『日本書紀』大化元年（六四五）八月庚子条の東国「国司」らへの詔には、「若し名を求むる人有りて、元より国造・伴造・県稲置に非ずして、輙く詐り訴へて言さまく『我が祖の時より、此の官家を領り、是の郡県を治む』とまうさむは、汝等国司、詐りの随に便く朝に牒すこと得じ。審に実の状を得て後に申すべし」（訓読は日本古典文学大系本による）とあるが、この詔を、山尾氏は六七〇年以降のこととされるのである。筆者は、山尾氏の新著に接した後もなお、この詔の内容は、通説どおり孝徳期のものとみてよいと考える。

ところで、『隋書』においては、「軍尼」「伊尼翼」の組織を有する倭国は、西日本の諸地域を含まないものと考えられているようである。なぜならば、『隋書』には、次のような記事もみられるからである。

明年（大業四年）、上、文林郎裴清を遣わして倭国に使せしむ。百済を度り、行きて竹島に至り、南に耽羅国を望み、都斯麻国を経、迥かに大海の中にあり。また東して一支国に至り、また竹斯国に至り、また東して秦王国に至る。その人華夏に同じ、以て夷洲となすも、疑うらくは、明らかにする能わざるなり。また十余国を経て海岸に達す。竹斯国より以東は、皆な倭に附庸す。

ここにいう「都斯麻国」（対馬国）・「一支国」（壱岐国）・「竹斯国」（筑紫国）・「秦王国」（周防国）は、「十余国を経て海岸に達す」（「海岸」は難波津であろう）とある「十余国」も含め、実際には国造のクニに相当する「国」と考えられる。ところが、「竹斯国より以東は、皆な倭に附庸す」とあるとおり、ここでは、「都斯麻国」「一支国」は倭国から独立した小国とみなされており、「竹斯国」以東の国々も、倭国には従属しているものの倭国には含まれない小国とみられているのである。「附庸」とは、「天子に直属せず大国に附属する小国」（諸橋轍次『大漢和辞典』）の意である。

つまり、『隋書』においては、「軍尼」と「国」とは対応していないのである。従来、この点はほとんど注意されてこなかったが、右の記述は、隋使の報告に基づいた部分と考えられるのであり、その認識は充分に注意されなければならない。『隋書』には、倭国の風俗を記した部分に阿蘇山のことが述べられるなど、右の認識と矛盾する記述もみられるのであるが、倭国との交渉を記した右の部分において、各「国」が倭国の領土に含まれない小国として記されていることは確かである。

筆者は、国造制は中央政府によるクニの境界の画定をともなって成立した制度であり、国造はクニを統括する地方行政官であると考えているが（前掲拙著）、それは、あくまで中央政府の定めた制度の内谷についての理解である。国造制下における各地域の実態がいかなるものであったか、この問題は、一応その内容とは区別して考えるべきであろう。「軍尼」と「国」とが対応していない『隋書』の記事は、国造制の施行の実態を考える上で、きわめて重要な史料といえよう。

第二部　国造制の展開

第一章　伊豆国造小考

はじめに

「長屋王家木簡」のなかに、「伊豆国造」の文字のみえる木簡が一点ふくまれている。この「伊豆国造」については、すでに、律令制下の国造（いわゆる新国造・律令国造）その人であるとする仁藤敦史氏の見解[1]と、官員令別記にいうところの国造卜部であるとする森公章氏の見解[2]が示されている。この問題は、いわゆる旧国造としての伊豆国造をいかに考えるかという問題とも関連するが、この点について仁藤氏は、大化以前の伊豆地域は駿河国造（スルガ国造）の勢力下にあり、旧国造としての伊豆国造は存在しなかったのではないかとされる。近年の仁藤氏の古代駿河・伊豆地域を対象とした一連の研究[3]は、多くの成果をもたらしたが、筆者は、氏の研究に多くを学びつつも、旧国造としての伊豆国造は、のちの賀茂郡の地域（伊豆半島東南部の海岸地域と伊豆諸島）をクニとして実在したとみてよいと考えている。

伊豆国造に関する史料としては右の「長屋王家木簡」、官員令別記のほかに、「国造本紀」の伊豆国造条があり、『伊豆国造伊豆宿禰系譜』などの系図も伝えられている。また、『続日本紀』天平十四年（七四二）四月甲申条には、日下部直益人に伊豆国造伊豆直姓を賜わったという記事がみえる。小稿は、これらの史料に即し、伊豆国造について考えるところを述べたものである。

一　「国造本紀」の伊豆国造

『先代旧事本紀』巻十の「国造本紀」には、伊豆国造についてつぎのように記されている。

　伊豆国造

　神功皇后御代。物部連祖天莛桙命八世孫若建命。定㆓賜国造㆒。難波朝御世。隷㆓駿河国㆒。飛鳥朝御世。分置如㆑故。

「国造本紀」の史料性については、鎌田純一氏、吉田晶氏らによるすぐれた研究があり(4)、筆者も若干の検討を加えたことがある(5)。いま、両氏の明らかにされた点や筆者の検討結果を、行論に必要な限り要約しておくと、つぎのとおりである。

(1)『先代旧事本紀』は、聖徳太子・蘇我馬子らの撰によるとの序文があるが、実際は、平安時代に物部氏系の人物によって編纂されたものである。

(2)しかしそのなかには、信頼すべき原資料に基づいたとみられる部分もあり、「国造本紀」はその例である。

(3)「国造本紀」の原資料としては、『続日本紀』大宝二年（七〇二）四月庚戌条に「詔定㆓諸国国造之氏㆒。其名具㆓国造記㆒」とあるところの「国造記」（ないしはそれに基づく編纂物）を想定することができる。

(4)したがって「国造本紀」に掲げられた各国造は、原則として大宝二年に認定された「国造之氏」（国造氏）を指すということになり、各国造条に記される国造系譜は、各国造氏が国造氏に認定される際に中央政府に提出した系譜に基づくと考えられる。

(5)ただし「国造本紀」の序文や、各国造条の国造設置時期についての記述は、系譜部分の記述と食い違う点が多く、両者の史料性を同一に考えることはできない。

(6)「国造本紀」の序文や、国造設置時期についての記述は、「国造本紀」が『先代旧事本紀』の一巻として成書化される段階で付け加えられたとみるのが妥当である。

(7)なお、大宝二年に国造氏に認定された一族は、その多くが実際に国造を世襲していた一族であったと考えられるが、なかには、当時の中央政府の政策により、実際には国造ではなかった一族が国造氏に認定された例、あるいは逆に、国造を世襲していたにもかかわらず国造氏に認定されなかった例なども、少数ではあろうがあったと推定される。

「国造本紀」の史料性をこのように考えてよければ、右に掲げた伊豆国造条からは、まずは、物部連祖天蕤桙命の八世孫若建命を祖とする一族が国造氏に認定されたこと、そしてその一族は、若建命が神功皇后の世に初代国造に任ぜられたとあるのは信憑性に欠けるが、実際に伊豆国造を世襲していた一族である可能性が高いこと、の二点が指摘できるであろう。もちろん後者については、実際には伊豆国造ではなかった可能性も否定できないのであり、さらには、伊豆国造（旧国造としての伊豆国造）そのものが存在していなかったという可能性も完全には否定できない。ただ一般的にいって、「国造本紀」にその名がみえるということは、旧国造として実在した可能性が高いということである。

ところで、伊豆国造条の後半部分には、伊豆国が「難波朝御世」（考徳朝）に駿河国に統合され、「飛鳥朝御世」（天武朝）に再び駿河国から分置されたとあるが、この部分の信憑性はいかがであろうか。このような記述は、ほかに伊賀国造条と加我国造条とに見出すことができる。

伊賀国造

志賀高穴穂朝御世。皇子意知別命三世孫武伊賀都別命。定二賜国造一。難波朝御世。隷二伊勢国一。飛鳥朝代。割置如レ故。

加我国造

泊瀬朝倉朝御代。三尾君祖石撞別命四世孫大兄彦君。定二賜国造一。難波朝御代。隷二越前国一。嵯峨朝御世。弘仁十四年。割二越前国一。分為二加賀国一。

加我国造条の後半部分に、「嵯峨朝御世。弘仁十四年（八二三）」とあることからすれば、この後半部分が原資料に基づく記述でないことは明らかである。伊豆国造・伊賀国造条の後半部分もふくめ、これらは、「国造本紀」の成書化の段階で付け加えられた部分とみるのが妥当であろう。ただそれだからといって、これらの部分は、その記事内容が信頼できないというのではない。そこには、他の史料から事実の伝えと確かめられる記事内容がふくまれている。すなわち加我国造条に、弘仁十四年に越前国を割いて加賀国が立てられたとあるのは、『日本紀略』弘仁十四年三月朔条に「割二越前国江沼加賀二郡一。為二加賀国一」とあることと対応し[6]、事実の伝えとみて間違いないであろう。また、伊豆国造・伊賀国造条に、それぞれ伊豆国・伊賀国が天武朝に分置されたとあることも、『扶桑略記』天武九年（六八〇）七月条に「割二伊勢四郡一。建二伊賀国一。別二駿河二郡一。為二伊豆国一」、『帝王編年記』同年同月条に「割二伊勢国一建二伊賀国一。割二駿河国一建二伊豆国一」とあることと対応している。『扶桑略記』『帝王編年記』などの記載を安易に信用することは慎まなければならないが、『扶桑略記』に分置の際の郡（評）の数まで具体的に記していることは、記述の信憑性を高めているといってよいであろう[7]。

そして、いうまでもないことであるが、ここにいう伊豆国・伊賀国・加賀国は、それぞれ伊豆国造・伊賀国造・加我国造条に記載されてはいても、国造のクニではなく令制国として述べられているという点は、注意しなければならないと思う。「国造本紀」には、国造ではなく国司を掲げる例が和泉国司・摂津国司・出羽国司・丹後国司の四例存在するが、その伝文には、右の伊豆国造条などの後半部分と同様、国の設置の経過のことのみが述べられている。また美作国造も、国造とはあるものの、その伝文の内容からすると、本来は美作国司とあるべきものである。

和泉国司
元河内国。霊亀元年割二置茅野監一。則改為レ国。元珍努宮。

摂津国司
拠二准法令一。謂二摂津職一。初為二京師一。柏原帝代。改レ職為レ国。

出羽国司
諸羅朝御世。和銅五年。割二陸奥越後二国一始置二此国一也。

丹後国司
諸良朝御世。和銅六年。割二丹波国一置二丹後国一。

美作国造
諸羅朝。和銅六年。割二備前国一置二美作国一。

これらの国司条（美作国造条もふくむ）の記事内容は、いずれもそれと対応する六国史の記事がみえており、それらが事実の伝えであることが確認できる。

和泉国司条対応記事
『続日本紀』霊亀二年（七一六）四月甲子条　割二大鳥。和泉。日根三郡一。始置二和泉監一焉。(8)

同天平十二年（七四〇）八月甲戌条　和泉監并二河内国一焉。

同天平宝字元年（七五七）五月乙卯条　勅曰。（中略）其能登。安房。和泉等国依レ旧分立。

摂津国司条対応記事

『日本紀略』延暦十二年（七九三）三月丁亥条　改二摂津職一為レ国。(9)

出羽国司条対応記事

『続日本紀』和銅五年（七一二）九月己丑条　太政官議奏曰。建レ国辟レ彊。武功所レ貴。設レ官撫レ民。文教所レ崇。其北道蝦狄。遠憑二阻険一。実縦二狂心一。屢驚二辺境一。自二官軍雷撃一。凶賊霧消。狄部晏然。皇民無レ擾。誠望便乗二時機一。遂置二一国一。式樹二司宰一。永鎮二百姓一。奏可之。於レ是始置二出羽国一。

同同年十月朔条　割二陸奥国最上置賜二郡一隷二出羽国一焉。

丹後国司・美作国造条対応記事

『続日本紀』和銅六年四月乙未条　割二丹波国加佐。与佐。丹波。竹野。熊野五郡一。始置二丹後国一。割二備前国英多。勝田。苫田。久米。大庭。真嶋六郡一。始置二美作国一。（後略）

つまり、「国造本紀」の編者は、律令制下に新設された国については、「某国司」として「国造本紀」にその名を付け加え、『続日本紀』などの記事に基づき、それぞれの国の成立過程をその伝文に記した、とみることができるのである。伊豆国・伊賀国・加賀国の場合は、同名の国造が原資料に掲げられていたため、わざわざ「某国司」として掲げることはせずに、それぞれの国造条の後半部分に、国（令制国）の成立過程を記した、ということであろう。また、それぞれの国が、いずれも孝徳朝にいったん他国に統合されたとあることは、孝徳朝に国造制が廃止され、令制国が成立したとする編者の認識（その認識は『日本書紀』の改新詔に基づくものと考えられる）によるとみてよいであろう。

加我国造条に「難波朝御代。隷ニ越前国一」とある「越前国」は、明らかに令制国の名である。

問題は、こうした編者の認識が正しいか否かということであり、伊豆国造条に即して具体的にいうならば、伊豆国造のクニが孝徳朝に令制駿河国に統合されたということは事実か否かという問題、そして天武朝（天武九年七月）に駿河国から伊豆国が分置されたこと（そのこと自体は先に述べたとおり事実と認められようが）を、令制駿河国から令制伊豆国の分置と考えてよいかどうかという問題、の二つである。

令制国の成立過程については、今日共通した理解が得られているわけではないが、筆者は、大町健氏の見解(10)に従い、天武十二年（六八三）から十四年にかけて行なわれた国境の画定事業によって成立したとみるのが妥当と考えている。また国造制の廃止については、この令制国の成立（同時に国司制の前身としての国宰制も成立したとみられる）にともなってそれが決定されたと考えるのであり、孝徳朝の評制の施行にあたっては、国造制は廃止されることなくその再編がなされ、その後は国―評制（国造―評造制）という上下の制度として存続したと考えている(11)。

したがって、天武九年成立の伊豆国（および伊賀国）については、「国造本紀」伊豆国造（伊賀国造）条後半部分では令制国として認識されているが、実際は国造のクニであったと考えるのである。仁藤氏は、令制国の成立過程については大町氏の説を妥当とされながらも、伊豆国（伊賀国）は一般令制国より若干先行して成立したとされるが、国境の画定事業によって令制国が成立したとするならば、隣接する諸地域に先立って一国のみが早期に成立するというのは不自然のように思われる。もちろん、天武九年に、それまで駿河国造のクニ（伊豆地域を含む）を管掌範囲としていた中央派遣官（宰）に加え、新たに伊豆地域を管掌範囲とする宰が派遣されるようになった、ということは考えられようが、国境画定以前の宰は、国造のクニ（多くはそれをいくつか合わせた範囲）を単位として派遣されていたとみられるのであり、その場合も、駿河国造のクニから伊豆国造のクニを分立させ、伊豆国造を任命した上での宰の派

遣とみるのが妥当であろう。(12)

また、伊豆国造(および伊賀国造)条後半部分において、伊豆国(伊賀国)が孝徳朝に駿河国(伊勢国)に統合されたとあることも、孝徳朝に国造制の再編が行なわれたとするならば、単なる編者の認識による作文ではなく、何らかの資料に基づく記述という可能性も出てくるように思われる。

先に述べたとおり、「国造本紀」にその名がみえるということは、原則としてその名の国造(旧国造)が存在したことを示すと考えられるのであり、伊豆国造の場合も、後半部分の記述は「国造本紀」の編者によって付け加えられたとしても、その名は原資料に掲げられていたとみられるのであり、原則に従って考えて不都合はないであろう。ようするに、「国造本紀」の記述からは、伊豆国造は孝徳朝以前から存在し、孝徳朝の国造制の再編にあたって駿河国造のもとに統合され、天武朝(天武九年)に至って再び分置された、と解するのが最も妥当と考えられるのである。

二 「長屋王家木簡」の伊豆国造

「伊豆国造」の文字のみえる木簡の記載は次のとおりである。

・伊豆国造米一升従半升受呰万呂
・十一月卅日「広嶋」

この木簡は、「長屋王家木簡」のなかではもっとも点数の多い米支給の伝票木簡の一つであり、伊豆国造とその従者に支給される米を、支出担当の広嶋から呰万呂が受けとったことを記したものと考えられる。木簡の年代は、和銅三年(七一〇)から霊亀三年(=養老元年、七一七)の間、なかでも霊亀二年(七一六)の可能性が高いとみられている[13]。

はじめにも述べたとおり、この木簡について仁藤氏は、「伊豆国造」は律令国造としての伊豆国造その人を指すとされ、その伊豆国造が霊亀元年九月即位の元正天皇の大嘗祭にかかわって上京し、長屋王邸に滞在したことを示すと解されている。これに対し森公章氏は、「伊豆国造」は官員令別記にみえる伊豆国造の一族から貢上された卜部（国造卜部）を指すとされ、その国造卜部が長屋王邸で行なわれた晦日（十一月三十日）祓に奉仕したことを示すとされている。この議論に関しては、すでに原秀三郎氏の指摘[14]があるとおり、伊豆国造への給米が一日分のみであることは、一日の仕事に対する給米とみるのが自然であり、森氏の見解をより妥当なものと考える。ただ、官員令別記には「伊豆国嶋直」とあって、「伊豆国造」とはない点は説明を要するであろう。別記の当該部分の文章はつぎのとおりである。

『令集解』職員令神祇官条

古記云。別記云。（中略）津嶋上県国造一口。京卜部八口。厮三口。下県国造一口。京卜部九口。京厮三口。伊岐国造一口。京卜部七口。厮三口。伊豆国嶋直一口。卜部二口。厮三口。斎宮卜部四口。厮二口。伊岐二口。津嶋二口。伊豆二口。国造直丁等。各給二厮一口一。亦常食。卜部等及厮直。身免二課役一。亦常食給。京戸所レ給人之厮。自レ彼点上事二京戸一厮。莫レ給。免二課役一。又祝部免二調役一。戸口丁調者。取而依二神調一。但戸内有二他姓人一者。其調者。依二公調一也。問。卜部数多云々在レ上。

難解な部分をふくむ文章であるが、ここに示された卜部の編成については、平野博之氏の見解[15]が多くの支持を得ている。平野氏は、「津嶋上県国造一口」「下県国造一口」などとあるのは、それぞれ国造の一族から出仕した卜部、「京卜部」はそれぞれの国造の支配下の在京卜部、「国造直丁」は国造一族の卜部に付属奉仕した直丁であるとされ、その編成を左記のように表示された。筆者も、基本的にこの平野氏の見解に従うものである。

また、官員令別記の年代については、内容的には飛鳥浄御原令段階に遡るものが含まれていたとしても、(16) あくまでそれは、大宝令の付属法として定められたものとみるべきであり、(17) 右の卜部の編成も、大宝令段階の編成とみてよいであろう。

卜		部		同廝	国造直丁	同廝
津嶋上県国造	1	京卜部	8	3	2	1
下県国造	1	京卜部	9	3	2	1
伊岐国造	1	京卜部	7	3	2	1
伊豆国嶋直	1	卜部	2	3	2	1
		斎宮卜部	4	2		

そこで、右の別記の「国造」の用法であるが、まず、「津嶋上県国造」「下県国造」「伊岐国造」は卜部を指すのであるから、それらが現職の国造その人を指した用法でないことは明らかである。またこれらの「某国造」が、いわゆる一国一員の律令国造を指しているのではないことは、「津嶋上県国造」「下県国造」の名からしても明らかであろう。これらの「某国造」の用法は、「伊豆国嶋直」との対応で考えるならば、姓（セイ）とみるのが妥当なのではあるまいか。あるいは、旧国造としての「某国造」を世襲していた一族、の意で用いられているということも考えられるが、実際に津嶋に上県国造・下県国造の二国造が存在していた可能性は少ないと思う。(18)

つぎに「伊岐二口。津嶋二口。伊豆二口。国造直丁等」とある「国造」の用法であるが、この「国造」が具体的には「津嶋上県国造」「下県国造」「伊岐国造」「伊豆国嶋直」を指すことは間違いないであろう。つまり、嶋直もふくめ、津嶋上県国造・下県国造・伊岐国造などの一族（ないしはそれらの一族から貢上された卜部）を「国造」と総称しているということであり、嶋直も、国造とはないが国造を出していた一族と認識されているとみることができよう。仁藤氏は、ここに「国造直丁等」とあることに注意され、これは国造ではない「伊豆国嶋直」に付された直丁をふくむ表現であるとされるが、ここでは、嶋直の直丁もふくめて「国造直丁等」と表記されている点に注意したい。

「長屋王家木簡」の「伊豆国造」は、嶋直一族から貢上された卜部を「伊豆国造」と記したということであり、まさに官員令別記の嶋直が伊豆国造の一族であると認識されていたことを示す史料ということになろう。そしてそれは、単なる認識ではなく、実際にも嶋直が伊豆国造を出していた一族であったから、とみるのが自然であろう。

なお、「長屋王家木簡」の「伊豆国造」が仁藤氏の説かれるとおり国造その人であったとした場合であるが、その場合の伊豆国造は、令制伊豆国が成立してから新たに任命された律令国造としての伊豆国造ではなく、天武朝末年の令制国成立の段階（国造制の廃止決定の段階）において現職の国造であった人物（いわば旧国造の生き残り）とみるべきであろう。国造制の廃止の方法は、現職の国造からその職を奪うといった形で進められたのではなく、現職の国造が死去したならばその後は後任を補任しないという形で進められたとみられるのであり[19]、天武朝末年（六八三―六八五）当時国造であった人物が、霊亀二年（七一六）ころまで生存していたとして不思議はないと思われる。

官員令別記の嶋直は、「長屋王家木簡」の「伊豆国造」の解釈いかんとかかわりなく、伊豆国造を出していた一族と認識されていたとみられるのであるが、一方、嶋直は、その名からして、伊豆諸島を本拠とした一族とみて間違いないであろう。伊豆国における卜部姓者の分布も、現在のところ、伊豆国賀茂郡三嶋郷（伊豆諸島）を中心に、同郡稲梓郷（下田市東部）とに知られている[20]。おそらく、嶋直の統率下にあった人々のうち、卜事にかかわった人々に卜部の姓が与えられたのであろう。

伊豆国から出仕した卜部としては、『日本三代実録』元慶五年（八八一）十二月五日条に卒伝の載る卜部平麿が著名であるが、『延喜式』巻三臨時祭にも、

凡宮主取二卜部堪レ事者一任レ之。其卜部取二三国卜術優長者一。伊豆五人。壱岐五人。対馬十人。

とあり、卜部は伊豆・壱岐・対馬三国の出身者からとることが定められている。また卜部遠継により天長七年（八三〇）に撰述されたという『新撰亀相記』にも、

今以レ号称二四国卜部一。所謂四国卜部在二数氏一焉。伊豆国卜部五人一氏卜部并伊豆嶋国。壱岐嶋卜部五人二氏卜部并直也。其卜部在二二門一。家記具之。対馬嶋卜部十人三氏上県郡五人。直并卜部也。下県郡五人。直卜部夜良直也。

とあり、[21]『延喜式』の記載と対応している。右の『新撰亀相記』に「伊豆国卜部五人一氏卜部并伊豆嶋国。」とあるのは難解であり、あるいは「伊豆国卜部五人二氏卜部并伊豆嶋直」の誤りかともみられるが、それはともかく、『新撰亀相記』には、その撰述の協力者の一人として伊豆嶋直益長の名がみえており、この段階でも嶋直（伊豆嶋直）一族から卜部の出仕していたことが推定されるのである。[22]官員令別記、「長屋王家木簡」の段階（八世紀初めの段階）において、嶋直一族から伊豆国の国造卜部が出仕していたことは、事実と考えて間違いないであろう。

以上、嶋直一族が、実際に伊豆国造を出していた一族である可能性の高いことを述べてきたのであるが、そうであるならば、この嶋直氏と、「国造本紀」の伊豆国造（伊豆国造氏）、および天平十四年に伊豆国造伊豆直姓を賜わった日下部直氏との関係はどのように考えたらよいのであろうか。つぎには、この点を取りあげることにしたい。

三　伊豆国造の系譜

まず、「国造本紀」の伊豆国造が、大宝二年に国造氏に認定された一族であり、実際に伊豆国造を世襲していた可能性が高いことは先に述べたとおりである。また、右に述べてきたように、官員令別記の嶋直氏は、大宝令の付属法として別記が定められた段階において伊豆国造の一族と認識されており、しかも実際に伊豆国造であった可能性が高

いと考えられるのである。つまり両者は、同一の氏である可能性が高いということになるが、従来は、必ずしもそのように考えられてはこなかった。

その理由の一つには、「国造本紀」の伊豆国造が物部氏系を称するのに対し、嶋直氏は卜部を率い、自らも卜部を出仕させた一族であり中臣氏系ではないか、とみられてきた点があると思う。たしかに、中臣氏と卜部との関係は深く(23)、伊豆国出身の卜部である卜部平麿も、『卜部氏系図』(24)によれば、本姓は中臣であったと記されている。しかし、各地の卜部が中臣氏系を称するようになるのは平安時代に入ってから本格化するとみてよく(25)、伊豆の卜部も、もとから中臣氏系を称していたとは限らない。しかも嶋直氏は、卜部を統率していたのであって、卜部を姓とする一族とは別氏であることも注意されなければならない。嶋直氏を中臣氏系と考える必要はなく、「国造本紀」の伊豆国造（伊豆国造氏）と嶋直氏とを同氏とみることに、この点からの支障はないといってよいであろう。

いま一つの理由は、「国造本紀」の伊豆国造と、天平十四年に伊豆国造伊豆直姓を賜与された日下部直氏が同氏とみられてきたことである。この日下部直氏の系図が、今日に二系統伝えられている（図1・図2）(26)。両系統の系図は、ここに引用した古代の部分については大きな違いはない。

さて、この系図には、たしかに「国造本紀」にもその名のみえる天御桙命（天莚桙命）や若多祁命（若建命）の名がみえているが、それだからといって、はたして両者を同一の氏と考えてよいであろうか。この系図で注意されることは、すでに仁藤氏の指摘のとおりであるが、伊豆国造伊豆直姓を賜与された益人以後、宅主までは、代々国造職を世襲していたことがそれぞれの尻付に記されているが、それ以前は、若多祁命を除き、一切国造就任の記述がないということである。これは、益人以前は実際に日下部直氏からは国造が出ていなかったことを示すとみてよいであろう。若多祁命の尻付に、神功皇后の時代に伊豆国造に任ぜられたとあるのは、「国造本紀」によったものであろうが、「国造本紀」の伊豆国造氏は、祖の若建命（若多祁命）が初代伊豆国造に任ぜられた（すなわち、以後代々伊豆国造を世襲した）というのであるから、若多祁命の子と位置づけられている田狭乃直以後の日下部直氏と、「国造本紀」の伊豆国造氏は、たとえ若建命（若多祁命）を祖とするということで同系の氏であったとしても（実際には後述のとおり、そうは考えられないのであるが）その後の系統を異にするのであり、別氏とみなければならないであろう。

そもそも、日下部直氏の本来の系図は、「難波朝廷」（仁徳朝）に大日下部として仕えたとある田狭乃直を始祖とするものとして伝承されていた（あるいは記録されてもいた）とみるべきであり、若多祁命以前については、後に付け加えられた部分とみるのが妥当と思われる。田狭乃直以後、区比乃直に至る七代が、いずれも「某乃直」と共通した表記になっており、それ以前とは異質であることも、そのように考えてよいことを示していよう。おそらく日下部直氏は、益人が伊豆国造伊豆直姓を賜与されたことと連動して、自らの系譜に、「国造本紀」に伊豆国造の祖と伝えられる若建命（若多祁命）、および天蕤桙命（天御桙命）を付け加えたのではなかろうか。

「伊豆国造伊豆直」というのは複姓とみるべきであり[27]、益人は伊豆国造に任ぜられたのではないが、このような複姓を賜与されるということは、伊豆国造の地位、ないしは伊豆国造と同族であるとする認識などと、無関係であったとは考え難い。筆者は、律令制下の国造は、出雲と紀伊の二国造は代々正式に補任された特殊な例であって、他の国造は基本的には臨時の（一代限りの）名誉職的なものであったと考えるのであり[28]、この系図において、益人以後宅主まで代々国造職にあったように記されているのも、それは正式に国造に補任されたというのではなく、国造を自称したということにすぎないのではないかと考えている。古麿の尻付に、大同二年正月に国造に補任されたと具体的記述がみえることは、この古麿の場合のみは実際に国造（名誉職的な律令国造）に任ぜられたとみてよいかもしれないが、逆にいえば、古麿にのみこのような具体的記述がみえるということは、他の場合は正式な補任ではなかったことを示

図1『伊豆国造伊豆宿禰系譜』

○天足別命（一云、天児屋命　一云、武乳速命　一云、麻刀方命　一云、速経和気命　一云、天見通命）

- 天忍雲根命　中臣連祖
- 天御桙命（一云、天雑桙命　亦云、伊刀麻命）
- 天表春命　信濃国阿智祝祖
- 天下春命　秩父国造祖

天御桙命 ― 国忍多気命（一云、国忍男命） ― 意保名豆命（一云、押勝命） ― 由多祁命 ― 彦振根命 ―

- 波刈祢命（一云、葉刈命）
- 武磐昨命（一云、五十功根命）　川原忌寸祖

波刈祢命 ―

- 磐表主命（一云、磐表広根命）
- 美加々比売命　中臣連上祖神聞勝命妻　櫛探湯主命母

磐表主命 ― 古美呂伎命 ― 若多祁命　磐余宮御宇息長帯姫皇后（神功）摂政時六年四月、定二賜伊豆国造一、奉三斎天神地祇一矣 ―

- 弥蘇足尼　（仁徳）難波高津宮御宇供奉
- 田狭乃直　難波朝廷為二大日下部一

弥蘇足尼 ―

- 宇奈比売
- 久波比売
- 麻羅足尼　神服連・服部連等之祖　右母因幡国造阿良佐加比売　（允恭）高市遠飛鳥宮朝任二織部司一、捴二領諸国織部一、因為二服部連一

田狭乃直 ― 波背古乃直 ― 珍斗米乃直 ― 伊刀乃直　（清寧）磐余甕栗宮供奉　貢二東木綿一 ― 広渕乃直　（欽明）金刺宮供奉 ― 阿米古乃直　（敏達）他田宮　（推古）小治田宮　供奉 ― 区比乃直　同朝供奉 ― 御立　小乙下　庚午年籍負二日下部直姓一 ― 久良万呂　外従六位下　勲十二等 ― 益人　在任四十五年　外従五位下　天平十四年四月甲申賜二伊豆国造伊豆直姓一、延暦四年十月廿一日卒、八十三歳 ―

称二天差志利姫一　采女

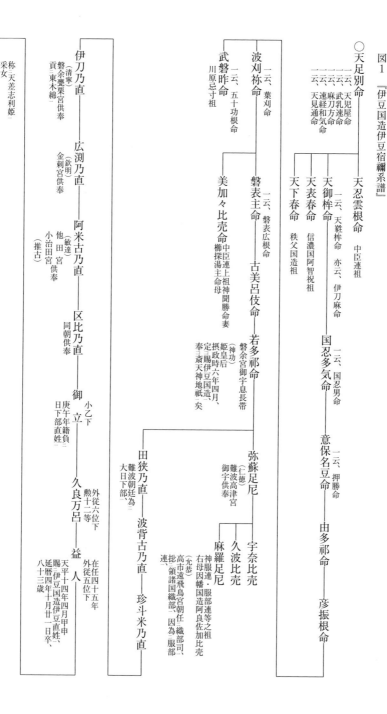

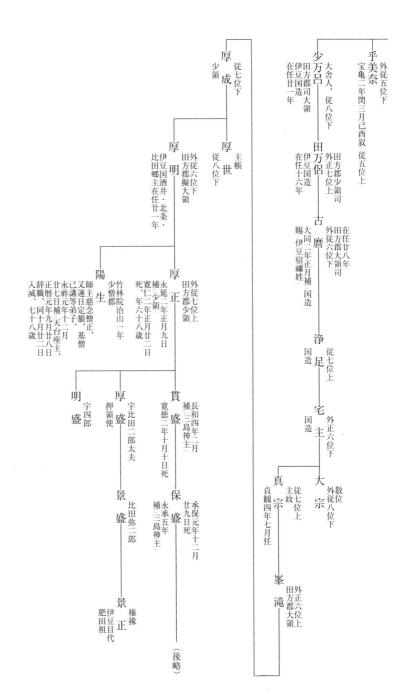

乎美奈　外従五位下　宝亀二年閏三月己酉叙従五位上

少万呂　大舎人、従八位下　田方郡司大領　伊豆国造　在任廿一年

田万侶　田方郡少領司　外正七位上　伊豆国造　在任十六年

古麿　在任廿八年　田方郡大領司　外従六位下　大同二年正月補国造　賜伊豆宿禰姓

浄足　従七位上　国造

宅主　外正六位下　国造

大宗　散位　外従八位下

真宗　従七位上　主政　貞観四年七月任

峯滝　外正六位上　田方郡大領

厚成　従七位下　少領

厚世　主帳　従八位下

厚明　外従六位下　田方郡擬大領　伊豆国酒井・北条・比田郷主在任廿一年

厚正　外従七位上　田方郡少領　永延二年正月九日補少領　寛仁二年正月廿二日死、年六十八歳

陽生　竹林院治山一年　少僧都　師主慈念僧正、又運日定額、基僧己講等弟子、永祚元年十二月廿七日補天台座主、正暦元年九月廿八日辞職、同十月廿二日入滅、七十八歳

貫盛　長和四年二月補三島神主　寛徳二年十月十日死

保盛　承保元年十二月廿九日死　永承五年補三島神主

（後略）

厚盛　宇比田二郎太夫　押領使

景盛　比田弥二郎

景正　権掾　伊豆目代　肥田祖

明盛　宇四郎

図2『伊豆宿禰系図』

加理波夜須多祁比波預命─多祁美加々命─天足別命
亦、武乳速命、速経和気命、天見通命、麻刀方命、

─天御桙命（一伊刀麻命、）─国忍多気命─意保名豆命─由多祁命─彦振根命┬武磐咋命（川原忌寸祖、）
　　　　　　　　　　　　　　　　　　　　　　　　　　　　　　　　　　└波刈禰命（崇神、）

┬磐表主命─古美呂伎命─若多祁命（神功皇后六年四月、定㆓賜伊豆国造㆒、奉㆓斎天神地祇㆒矣）┬弥蘇足尼┬宇奈比売
│　　│　　　　├久波比売
│　　│　　　　└麻羅足尼（允恭天皇御宇賜㆓服部連㆒、）
│　　└田狭乃直（仁徳天皇時、為㆓大日下部㆒、）─波背古乃直─珍斗米乃直
└美加々比売命（中臣連上祖神聞勝命妻、櫛探湯主命母、）

─伊刀乃直（磐余甕栗宮供奉、貢㆓東木綿㆒、）─広渕乃直（金刺宮供奉、）─阿米古乃直（他田宮小治田宮供奉、）─区比乃直（同朝供奉、）─御立（小乙下、庚午年籍負㆓伊豆直姓㆒、『日下部』）─久良万呂（外従六下、勲十二等、）─益人（在任四十五年、外従五下、天平十四年四月甲申賜㆓伊豆国造伊豆直姓㆒、延暦四十廿一卒、八十三歳、）

─乎美奈（伊豆国造、従五下、采女、宝亀二閏三己酉、）─

少万呂（大舎人、従八下、田方郡大領司、伊豆国造、在任廿一年、）
　│
田万呂（田方郡司少領、外正七上、伊豆国造、在位十六年、）
　│
古麿（郡大領司　在位廿八年、外正六下、大同二年正月補二国造一）
　│
浄足（従七上、国造、）
　│
宅主（外正六下、国造、）
　├─大宗（散位、外正六上、）
　└─真宗（主政、従七上、貞観四年七月任、）
　　　│
　　　峯滝（外正六上、田方郡大領、延長六二十五 賜□□□ 『任』）
　　　│
　　　厚成（従七下、少領、駿河国目代、）
　　　├─厚世（主帳、）
　　　├─厚明（外従六下、伊豆国酒井、北条、比田郷主、在任廿一年、）
　　　│　├─厚正（三男、外従七上、『符宣抄、伊豆直――』（厚生）少領、寛仁二正廿二死　六十八歳、）
　　　│　│　├─貫盛（長和四二受二外祖譲一、補二三島神主一、冒矢田部氏、）
　　　│　│　│　└─保盛（永承五改二伊豆氏一、）（後略）
　　　│　│　│　　　延久四年二月為二宿禰一ナラム、
　　　│　│　├─厚盛（字肥田二郎太夫、押領使、）
　　　│　│　│　├─景盛（比田弥二郎、）（後略）
　　　│　│　│　└─女（従五下藤原維職妻、）
　　　│　│　└─明盛（字四郎）
　　　│　└─陽生（僧都、一男、天台座主、慈念僧正弟子、永祚元年十二月廿七日座主、）
　　　└─厚時（字二郎太夫、寛弘二年九月　為二武蔵国荏原郡飯倉御厨下司一、在職廿二年）

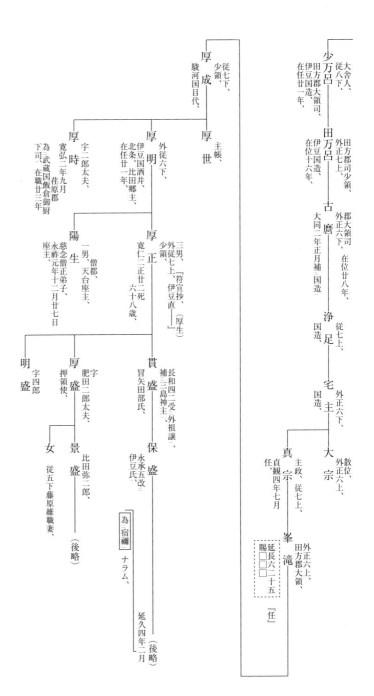

すとみることもできるであろう。なお、国造であったとされるのが宅主までということは、そのころ（九世紀中頃）になると、国造を自称することの意味がなくなったからと考えられよう。

しかし、日下部直氏が、伊豆国造の地位にあったこと（伊豆国造の一族であること）を主張しようとしたのは確かなこととみられるのであり、こうした動きのなかで、一族の系譜に、「国造本紀」の伊豆国造氏の系譜が付け加えられたと考えられるのである。

また、系図によれば、日下部直氏は、益人の子の少万呂以後、はじめて田方郡の郡司職に就任していったということであり、それ以前は、郡司（評司）であったことを示す記述は一切みえない。日下部直氏が田方郡（伊豆半島北部）を本拠とした一族であることは、田方郡や那賀郡北部に日下部姓者の分布することからも間違いないであろうが[29]、建郡（建評）以来の郡領氏族ではなかったことが、ことさら国造との関係を主張させることになった（選叙令郡司条には国造の郡領への優先任用が注記されている）のではないかと思われる。

日下部直氏は、伊豆国造伊豆直姓を賜与されたのであるが、実際には伊豆国造を世襲していた一族ではなかったのであり、日下部直氏の系図の存在も、「国造本紀」の伊豆国造氏と嶋直とを同氏と考え、それが実際に伊豆国造であったと考える上での支障にはならないのである。

四　伊豆国造のクニと三嶋神

嶋直が旧国造としての伊豆国造を世襲していたとするならば、そのクニは、嶋直の名からして、伊豆諸島を中心とした地域とみるのが、まずは自然な見方といえよう。律令制下の伊豆国は、『延喜式』『和名類聚抄』の段階では、田方郡・那賀郡・賀茂郡の三郡から構成されており、また藤原宮跡出土の木簡に「伊豆国仲郡」と記されたものがあることからすると、大宝令による郡制施行の当初から、すでに三郡であった可能性が高い。先にみた『扶桑略記』には、天武九年に駿河国の二郡（評）を割いて伊豆国が置かれたとあるが、この二評は、田方評と賀茂評と考えられるであろう。那賀郡（評）はその名のとおり、田方郡（評）と賀茂郡（評）の間の郡（評）ということであり、天武九年以降、おそらく郡制施行の段階で新たに設置された郡と推定される。那賀郡が、田方・賀茂いずれの郡（評）を割いて成立したのか、あるいは双方から割かれたのかは不明とせざるを得ないが、田方郡は伊豆半島北部、那賀郡は伊豆半島西南部、賀茂郡は伊豆半島東南部と伊豆諸島に比定される郡である(31)。嶋直を国造とする伊豆のクニは、伊豆諸島に限らず、もともとこの賀茂郡の地域をクニとしていたとみるのが妥当であろう。伊豆諸島と伊豆半島東南部の海岸地域は、地理的な関係だけではなく、先にみた卜部の分布や、古代の祭祀遺跡のあり方などからも(32)、その一体性のうかがえる地域である。

律令制下の伊豆国の中心地は、国府の置かれていた田方郡の地域とみてよく、平野部の少ない賀茂郡・那賀郡に比して、狩野川流域の田方郡の方が、農業生産力においても優位に立っていたことは疑いないであろう。しかしこのことは、伊豆国造のクニの中心地も、もとから田方郡の地域にあったということを示すものではない。たしかに、天武九年に成立した伊豆国は、伊豆国造のクニとして駿河国造のクニから分置されたとみるべきであり、そこには田方郡の地域がふくまれていたのであるが、それだからといって、孝徳朝以前（すなわち駿河国造のクニに統合される以前）の伊豆国造のクニも、田方郡の地域をふくんでいたとは限らないのである。のちの田方郡の地域は、孝徳朝以前から、駿河国造のクニにふくまれていた可能性は十分考えられるであろう。

ところで、仁藤氏が旧国造としての伊豆国造の存在を疑問とされた理由は、およそつぎのとおりである。

(1)伊豆地域には古墳時代において大型の首長墓は存在せず、独立した強い勢力があったとは考え難い。
(2)これに対して駿河地域においては、継続的に大型前方後円墳が築造されており、古墳の存在形態からすると、伊豆地域はスルガ国造の勢力下にあったと考えられる。
(3)スルガ国造領域内（駿河郡・富士郡）の氏族構成（有力な氏族として金刺舎人・壬生直・和邇部臣らが知られる）と、伊豆地域とくに田方郡の氏族構成はほぼ同様であり、この点からも伊豆地域はスルガ国造の影響下にあったと推定される。
(4)駿河国（駿河郡）と伊豆国（田方郡）との境界は、自然地形上明確に区分されるものではなく、境界地域は狩野川流域としての一体性を有している。

このうち、(3)・(4)の点は、まさしく田方郡の地域がスルガ国造の勢力下にあったことを推定させるものであって、これらの点から、賀茂郡の地域もそうであったとはいえないであろう。むしろ、駿河郡・富士郡の氏族構成と賀茂郡とでは、違いの方が目立つといってよいように思う。平城宮・平城京跡出土の木簡などから知られる両者の氏族名を比較してみると、賀茂郡には、卜部・矢田部・平群部・生部・伊福部・丈部・多治比部の七例が知られるが、そのうち駿河郡・富士郡にも分布の知られるのは、矢田部・生部・丈部の三例のみである。[33]

また、(1)・(2)の点からも、田方郡の地域がスルガ国造の勢力下にあったことは推定できても、賀茂郡の地域までそうであったとはいえないように思われる。そもそも賀茂郡の地域には、墳丘を有する古墳の存在は知られていないのであり、この点、小規模ながらも古墳の存在する田方郡および那賀郡の地域とは異なった特徴を有している。[34]もちろん古墳が存在しないからといって人々が居住していなかったというのではなく、この点は、この地域の首長層が墳丘のある古墳を造営しなかったという独自性を有していたことを示すものであろう。

天武九年成立の伊豆国（伊豆国造のクニ）は、田方評と賀茂評の二評からなるクニとして再置されたのであり、このクニを基礎に、その数年後には国境が画定され、令制国としての伊豆国が成立したのであるが、その伊豆国の範囲が、もとから一つの政治的まとまりをもった地域であったとは限らないのである。むしろ古墳時代においては、のちの田方郡の地域は駿河郡の地域と一体性を有しており、賀茂郡の地域は、それとは別の一つのまとまりをもった地域であった、とみる方がよいであろう。

そして、このようにみてくると、やはり注意されるのが三嶋神の存在である。今日、三嶋大社はかつての田方郡の地に鎮座するが、これは総社として国府の地に勧請されてからのことであり、それ以前は、賀茂郡の地に鎮座していた。『延喜式』巻九神名上には、伊豆国九十二座、賀茂郡四十六座の筆頭に「伊豆三嶋神社名神大。月次新嘗。」とあり、『延喜式』の段階では、賀茂郡に鎮座していたこと、伊豆国内に五社ある名神大社のうち唯一月次・新嘗の奉幣に預る大社であったこと、などが知られる。その当時、賀茂郡内のどの地に鎮座していたかについては、原秀三郎氏の指摘されるとおり[35]、大社郷とみてよいであろう。

原氏は、『和名類聚抄』にみえる大社郷が木簡などの八世紀の史料にはみることができず、逆に木簡にみえて『和名類聚抄』にみえない郷に稲梓郷があり、両者がほぼ同一の地域に比定されることから、大社郷は稲梓郷の名を改めた郷と考えられるとされ、その改名の時期については、三嶋神が「大社」と呼ばれるようになるのは、天長九年（八三二）に伊古奈比咩神とともに名神に預って以来であるから、それ以降のことであるとされる[36]。そしてこのことは、三嶋大社はもともと伊古奈比咩神社とともに白浜の地（大社郷内に比定される）に鎮座していたという伝承の確かさを示すと同時に、それが九世紀中頃まで遡ることを示すとされている。

稲梓郷から大社郷への郷名の変更は、原氏のいわれるとおり、三嶋神が名神に預って以降のことであろうが、さら

図３『伊豆国三嶋神主家系図』

伊豆国守神主矢田部宿禰金築
大化五年己酉、当国賀茂郡内大海中火琰出来焼出ス矣、嶋号二興嶋大明神一住二彼嶋一給、是則大明神火生三昧神力示現地云云、

―神主矢田部金差
其後天武天皇之皇子文武天皇御宇慶雲元年甲辰重焼申、嶋号二大嶋一、于レ時伊豆国守矢田部宿禰金築三嶋宮惣神主職承給、白二興嶋一奉レ移二宮彼大嶋一焉、其後天武天皇御孫文武天皇之王子聖武天皇御宇、天平五年辛酉、伊豆国氏人安倍朝臣氏主為二神事勤行一大嶋渡時、悪風値奉祈誓大明神縛王命計付埵之間、依二神告一同七年乙亥大明神奉レ遷府中一始興二行神事一矣、委細見二縁起一、

―神主矢田部天差志利姫
四十三代女帝元明天皇御代也、金差嫡女也、

―神主矢田部直貫
五十三代淳和天皇御代也、天差志利嫡子也、

―神主伊豆保盛
七十代後冷泉院御代永承五年、伊豆氏改也、直貫嫡子、

―（後略）

にそれは、三嶋神（三嶋大社）が他の地から稲梓郷の地に遷ってきたことによる改名、とみることができるのではなかろうか。三嶋神の本来の鎮座地については、史料的に問題はあるものの、『三宅記』では三宅島とされており、『伊豆国三嶋神主家系図』[37]（図３）によれば、もとは「興嶋」（この島が今日の伊豆諸島のどの島にあたるかは不明）であったが、文武天皇の慶雲元年（七〇四）に「興嶋」から大島に、還されたとされている。

なおこの系図によれば、その後、聖武天皐の天平七年（七三五）に、大島からさらに「府中」（国府の地）に遷されたとあるが、これは事実ではなく、実際は右に述べたように、国府の地に遷される前は白浜の地（大社郷）に鎮座していたと考えられるのである。遷された時期も、総社制の成立にともなうものであり、天平七年よりははるかにのちのこととみなければならない。

三嶋神が地震・造島の神としての性格と、海上交通の神としての性格を合わせもった神格であることは[38]、ほぼ間違いないであろうが、三嶋という名からしても、それは本来、伊豆諸島を中心とした地域において奉斎されていた神であったと考えられよう。先に引用した伊豆国造伊豆直（日下部直）氏の系図（図１・図２）によれば、貫盛が長和四年

（一〇一五）に外祖父の譲りを受けて三嶋神主に補せられ、矢田部氏を称したとあるが、この貫盛は、『伊豆国三嶋神主家系図』（図3）の神主矢田部直貫と同一人と考えられ、三嶋大社の神主家は、貫盛の代に、貫盛の母方の矢田部氏から、伊豆国造伊豆直氏に移ったことが考えられる(39)。矢田部氏は、木簡による矢田部姓者の分布が賀茂郡賀茂郷・川津郷・築間郷・色日郷など伊豆半島東南部の海岸地域を中心とすることからも(40)、この地域を本拠としていたとみて間違いなく、三嶋大社が賀茂郡の白浜の地から田方郡の国府の地に遷されたことと対応して、神主家も、賀茂郡の海岸部を本拠とする矢田部氏から、田方郡を本拠とする伊豆国造伊豆直氏に移ったとみられるのである。

また、矢田部氏は、系図によれば、直貫（貫盛）以前の神主は三代のみとされており、しかも初代の金築が神主職を継承したのは慶雲元年のことであったとされている（ただしこの世代数と年代は矛盾している）。これらのことからすれば、矢田部氏がはじめから三嶋神の祭祀を主宰していた一族であったとは考え難いであろう。三嶋神が本来伊豆諸島に鎮座していたならば、もともと三嶋神の祭祀を主宰していたのは、嶋直（伊豆嶋直）氏であったと考えるのが妥当ではなかろうか。

三嶋神の奉斎氏族が嶋直氏から矢田部氏にかわった理由は明確にし得ないが、それは、三嶋神の鎮座地が、伊豆諸島から大社郷の白浜の地に移ったことと対応するものであろう。

三嶋神についてこのように考えてよければ、こうした三嶋神の存在からも、旧国造としての伊豆国造は嶋直氏であり、そのクニは伊豆諸島を中心とした地域であった、とみるのが妥当といえるであろう。『日本書紀』の記載をみても、伊豆地域は、地震・火山活動の島、あるいは流刑の地としての島ということで強く認識されていたことがうかがえるのであり(41)、こうした『日本書紀』の記載も、右のように考える上での参考になると思われる。

注

（1）仁藤敦史「スルガ国造とスルガ国」（『裾野市史研究』四、一九九二年）。同「伊豆国造と伊豆国の成立」（千葉歴史学会編『古代国家と東国社会』高科書店、一九九四年）。以下小稿において引用する仁藤氏の所説は、とくにことわらない限りこの二つの論文による。

（2）森公章「卜部寸考」（『日本歴史』五三九、一九九三年）。以下小稿において引用する森氏の所説は、この論文による。

（3）注（1）に掲げた論文のほかに、「伊豆国の成立とその特殊性」（『静岡県史研究』一二、一九九六年）、「駿河・伊豆の堅魚貢進」（静岡県地域史研究会編『東海道交通史の研究』清文堂、一九九六年）、および『静岡県史』通史編1（静岡県、一九九四年）の仁藤氏執筆部分などがあげられる。

（4）鎌田純一『先代旧事本紀の研究』研究の部（吉川弘文館、一九六二年）。吉田晶『日本古代国家成立史論』（東京大学出版会、一九七三年）第二章「国造本紀における国造名」。

（5）拙著『日本古代国造制の研究』（吉川弘文館、一九九六年）第三編第四章「『国造本紀』の再検討」。以下小稿において拙著という場合には、すべてこの著書を指すこととする。

（6）『類聚三代格』巻五にも、「割㆓越前国江沼加賀二郡㆒為㆓加賀国㆒事」とする弘仁十四年二月三日の太政官奏が残されている。

（7）この点はすでに仁藤氏の指摘されているところである。

（8）「国造本紀」の和泉国司条に「霊亀元年割㆑置茅野監㆒」とあるのは、霊亀二年の誤りであるが、これは伝写の過程の誤りとみることができよう。

（9）『類聚三代格』巻五にも、このことを定めた延暦十二年三月九日の太政官符が残されている。

（10）大町健『日本古代の国家と在地首長制』（校倉書房、一九八六年）第一章「律令制的国郡制の特質とその成立」。

（11）拙著、第二編「国造制の展開」。なお、この点に関する近年の論考として、鐘江宏之「『国』制の成立」（笹山晴生先生還暦記念会編『日本律令制論集』上巻、吉川弘文館、一九九三年）が注目される。

（12）なお原秀三郎氏も、天武九年の伊豆国の分置を伊豆国造のクニの分置と解されている。原秀三郎「伊豆国分置と遠江・駿河・伊豆三国の成立」（『静岡県史』通史編1、前掲）。ただし原氏は、この時はじめて伊豆国造のクニが成立したとされるのであり、大化以前の伊豆国造の存在を疑問とされる点では仁藤氏と同様である。原秀三郎「国造制の成立と遠江・駿河・伊豆」(同上)。
(13) 奈良国立文化財研究所『平城京長屋王邸跡』本文編(吉川弘文館、一九九六年)一四二〜一四三頁。
(14) 原秀三郎「伊豆卜部と卜部平麻呂」(『静岡県史』通史編1、前掲)。
(15) 平野博之「対馬・壱岐卜部について」(『古代文化』一七—三、一九六六年)。
(16) 新井喜久夫「官員令別記について」(『日本歴史』一六五、一九六二年)、原秀三郎「伊豆卜部と卜部平麻呂」(前掲)。
(17) 大山誠一「官員令別記の成立をめぐる諸問題」(『日本歴史』三七二、一九七九年)。
(18) 「国造本紀」には、津嶋県直として一国造(国造氏)のみが掲げられている。
(19) 拙著、第二編第四章「国宰制の成立と国造」。
(20) 伊豆国における卜部姓者の分布を示すものとして、次の木簡が知られている。
(1)伊豆国賀茂郡三嶋郷戸占部久須理戸卜部広庭調麁堅魚拾壱斤拾両　員十連三節　天平十八年十月(『平城宮木簡』一—三四一号)。
(2)伊豆国賀茂郡三嶋郷三嶋里占部五百□調荒堅魚十一斤十両□連五丸(『平城宮発掘調査出土木簡概報』二二—二六頁)。
(3)伊豆国賀茂郡三嶋郷三嶋里戸主占部薬□占部□(『平城宮発掘調査出土木簡概報』二二—二八頁)。
(4)伊豆国賀茂郡稲梓郷稲梓里戸主卜部□志戸卜部石麻呂調荒堅魚十一斤十両　天平七年十月(『平城宮発掘調査出土木簡概報』二二—二八頁)。
(21) 『新撰亀相記』の引用は、秋本吉徳「新撰亀相記の研究——翻刻之部——」(『清泉女子大学紀要』二六、一九七八年)による。
(22) 原秀三郎「伊豆卜部と卜部平麻呂」(前掲)に、すでにこの指摘がある。
(23) 横田健一『日本古代神話と氏族伝承』(塙書房、一九八二年)第七章「中臣氏と卜部」。井上辰雄『古代王権と宗教的部民』(柏書房、一九八〇年)所収「卜部の研究」、等参照。
(24) 『続群書類従』巻百七十九所収。
(25) この点も仁藤氏の説かれるとおりである。
(26) 図1の『伊豆国造伊豆宿禰系譜』は、三島市大宮町の矢田部家に伝わる『伊豆国造伊豆宿禰系譜』を原本とする。ここでは原秀

三郎「静岡県伊豆長岡町大北横穴群出土石櫃の若舎人銘について」（『静岡県史研究』二、一九八六年）所載の系図による。図2の

(27) 『伊豆宿禰系図』は、『百家系図稿』巻一所収（静嘉堂文庫蔵）。ここでは『静岡県史』資料編4（前掲）による。

(28) 磯貝正義『郡司及び采女制度の研究』（吉川弘文館、一九七八年）第一編第一章「郡司任用制度の基礎的研究」参照。

(29) 拙著、第二編第五章「律令制下の国造」。

(30) 平城宮・平城京跡出土木簡によれば、田方郡久寝郷に三例、那賀郡都比郷に三例の日下部姓者が知られる。なお、伊豆国の氏族分布については、仁藤敦史「伊豆国の成立とその特殊性」（前掲）所載の表四〈伊豆国の郡郷里名と古代氏族〉が詳しい。

(31) 『藤原宮木簡』一―一七七号。

(32) 日野尚志「伊豆国の郷里制について」（『九州文化史研究所紀要』三六、一九九一年）。山中敏史「古代郷里比定地一覧」（『静岡県史』通史編1、前掲）、など参照。

(33) 橋口尚武「列島の古代文化と伊豆諸島」（『海と列島文化』7、小学館、一九九一年）。外岡龍二「南伊豆の祭祀遺跡」（同上）、など参照。

(34) この点は仁藤氏自身が調査されたところである。

(35) 『静岡県史』資料編2（静岡県、一九九〇年）参照。

(36) 原秀三郎「三嶋大社の沿革と社家組織」（静岡県教育委員会『静岡県文化財調査報告書』四六、一九九三年）。

(37) 『釈日本紀』巻十五所引『日本後紀』天長九年五月癸丑条。

(38) 筑波大学附属図書館蔵。ここでは『静岡県史』資料編4（前掲）による。

(39) この点も、仁藤敦史「伊豆国の成立とその特殊性」（前掲）に詳しい。

(40) 原秀三郎「三嶋大社の沿革と社家組織」（前掲）に、すでにこの点の指摘がある。

(41) 仁藤敦史「伊豆国の成立とその特殊性」（前掲）所載の表四〈伊豆国の郡郷里名と古代氏族〉参照。

(42) 『日本書紀』には、伊豆の地名のみえる記事が全部で七ヶ所存在するが、そのうち四ヶ所（推古二十八年八月条、天武四年四月辛卯条、同六年四月壬寅条、同十三年十月壬辰条）に「伊豆嶋」とあり、「伊豆国」とあるのは応神五年十月条と同三十一年八月条の二ヶ所、単に「伊豆」とあるのが朱鳥元年十月丙申条（持統称制前紀）の一ヶ所である。また記事内容については、応神五年

条と同三十一年条はいわゆる枯野伝承を記したもの、推古二十八年条は掖玖の人が伊豆嶋に漂着したとする記事、天武四年条は麻続王の一子を伊豆嶋に流したとする記事、同六年条は杙田史名倉を伊豆嶋に流したとする記事、同十三年条は伊豆嶋の西北にさらに一島が造られたとする記事、朱鳥元年条は礪杵道作を伊豆に流すとした記事である。

第二章　伊豆国造再論

はじめに

筆者は、先の拙稿「伊豆国造小考」(1)において、いわゆる旧国造としての伊豆国造は、伊豆諸島地域を中心にその対岸部も含めた範囲（のちの賀茂郡の地域）をクニとして実在したとみてよい、との考えを示した。これは、近年の仁藤敦史氏による古代駿河・伊豆地域についての一連の研究(2)に多くを学んだものであったが、仁藤氏が、大化以前の伊豆地域は珠流河（スルガ）国造の勢力圏であったとして、旧国造としての伊豆国造の存在を否定された点については、それを疑問としたものであった。

仁藤氏が右のように解された主な理由は、古墳の存在形態からすると、伊豆地域は珠流河国造の勢力下にあったと考えられること、珠流河国造領域内（駿河郡・富士郡）の氏族構成と、伊豆地域（とくに田方郡）の氏族構成がほぼ同様であること、の二点である。後者については、佐藤雅明氏の批判があり、佐藤氏は、伊豆と駿河とでは氏族構成は異なるとして、大化以前の伊豆国造の存在は否定できないとされた(3)。これに対し仁藤氏は、「駿河郡周辺の古代氏族」を発表され、珠流河国造領域内の有力氏族構成と、田方郡を中心とする伊豆地域の氏族構成を改めて検討し、両者が高い類似性をもつことを再論された(4)。そして、その論考において、追記の形ではあるが、拙稿にも言及され、私見に対する反批判の労をとられたのである。

氏は、拙稿の内容を、①「国造本紀」の記載の原則から伊豆国造の記載も信頼されること、②天武九年の伊豆国分立は令制国では不自然で、国造国の分立であること、③伊豆諸島に居住し、三嶋神の祭祀を担当した嶋直一族が伊豆国造と見られること、④「国造本紀」の伊豆国造も嶋直一族を示すこと、⑤伊豆国造の本来的な領域は賀茂郡に限定されること、の五点に整理され、そのそれぞれに反批判を加えられた。

論点は、天武九年（六八〇）成立の伊豆国をどのように理解するか（①②）、伊豆国造の一族を何氏と考えるか（③④⑤）、の二点に集約できると思われる。以下、右の二点について、仁藤氏の反批判に答える形で再論したい。

一　天武九年成立の伊豆国

まず、①に対して仁藤氏は、次のように述べられている。氏の文章をそのまま引用しておく。

①「国造本紀」の記載を原則として信用する点であるが、その場合には、駿河国と伊豆国は七世紀後半において一体化していた段階の伊豆国造をどのように考えるのであろうか。もともと、国造国と令制国を連続して位置付ける編者の認識に無理が存在するのであり、その矛盾が七世紀後半の位置づけを困難にしている。すなわち、七世紀後半の駿河国を珠流河国造の国と位置付けるとすれば、その段階の伊豆国造の地位および伊豆国の領域は珠流河国造のそれに包摂されることになり、重層的な国造および国造国の存在は、原理的にあり得ないのであるから、珠流河国造の配下の中小豪族としてのみ位置付けられることになり、その間の伊豆国造は存在しないことになる。奉仕根源からの連続性を重視する令制以前の官職において、官職の中断は想定されていない。国造領域内の立評などによる細分化はあり得ても、国造領域の併合は原理的には律令制的な国にしか存在しないのであり、

本来的に矛盾を内包した伊豆国造の記載を信用することはできない。

「国造本紀」の伊豆国造条は、次のとおりである。

伊豆国造

神功皇后御代。物部連祖天蕤桙命八世孫若建命。定二賜国造一。難波朝御世。隷二駿河国一。飛鳥朝御世。分置如レ故。

この伊豆国造条の後半部分によれば、伊豆国は、孝徳朝に駿河国に統合され、天武朝に再び駿河国から分置されたということになる。このうち、天武朝に分置されたとする点は、『扶桑略記』天武九年七月条に「割二伊勢四郡一。建二伊賀国一。別二駿河二郡一。為二伊豆国一」、『帝王編年記』同年同月条に「割二伊勢国一建二伊賀国一。割二駿河国一建二伊豆国一」とあることと対応しており、この点を事実とみてよいとすることでは、仁藤氏と筆者の見解に違いはない。

仁藤氏は、右の後半部分の「国」は令制国を意味しており、それが伊豆国造条に記載されていること自体、国造国と令制国とを連続させた矛盾であるとされ、「国造本紀」の伊豆国造条を、その前半部分も含めて信用できないとされるのである。たしかに、「国造本紀」編者の認識においては、後半部分の「国」は、他の同様な記述例（5）からして、令制国と認識されていると考えられる。したがって、それを伊豆国造条に載せる編者の認識に無理があるのはそのとおりである。しかし、この後半部分は、「国造本紀」の原資料にあった記述ではなく、編者が、「国造本紀」を『先代旧事本紀』の巻第十として成書化する段階で付け加えたと考えられる部分である。つまり、現「国造本紀」の伊豆国造条の前半と後半とで、編者の認識に矛盾がみられるからといって、伊豆国造条の前半部分が、「国造本紀」の原資料に載せられていたことを、否定はできないのである。

伊豆国造条の前半部分の史料性については、「国造本紀」の他の国造条と同様に考えてよいのであり、「国造本紀」にその名がみえるということは、やはり旧国造として実在していた可能性が高いと、一般論としてはいえるのである。

さて、仁藤氏が①で疑問とされるのは、筆者が、伊豆国造条の後半部分を、孝徳朝における駿河国への統合も含めて事実を伝えたもの（そこでの「国」を令制国とする編者の認識は誤りであるが）、とした点にある。もし筆者のように考えるならば、伊豆国造は孝徳朝以降国造の地位を退けられ、珠流河国造の配下として位置づけられたことになり、天武朝（天武九年）の段階で再び伊豆国造が任命されたということになるが、奉仕根源からの連続性を重視する令制以前の官職（国造）において、その中断は考え難い、とされるのである。また、国造国の併合は、原理的には令制的な国にしか存在しないとされるのであるが、はたしてそうであろうか。

国造のクニが、つとに井上光貞氏の説かれたように[6]、基本的には二次的に設定された行政区としての性格をもつとするならば（そして筆者はそのように考えるのであるが）、クニの併合・分割が国造制下において行われたとして何ら不自然ではない。また、伊豆国造は孝徳朝の評制の施行（国造制の再編）の際には、おそらく「賀茂評」（それまでの伊豆のクニを範囲とした評）の官人に任ぜられたであろうから、伊豆国造一族にとって、奉仕根源からの連続性が中断したということにもならないであろう。

「国造本紀」の伊豆国造条後半部分の記述そのものについても、天武朝の駿河国からの分置を事実の伝えとみるならば、孝徳朝の駿河国への統合についても、同様にみてよいと思うのである。孝徳朝以降の駿河・伊豆地域は、珠流河国造のクニの内部に「駿河評」「富士評」「田方評」「賀茂評」などいくつかの評が建てられていたのであり、かつての伊豆国造は、「賀茂評」の評造として珠流河国造の統率下にあったと考えて問題はないであろう。やがてこの地域にも、中央から常置の地方官である宰（ミコトモチ）が派遣されるようになり、宰―国造―評造という制度が、遅くとも天武朝には成立していたと考えられる。

次に②については、仁藤氏は次のように述べられている。

②天武九年の伊豆国分立は国造国の分立とされるが、その場合には、田方郡域を含むことの意味が理解できなくなる。すなわち、伊豆国造の分立だけであれば、狭小であっても国造国領域の拡大は不要である。すでに論じたように令制国として、堅魚貢進・流罪国・三嶋神祭祀など、特殊な役割を担う地域として設定し、この役割に対応する財政的な独立が要請されたからこそ、田方郡域が編入されたと考えられる。国造国段階ではそうした配慮は原理的に存在しないし、必要もなかったと考えられる。むしろ原理的に異なる国造国の再編と令制国の再編が近接した数年で生じていることのほうが、不自然と考えられる。財政的なバランスを考慮した国造国の分割・併合を伴う再編は氏族制的な支配を前提とする国造制にはなじまないと考えられる。なによりも国造制の存続を前提とする孝徳朝における国造国の再編を疑問視するのはこの点による。全国的な行政区画の確定に、わずかに先行して、駿河・伊豆地域の再編がなされたのは、まさに律令制的要請であったと考えられる。令制国の領域確定の意味は、国造国とは異なる支配原理の転換を内包するもので、伊豆国もその要請による立国であったと考えられる。

ここでもまず、国造国の性格についての理解が問題となろう。国造のクニは財政的理由によって分割・併合されることはないとされるが、そのように断言はできないと思う。国造制に氏族制的要素がみられることは確かであるが、それだからといって、国造のクニと令制国とを原理的に異なるものとして、まったく切り離してしまっては誤りになるであろう。もっとも、こうした点は、見解の相違としかいいようのない問題なのかもしれない(7)。

しかし、令制国の成立が、大町健氏の説かれるように(8)、天武十二年から十四年にかけての国境の画定事業に求められるとするならば、それに先立って、伊豆国のみが（駿河国も含めて考えられているのかもしれないが）令制国として成立したとされるのは、やはり不自然ではなかろうか。令制国の国境は、まさしく互いに境を接する形で画定されたのであり、令制国は、その事業によって一斉に成立したとみるのが自然であろう。

一方、令制国成立以前から、常置の地方官である宰は全国的に派遣されていたと考えられるのであり、国境の画定事業というのは、原則として、そうした宰の管掌範囲を令制国として確定させたものと考えられる。駿河・伊豆地域にも、もちろん宰は派遣されていたであろうし、その宰の管掌範囲はおそらく珠流河国造のクニを範囲としていたと推定される。あるいは、他に盧原国造のクニも範囲に含まれていたかもしれないが、いずれにせよ、国造のクニを単位として派遣されていたと考えられるのである。つまり、天武九年の伊豆国の分置は、珠流河国造のクニから伊豆国造のクニを分置するだけではなく、宰の管掌範囲も二分し、伊豆地域にも新しく宰を派遣する、ということでもあった可能性が高いのである。

そうであったならば、かつての伊豆国造のクニに田方郡域（田方評）を加えて伊豆国が分置された意味は、それが国造国であったとしても理解しやすいものとなるであろう。まさにそれは、仁藤氏の説かれるとおり、財政的な、あるいは行政的なバランスをとっての分置と考えられるからである。

ただ、天武九年の段階では、令制国は未成立であり（常置の宰の設置をもって、その管掌範囲を令制国とみるならば別であるが）、国造制はいまだ廃止されていなかったと考えられるのであり、[9]分置された伊豆国には、当然、新しく伊豆国造が任命されたものと考えられる。そしてその国造には、かつての伊豆国造の一族の人物（その人物は「賀茂評」の評造に任ぜられていた可能性が高い）が任命されたと推定されるのである（新しい「賀茂評」の評造には一族の他の人物が任命されたと推定される）。

なお、天武九年分置の伊豆国が、仁藤氏の説かれるように令制国であったとしても、そのことは、大化以前の伊豆国造の存在を否定する理由にはならないことを付け加えておきたい。なぜならば、伊豆国造が孝徳期における評制の施行によって廃止され、その後、一定期間経過したのち、天武朝において令制伊豆国が成立したとして、従来の国造制理解に従うならば（仁藤氏はその立場をとられているようである）、何ら問題はないからである。

二　伊豆国造の氏

③について、仁藤氏は次のように述べられている。

③嶋直一族を伊豆国造と解釈する点については、長屋王邸での給米が一日であることだけでは京内他所での長期滞在や複数回の支給などの可能性を否定するものではなく、必ずしも決定的でない。さらに、官員令別記の解釈も国造一族を国造と表記するレベルと、嶋直を伊豆国造と拡大解釈するレベルは明らかに異なる。また成立年代の遅い「国造本紀」により津嶋の上下二県国造の存在を記す官員令別記の記載を一概に否定するのも難しい。羽床正明氏も指摘されるように『文徳天皇実録』天安元年六月庚寅条には対馬嶋上県郡の擬主帳卜部川知麻呂と下県郡擬大領直浦主らが共同して国司を襲ったとあり、直氏は国造の後裔と考えられ卜部氏との密接な関係が確認される（「伊豆国造と卜部について」『地方史静岡』二五、一九九七年）。『新撰亀相記』によれば諸国の直氏も卜部と一括されている。直氏が津嶋の国造であったことを否定しないとすれば、同様に伊豆国の嶋直のみを伊豆国造と表記しないのはやはり不統一である。少なくとも、別記の記載による限り大宝令段階では嶋直は伊豆国造ではなかったとするのが自然である。

まず、「長屋王家木簡」の「伊豆国造」についてであるが、「伊豆国造」の文字のみえる木簡の記載は次のとおりである。

•伊豆国造米一升従半升受呰万呂

•十一月卅日「広嶋」

仁藤氏は、この「伊豆国造」を、律令制下の伊豆国造その人（国造職に就いているその人）と解されるのであるが、これについては、官員令別記にみえる「伊豆国嶋直」から貢上された国造卜部を指すとする森公章氏の見解もある。(10)筆者は、森氏の見解をより妥当なものと考えるが、もしそうであるならば、官員令別記の嶋直が伊豆国造を出していた一族であったことは、ほぼ確実ということになる。ただし、木簡の「伊豆国造」を国造卜部と解する決定的根拠に欠けることは、仁藤氏のいわれるとおりであろう。

そこで、官員令別記の解釈であるが、当該部分を引用しておく。

『令集解』職員令神祇官条

古記云、別記云。（中略）津嶋上県国造一口。京卜部八口。廝三口。下県国造一口。京卜部九口。京廝三口。伊岐国造一口。京卜部七口。廝三口。伊豆国嶋直一口。卜部二口。廝三口。斎宮卜部四口。廝二口。伊岐二口。津嶋二口。伊豆二口。国造直丁等。各給二廝一口一。（後略）

ここに示された卜部の編成については、平野博之氏の見解(11)（前出一三五頁の平野氏作成の表を参照）を妥当と考えるが、この点は仁藤氏の見解も同じである。また、右の別記を大宝令段階の付属法とみる点でも、仁藤氏と筆者の理解に違いはない。異なるのは、「伊豆国嶋直」を、「津嶋上県国造」「下県国造」「伊岐国造」と同様、国造一族とみるか、それとも、「伊豆国嶋直」のみが「国造」と表記されないことから、嶋直を国造一族ではなかったとみるか、という違いである。

筆者は、別記の「津嶋上県国造」「下県国造」「伊岐国造」の用法は、「伊豆国嶋直」との対応から、姓《セイ》（国造姓）

とみるのが妥当と考えるのであるが[12]、その場合、それらの一族はもちろん実際にも国造を世襲していた一族である可能性が高いと考えている。津嶋の国造については、「国造本紀」に津嶋県直の名を載せるのみであることからすると、一国造であった可能性が高いが、別記に「津嶋上県国造」「下県国造」の二氏（二姓）を載せるのは、津嶋国造を世襲していた一族が、定姓の段階で、上県にも下県にも居住しており、それぞれ右の二姓を賜与された、と解釈できるであろう。したがって、『文徳天皇実録』天安元年（八五七）六月庚寅条にみえる下県郡擬大領直浦主らの直氏を、津嶋国造の後裔とみることに、筆者は何の異論もないのである。下県郡の直氏は、おそらく別記の「下県国造」氏が、のちに改賜姓したものであろう。また、対馬・壱岐・伊豆諸国の直氏と卜部氏とが、密接な関係をもつということも、そのとおりと考えている。

そして、右のように、「津嶋上県国造」「下県国造」「伊岐国造」姓の一族が、実際にも国造を世襲していた一族と考えてよければ、「伊豆国嶋直」氏についても、同様に国造一族であったとみるのが、やはり自然な解釈と思うのである。嶋直の直丁も含めて「国造直丁等」とあるのは、この意味で注意される表現である。嶋直が、地名＋直という国造に一般的な氏姓をもつことも、右の解釈を助けるものであろう。

神祇官の卜部は、いずれも島を本拠とする国造一族から貢上された卜部を中心に構成される、というところに意味があったのではなかろうか。

ところで仁藤氏は、別記の「津嶋上県国造」「下県国造」「伊岐国造」を、国造姓ではなく、国造を世襲している（あるいは世襲していた）一族の意で解されるのであり、だからこそ、嶋直のみが「国造」と表記されないのは、実際に国造でなかったからと理解されるのである。たしかに、別記の「某国造」が、国造一族の意で用いられている可能性も否定はできないであろう。しかし、そうであったとしても、そのことは、必ずしも嶋直が国造一族でなかったことを示すものとはいえないのである。たとえば、『日本書紀』の系譜記事の一つに、「天穂日命。此出雲臣。武蔵国造。土師連等遠祖也」（神代、宝鏡開始、第三の一書）とあるが、これを解して、武蔵国造は「国造」とあるが、出雲臣は「国造」とないから国造ではなかった、などとはいえないであろう。

官員令別記の記載は、「長屋王家木簡」の「伊豆国造」の解釈いかんにかかわりなく、嶋直が伊豆国造一族であったことを示しているとみるのが、やはり妥当な解釈と思うのである。

次に、④について、仁藤氏は次のように述べられている。

④「国造本紀」の伊豆国造も嶋直一族を示すことについては、伊豆嶋直が一対で表記されることが多い卜部と氏族系統が異なる別氏とすることは無理が多い。むしろ三嶋神主家の矢田部氏は物部系であり「国造本紀」の伊豆国造とするのが自然であろう。また日下部直氏が元来物部系であることは近接する甲斐国の場合からも証明され、無理は少ない。

「国造本紀」の伊豆国造（伊豆国造氏）は、先に引用したとおり、物部連祖天蕤桙命八世孫若建命を祖としており、物部系の系譜を称している。仁藤氏は、嶋直氏と伊豆の卜部氏とは同系氏族であり、いずれも物部系ではない、と考えられているようであるが、それはいかなる理由によるのであろうか。卜部と中臣氏の関係が深いことは認められるであろうが[13]、仁藤氏自身も述べられているように[14]、各地に分布する卜部氏が、はじめから中臣氏との同族系譜を称していたかどうかは不明とせざるを得ないのである。また、たとえ伊豆の卜部氏が中臣系の系譜を称していたとしても、それは、嶋直氏の系譜が中臣系であったことを示すものではない。嶋直氏と伊豆卜部氏とは、在地において統属関係にあったものと考えられるが、そのことは、両氏が同系であったことを示さないのはいうまでもあるまい。嶋直氏を、物部系の系譜を称する「国造本紀」の伊豆国造とみることに無理はないといえよう[15]。

次に、日下部直氏と伊豆国造との関係であるが、日下部直氏については、『伊豆国造伊豆宿禰系譜』（三嶋大社宮司矢田部家所蔵）と、『伊豆宿禰系図』（『百家系図稿』巻一所収、静嘉堂文庫蔵）の二系統の系図が伝えられている。この両系統の系図は、古代の部分については大きな違いはなく、ここでは後者の当該部分を掲げておく(16)（前出一四二～一四三頁図2）。

さて、この系図にみえる天御桙命・若多祁命は、「国造本紀」にいう天莚桙命・若建命に相当し、一見すると日下部直氏は、始祖を中臣系に結びつけているのは後世の改変として、本来は物部系の系譜を称していたようにもみえるであろう。しかし、旧稿でも述べたように、日下部直氏の本来の系譜は、仁徳天皇の時に大日下部となったとある田狭乃直からはじまるとみるのが妥当であろう。田狭乃直から区比乃直に至る七代が、いずれも「某乃直」と共通した表記になっており、それ以前とは異質であることは、そのことを示している。つまり、日下部直氏が自己の系譜を「国造本紀」の伊豆国造系譜に結びつけたのも、後世の改変と考えられるのである(17)。

また、この系図によれば、日下部直氏が伊豆国造に任ぜられたのは、若多祁命が神功皇后六年に伊豆国造に定められたとあるのを除けば、天平十四年（七四二）に伊豆国造伊豆直姓を賜わったとある益人以降のこととされている点は注意される。益人が伊豆国造伊豆直姓を賜わったことは『続日本紀』にも記事があり、事実と考えられるが、「伊豆国造伊豆直」は複姓とみるべきであり、益人から宅主まで代々国造の任にあったとする系図の記載を、そのまま事実とみることはできない。ただ、この系図においてさえも、益人の一代前の久良万呂以前は、国造ではなかったとされているのであり、「長屋王家木簡」段階、すなわち和銅三年（七一〇）から霊亀二年（七一六）頃の「伊豆国造」が、日下部直氏でなかったことは、間違いないといえよう。

そこで仁藤氏は、『伊豆国三嶋神主家系図』（筑波大学附属図書館蔵(18)。前出一四八頁図3）の矢田部氏を、「国造本紀」

の伊豆国造とされるのであるが、その理由として、この系図の初代神主矢田部宿禰金築が「伊豆国守」とあるのを、伊豆国造の後世的表現とされるのは[19]、いかにも不自然であろう。また、そもそもこの系図の矢田部氏が、物部系であったか否かも、不明とせざるを得ないのである。

ただし、原秀三郎氏の説かれているとおり[20]、この矢田部氏が、三嶋神主家が伊豆国造伊豆直氏（日下部直氏）に移る以前の神主家であったことは認められるであろう。すなわち、『伊豆国三嶋神主家系図』にいう神主矢田部直貫は、『伊豆宿禰系図』にいう貫盛であり、その貫盛の尻付にいうように、三嶋神主家は、貫盛の時の長和四年（一〇一五）に矢田部氏（賀茂郡の海岸地域を本拠とする）[21]から伊豆国造伊豆直氏（田方郡を本拠とする）[22]に移ったと考えられるのである。そしてそれは、三嶋大社が賀茂郡の地から田方郡の地に遷されたことと対応したものとみることができる。したがって、三嶋大社が賀茂郡に鎮座していたことの明らかな『延喜式』段階では（『延喜式』巻九神名上には、賀茂郡四十六座の筆頭に伊豆三嶋神社の名がみえる）、三嶋神主家は賀茂郡の矢田部氏であったということになる。

しかし、旧稿でも述べたとおり、三嶋神主家が、はじめから賀茂郡の海岸地域（伊豆半島東南部の海岸地域）を本拠とした矢田部氏であったかといえば、そうではないであろう。『伊豆国三嶋神主家系図』によれば、直貫（貫盛）以前の神主は三代のみとされており、しかも初代の金築が神主となったのは慶雲元年（七〇四）のこととされている。これらの記載を事実とみるわけにはいかないが、矢田部氏が神主となったのが、それほど古くからのことでなかった点は認められるであろう。三嶋神の祭祀を主宰していた本来の一族は、ほかに求めなければならないと考えられる。

一方、『伊豆国三嶋神主家系図』や、『三宅記』においては、三嶋神の本来の鎮座地は諸島地域であったとされており、そのことは、三嶋神が地震・造島の神としての性格をもつことや、「三嶋」というその名からして、十分納得できるところである。そうであるならば、三嶋神の祭祀を主宰していた本来の一族は、諸島地域を本拠とする嶋直であったとみるのが、やはり最も妥当な解釈といえるのではなかろうか。そして、嶋直が本来の三嶋神主家であったならば、旧国造としての伊豆国造が嶋直氏であり、そのクニが伊豆諸島地域を中心としていたということは、より高い妥当性をもって理解されるであろう。

最後に⑤について、仁藤氏は次のように述べられている。

⑤最後の伊豆国造の本来的な領域は賀茂郡に限定されることについては、『扶桑略記』に伊勢四郡を割いて伊賀国とし、駿河二郡を別けて伊豆国としたとあり、伊勢四郡が後の伊賀国阿拝・山田・伊賀・名張郡の四郡に相当するとすれば、「別㆓駿河二郡㆒」「如㆑故」など伊豆国造の領域とされる賀茂郡を意識した表記になっていないことは問題となる。さらに、『伊豆国三島神主家系図』や賀茂郡の氏族構成からみれば、珠流河国造領域内の有力氏族としても確認される物部系の矢田部氏が賀茂郡の郡領氏族であったと推定され、諸島地域の嶋直―卜部がその支配下にあったとするならば、賀茂郡のみを国造国として独立させる議論は成立しにくい。

まず、天武九年の伊豆国の分置が、『扶桑略記』では「別㆓駿河二郡㆒」とあり、「国造本紀」では「分置如㆑故」とあって、いずれも賀茂郡を意識した表記になっていないのは問題であるとされるが、この点は問題にはならないであろう。「如㆑故」というのは、伊豆国が置かれたこと自体が「如㆑故」ということであり、その国の範囲まで「如㆑故」であったと解釈しなければならない表記ではない。また、天武九年当時の賀茂郡（評）は田方郡（評）とともに駿河国内の評であったのであるから、その二評を割いて新しく設置される伊豆国が、かつての伊豆国の範囲と異なるとしても、「別㆓駿河二郡㆒」という表現になるのは当然であろう。

次に、矢田部氏を賀茂郡の郡領氏族であったとされ、嶋直氏をその支配下にあったと推定されている点であるが、伊豆半島東南部の海岸地域に濃密に分布する矢田部氏が、賀茂郡内の有力な氏族であったことは、おそらくそのとおりであろう。矢田部氏の人物が賀茂郡の郡領職に任ぜられた可能性も、否定できないと思う。しかし、一郡の郡領職に任命される氏族は、けっして一氏に限られてはいなかったのであり(23)、矢田部氏が賀茂郡内の有力氏族であったということは、他に郡領氏族が存在しなかったことを意味するものではない。筆者は、先述のとおり、賀茂評の評造に任ぜられたのは嶋直氏であったと考えるのであり、矢田部氏が嶋直氏にかわって三嶋神主になった段階では、嶋直氏がその支配下にあったという状況も想定できようが、それ以前の段階では、嶋直氏の支配下に矢田部氏も組み込まれていたとみる方が自然であろう。

なお、たとえ仁藤氏のいわれるとおり、矢田部氏が「国造本紀」や「長屋王家木簡」の伊豆国造であり、その支配下に嶋直氏がおかれていたとしても、そのことは、旧国造としての伊豆国造の存在を否定する理由にはならない、という点を強調しておきたい。なぜならば、その場合は、矢田部氏を大化以前からの伊豆国造とみればよいからである。矢田部氏が賀茂郡内の有力氏族であり、矢田部を氏姓とする一族が珠流河国造領域内にも存在するから、という理由のみでは、のちの賀茂郡の地域が珠流河国造の支配下にあったとするわけにはいかないであろう。

はじめにも述べたように、仁藤氏は、古墳の存在形態と氏族構成から、のちの伊豆国の地域は大化以前には珠流河国造の支配下にあったとされるのであるが、そのようにいえるのはのちの田方郡の地域のみであるという旧稿の指摘を、最後にここでも繰り返しておくこととする。すなわち、古墳の存在形態からいえば、のちの賀茂郡の地域は、むしろ墳丘をもつ古墳を築造しないという独自性を有した地域とみることができ、氏族構成についても、珠流河国造領域内（駿河郡・富士郡）の氏族構成と高い類似性を示すのは、田方郡の氏族構成であって、賀茂郡の場合はそうとはいえないのである。また、駿河国（駿河郡）と伊豆国（田方郡）との境界地域が、狩野川流域としての一体性を有しているということも、珠流河国造の支配下にのちの田方郡の地域が含まれていたことを示すものとはいえても、そのことから、賀茂郡の地域までそうであったとすることはできないであろう。

大化以前の伊豆国造の存在を否定するのであれば、こうした旧稿の指摘に対しても反批判が加えられなければならないと思うのである。

注

（1）佐伯有清編『日本古代中世の政治と文化』（吉川弘文館、一九九七年）所収。本書第二部第一章。以下、本稿において旧稿という場合は、いずれもこの拙稿を指すものとする。

（2）仁藤敦史「スルガ国造とスルガ国」（『裾野市史研究』四、一九九二年）。同「伊豆国造と伊豆国の成立」（千葉歴史学会編『古代国家と東国社会』高科書店、一九九四年）。同「伊豆国の成立とその特殊性」（『静岡県史研究』一二、一九九六年）。同「駿河・伊豆の堅魚貢進」（静岡県地域史研究会編『東海道交通史の研究』清文堂、一九九六年）等。

（3）佐藤雅明「古代伊豆国の豪族と部民の分布について」（『地方史静岡』二五、一九九七年）。

（4）仁藤敦史「駿河郡周辺の古代氏族」（『裾野市史研究』十、一九九八年）。

（5）伊賀国造条・加我国造条の後半部分、および和泉国司・摂津国司・出羽国司・丹後国司・美作国造の各条。

（6）井上光貞「国造制の成立」（『史学雑誌』六〇―一一、一九五一年）。

（7）もちろん、国造制研究にとっては、この点こそ重要な問題なのであり、筆者は、律令制と氏族制を対比させてとらえ、国造制を氏族制の代名詞的制度とする見解に対して、一貫して疑問を提示してきたつもりである。拙著『国造制の成立と展開』（吉川弘文館、一九八五年）。同『日本古代国造制の研究』（吉川弘文館、一九九六年）。

（8）大町健「律令的国郡制の特質とその成立」（同『日本古代の国家と在地首長制』校倉書房、一九八六年、所収）。

（9）拙著『日本古代国造制の研究』（前掲）二七三～二七七頁参照。

（10）森公章「卜部寸考」（『日本歴史』五三九、一九九三年）。

（11）平野博之「対馬・壱岐卜部について」（『古代文化』一七―三）。

(12) したがって、「伊豆国嶋直」のみが国造とないのを、表記上の不統一とは考えていない。
(13) 井上辰雄「卜部の研究」(同『古代王権と宗教的部民』柏書房、一九八〇年、所収)。横田健一「中臣氏と卜部」(同『日本古代神話と氏族伝承』塙書房、一九八二年、所収)等参照。
(14) 仁藤敦史「伊豆国造と伊豆国の成立」(前掲)一五五頁。
(15) 太田亮『姓氏家系大辞典』においても、嶋直は物部系と解されている。
(16) 『静岡県史』資料編4(静岡県、一九八九年)による。
(17) なおこのことは、日下部直氏が本来、物部系の系譜を称していなかった、と主張するものではない。伊豆の日下部直氏が本来どのような系譜を称していたかは不明とせざるを得ないのであり、物部系の系譜を称していた可能性も、もちろん否定はできないのである。
(18) 『静岡県史』資料編4(前掲)による。
(19) 仁藤敦史「伊豆国造と伊豆国の成立」(前掲)一五六頁。
(20) 原秀三郎「三嶋大社の沿革と社家組織」(静岡県教育委員会編『静岡県文化財調査報告書』四六、一九九三年)。
(21) 木簡による矢田部姓者の分布は、賀茂郡賀茂郷・川津郷・築間郷・色日郷など、伊豆半島東南部の海岸地域を中心としている。
(22) 伊豆国造伊豆直氏(日下部氏)が田方郡を本拠とすることは、『伊豆宿禰系図』に田方郡の郡領氏族とあること、また木簡による日下部姓者の分布が田方郡にみられることなどから間違いないであろう。
(23) 大町健「律令制的郡司制の特質と展開」(同『日本古代の国家と在地首長制』前掲、所収)。

第三章　『粟鹿大明神元記』の「国造」

はじめに

『粟鹿大明神元記』（以下『元記』と略記する）は、但馬国朝来郡の神部直氏の系譜であり、竪系図の形式を留める貴重な史料である(1)。その冒頭の記載や奥書によれば、和銅元年（七〇八）八月十三日に神部直根閈によって「勘注言上」されたとあり、さらに末尾には長保四年（一〇〇二）正月廿一日付けの神祇官の証判が付されている。本文の系譜部分は、「神祖」の伊佐那伎命と伊佐那美命が相生んだ素佐乃乎命を祖とし、第三十代神部直根閈に至るまでの系譜である。前半は大神君（朝臣）氏の系譜と共通する部分、後半が神部直氏独自の系譜となっている。それによれば、神部直氏は、但馬国朝来郡に鎮座する粟鹿神社の祭主を世襲した一族であり、但馬国造に任じられ、朝来郡大領にも任じられた一族であったという。

『元記』に神部直氏が但馬国造に任じられたとあることについて、かつて筆者は、それは事実の伝えではなく、神部直氏が自氏を、選叙令郡司条に郡領への優先任用の定められた国造氏であることを示そうとした述作と考えられると述べた。すなわち、実際に但馬国造を世襲した一族は但馬君氏であり、律令制下における養父郡・朝来郡の郡領氏族であるとともに国造兵衛を出したこともある日下部氏は、その但馬君氏と同族であるとしたのである(2)。そしてそれは、当時における一般的見解でもあった。ただほかにも、神部直氏を朝来地方の国造、日下部氏を養父地方の国造とし、それらがともにのちに但馬国造と称したとする説(3)や、本来の但馬国造は神部直氏であったが、七世紀後半に至って日下部氏（但馬君氏）の手に移ったとする説(4)などがあり、必ずしも共通理解が得られていたわけではなかった。そしてその後、改めて神部直氏の但馬国造就任を事実とみてよいとする見解(5)が提示され、一方では、但馬君氏と日下部氏を同族とみることはできないとする見解(6)も示されている。本稿では、これらの問題について考えることにしたい。

一　『元記』の「国造」

『元記』に「国造」（但馬国造）の語がみえるのは、第二十一代神部直速日・第二十二代神部直忍・第二十九代神部直万侶・第三十代神部直根閇それぞれの尻付の文章においてである(7)。

【史料1】神部直速日の尻付

母曰二倭三川君等上祖角大草命之女浦稚姫命一。右人、磯香高穴穂宮御宇稚足彦天皇御世、依二神拝祭一神部直姓給伎。又但馬国国造定給伎。即祭主以上非顕。

【史料2】神部直忍の尻付

母曰二物部連小事之女意富安姫命一。右人、磐余稚桜宮御宇息長大足姫天皇御世、但馬国人民率、粟鹿大神荒術魂召著二於船鼻一、伝二百済一奉仕。然返祭来時爾、同朝庭神事取持奉仕。仍但馬国造止奉仕定給賜。又給二神宝楯二面、大刀二柄、鏡二面、頸玉一箇、手玉一箇、足玉一箇、神田七十五町九段百八十歩、神戸二烟一。上件物、給二粟鹿大神一、宝蔵立、神宝物畜積。始祭主忌始、上呼二十一月寅日一、中呼二子日一、下呼二十二月申日一、祭鎮。

【史料3】神部直万侶の尻付

娶二神部直□□之女子秦女一。右人、難波長柄豊前宮御宇天万豊日天皇御世、天下郡領并国造懸領定給。于レ時、朝来郡国造事取持申。即大九位叙仕奉。

右人、後岡本朝庭御宇天豊財重日足姫天皇御宇時、但馬国民率新羅誅仕奉。即返参来、同朝庭御宇始叙二朝来郡大領司一所レ擬仕奉。又近江大津宮御宇天命開別天皇御宇、庚午籍勘造日、依二書竿知一而国政取持、国造懸領并殿民源之是非勘定注朝庭進。即庚午年籍。粟鹿郷上戸主神部直根閉年卅矣。神戸里切分奉、九条三里田四里田己、十条四里田五里田六里田十一条二里田己、野山林己。

【史料4】神部直根閉の尻付

まず、尻付の史料性についてであるが、『元記』それ自体の成立については、これまでの研究により、末尾に付された神祇官の証判の年月日である長保四年正月廿一日に近い時期の成立であり、冒頭の三行と和銅元年の奥書も、その段階に記されたものとみられている。溝口睦子は、その時期は神部直氏が日下部氏に粟鹿神社の神主（祭主）の地位を奪われそうになった時期、あるいは奪われて間もない時期とみるのが妥当であろうとしている[8]。

本文（系譜部分）の尻付の文章については、それよりは遡る時期の作成と考えられるが、第十七代太多彦命の尻付に和銅六年（七一三）設置の「美作国」[9]の名がみえること、太多彦命の弟の意冨弥希毛知命の尻付に「淡路国三原郡幡多郷」、第三十代根閉の尻付（【史料4】）にも「粟鹿郷上戸主」と「郷」の表記[10]がみられることなどから、奥書の年月日である和銅元年八月十三日よりも後の作成と考えられる。溝口は、尻付では神部直氏が但馬国造に任じられた一族であると主張していること、系譜そのものが朝来郡大領に任じられたとする根閉で終わっていることなどを理由に、尻付の文章は、神部直氏が孝徳朝以来の「譜第重大」の家柄であると主張しようとした根閉自身か、その子孫によって、八世紀代に作成されたものと考えられるとしている[11]。系譜部分は、その記載様式や人名の特徴から、いくつかの原系譜を合わせたものと考えられ、尻付の文章も、その原形のすべてが同時期に作成されたものとは限らないが、現状の文章は、八世紀代の作成と考えてよいであろう。『元記』に改めて検討を加えた鈴木正信は、系譜部分の世系が確定したのも、八世紀後半から九世紀初頭にかけてのことと考えられるとしている。(12)

さて、【史料1】であるが、これによれば、第二十一代神部直速日は、「磯香高穴穂宮御宇稚足彦天皇御世」(成務朝)に、神(粟鹿大神)を「拝祭」することによって「神部直」の姓を賜り、また但馬国の国造に定められたとされる。最後の「即祭主以上非顕」の部分は難解であるが、是澤恭三は、速日以前はいまだ神部直姓を賜っていない時代であるから、「祭主」を公称できなかったという意味であろうとしている。(13)あるいは、一代前の第二十代猛日の尻付にすでに「祭主」とあり、第十八代大彦速命の尻付に粟鹿大神の鎮祭の開始が記されていること、一方【史料2】にあるとおり、次の第二十二代神部直忍の時に神宝を賜って粟鹿大神の宝蔵を立て、「祭主忌」を始めたと具体的な祭祀の始まりを記し、次の第二十三代神部直伎閉以降、第二十八代神部直都牟自までの尻付には、いずれも「粟鹿大神祭主奉仕」とあることからすれば、(15)「即祭主以上非顕」というのは、「以上(神部直速日まで)の祭主による祭祀のあり方は明らかではない」という意味にも解釈できよう。(14)

それはともかく、【史料1】における第一の主張は、粟鹿大神を祭ったことにより「神部直」の姓を賜ったという点にあるといってよい。系譜全体としても、神部直氏が代々粟鹿大神の祭主を世襲してきた一族であるという点を、第一の主張としているのは明らかである。「又但馬国国造定給伎」という部分については、成務朝に国造が定められたとする記紀の伝承に基づいて付け足された部分という感が強いのである。

次に、【史料2】であるが、これによれば、第二十二代神部直忍は、「磐余稚桜宮御宇息長大足姫天皇御世」(神功皇后の時代)に、但馬国の人民を率い、粟鹿大神の「荒術魂」を船鼻に著けて百済に渡り奉仕し、帰国後は同朝廷において神事（栗鹿大神の祭祀）を取り持ったことにより、但馬国造に任じられたという。この記述も、記紀の神功皇后による「新羅征討」伝承に対応することが明らかである。

鈴木正信は、この尻付には「新羅」ではなく「百済」とあることに注目し、尻付の文章は、記紀の伝承による作文ではなく、神部直氏が但馬国造として国造軍を編成し対外交渉に従事した事実を、神功皇后の時代に仮託したものと考えられるとしている。[16]ただ、記紀の伝承においては、百済の服属も述べられており、「荒術魂召著二於船鼻一」という尻付の表現と、『日本書紀』神功皇后摂政前紀（仲哀天皇九年九月己卯条）の「和魂服二王身一而守二寿命一。荒魂為三先鋒而導二師船一」「撝二荒魂一、為二軍先鋒一、請二和魂一、為二王船鎮一」という文章との類似も指摘できる。この尻付の文章が、記紀の伝承を参考に作成された可能性は高いといってよいであろう。

また、この尻付における朝鮮半島への出兵という内容は、【史料4】の内容とも共通している。つまり、第三十代神部直根閈の朝鮮出兵参加という事実に基づき、神功皇后の出兵にも一族が参加したことを示そうとした作文とみることも可能である。もちろんそれだからといって、神部直氏の但馬国造就任は事実ではないと積極的に主張できるわけではないが、それを事実とする積極的根拠にもならないということは指摘できよう。

次に、【史料3】についてであるが、これによれば、第二十九代神部直万侶は、「難波長柄豊前宮御宇天万豊日天皇御世」（孝徳朝）に、天下に「郡領」と「国造懸領」を定めた時、「朝来郡国造」のことを取り持ったことにより、「大九位」に叙されたというのである。難解な表現を多く含むが、従来の指摘のとおり、「国造懸領」の「懸」は「県」、「大九位」の「九」は「乙」の誤りとみてよいであろう。また「郡領」は「評造」、朝来郡は「朝来評」を指すと考えられるが、問題は「朝来郡国造」である。

これを「朝来郡（評）の国造」と読み、「朝来評造」のことを指すとする解釈もあるが、[17]直前の文章に「郡領并国造懸領」とあることからすれば、「郡領」（評造）と「国造」は区別されているとみなければならない。[18] 次の【史料4】に、神部直根閇がはじめて朝来郡（評）の大領（評造）に任じられたとあることからも、ここの「朝来郡国造」を朝来評造のことと解釈するのは疑問である。

「某郡国造」（某郡の国造）というのは、ほかにみられない表現であり、ここは「朝来郡の国造」と読むのではなく、「朝来郡国造事取持申」で、「朝来郡にて国造の事取り持ち申す」と読むのが妥当なのではなかろうか。すなわち、朝来郡（評）において国造（但馬国造）の任務に就いたという意味に解されるのである。とするならば、この尻付においても、神部直氏は但馬国造に任じられた一族であると主張していることになる。しかし、それが事実に基づく記述であるか否かは、また別問題である。[19]

次に、【史料4】であるが、これによれば、第三十代神部直根閇は、「後岡本朝庭御宇天豊財重日足姫天皇御宇時」（斉明朝）に、但馬国民を率いて新羅征討（百済再興のための救援軍の派遣）に参加し、帰国後は同朝において、はじめて朝来郡の大領（朝来評の評造）に任命されたというのである。また「近江大津宮御宇天命開別天皇御宇」（天智朝）の庚午年籍の作成には、書竿を知ることによって「国政」[20]を取り持ち、「国造懸領并殿民源之是非」を「勘定」「注進」した、それが庚午年籍であるとも記している。「国造懸領并殿民源之是非」というのは、国造や懸（県）領および殿（諸氏族）に所属する人々の由来の是非という意味に解されるであろうから、「勘定」「注進」というのは、それらを調査してその結果を報告した（氏姓をもって所属を庚午年籍に明示した）ということであろう。

書竿を知ることによって庚午年籍の作成に携わったという点に注意するならば、「改新詔」（『日本書紀』大化二年正月朔条）の第二条には「其郡司、並取下国造性識清廉堪二時務一者上為二大領・少領一、強幹聡敏工二書竿一者為二主政・主帳一」とあり、根閇は、実際には朝来郡の「大領」（朝来評の長官）ではなく、「主政・主帳」（評の三・四等官）として庚午年籍の作成に携わったとみることも可能であろう[21]。一方、但馬国民を率いて百済救援軍に加わったという点に注目すれば、根閇は国造軍を率いた但馬国造であったと述べているとみることもできる[22]。そうであるならば、この尻付の文章においても、神部直氏は但馬国造に任じられた一族であったと主張していることになる[23]。

以上、【史料1】から【史料4】までの文意について述べてきたが、要するに、これらの史料それ自体からは、神部直氏が実際に但馬国造を輩出した氏族であったか否かは判断し難いのである。次節においては、『元記』以外の但馬国造関係史料を検討することにしたい。

二　但馬国造関係史料の検討

まず、『先代旧事本紀』巻十「国造本紀」には、但馬（但遅麻）国造について次のようにみえる。

【史料5】「国造本紀」但遅麻国造条

　但遅麻国造　志賀高穴穂朝御世、竹野君同祖彦坐王五世孫船穂足尼定㆓賜国造㆒。

「志賀高穴穂朝」（成務朝）に、彦坐王（開化天皇皇子）の五世孫である船穂足尼を但遅麻（但馬）国造に定めたというのである。これは、成務朝に神部直速日が但馬国造に定められたとする『元記』の記述（【史料1】）と明らかに抵触する。

『古事記』開化天皇段の彦坐王系譜には、彦坐王三世孫の息長宿禰王と河俣稲依毘売との間に生まれた大多牟坂王を多遅摩国造の祖としており、「国造本紀」にいう船穂足尼の名はみえないが[24]、両者の系譜は対応している。また彦坐王系譜には、息長宿禰王と葛城之高額比売との間に生まれた息長日子王を吉備品遅君の祖としており、「国造本紀」の吉備品治国造条には、「吉備品治国造　志賀高穴穂朝、多遅麻君同祖若角城命三世孫大船足尼定㆓賜国造㆒」とある。「国造本紀」の但遅麻国造条の「但遅麻国造」と、吉備品治国造条の「多遅麻君」は同一の氏、『古事記』の彦坐王系譜の「吉備品遅君」と、「国造本紀」の吉備品治国造条の「吉備品治国造」も同一の氏とみてよいであろうから、この点からも、『古事記』の彦坐王系譜と「国造本紀」の系譜は対応しているといえる。

なお、「国造本紀」には、但遅麻国造を「竹野君同祖」とするが、竹野君氏は、『古事記』開化天皇段に、開化天皇皇子の建豊波豆羅和気王に注して「道守臣・忍海部造・御名部造・稲羽忍海部・丹波之竹野別・依網之阿毘古等之祖也」とみえる「丹波之竹野別」との関係が考えられる。「竹野」は右の呼称にも示されるように、のちの丹波国竹野郡（和銅六年に丹後国が設置された[25]のちは丹後国に編入）に対応する地名とみることができる。『古事記』開化天皇段によれば、天皇が丹波大県主の娘の竹野比売を妻としたとあるのをはじめ、開化天皇および彦坐王系譜の人物と丹波との結びつきは強い。多遅麻国造を竹野君と同祖とする「国造本紀」の系譜は、この点も含めて、『古事記』系譜と対応しているといってよいであろう[26]。

これらのことからすれば、但馬国造を世襲した氏族は但馬君氏（彦坐王後裔氏族）であったとみるのがまずは妥当な解釈ということになる。

但馬君氏については、ほかに『播磨国風土記』揖保郡越部里条と『日本三代実録』元慶元年（八七七）四月十六日条に、次のような記事がみえる。

【史料6】『播磨国風土記』揖保郡越部里条

越部里〈旧名皇子代里〉。土中々。所㆔以号㆓皇子代㆒者、勾宮天皇之世、寵人但馬君小津、蒙㆑寵賜㆑姓、為㆓皇子代君㆒而造㆓三宅於此村㆒、令㆓仕奉㆒之。故曰㆓皇子代村㆒。後、至㆘上野大夫結㆓卅戸㆒之時㆖、改号㆓越部里㆒。一云、自㆓

但馬国三宅㆒越来。故号㆓越部村㆒。

【史料7】『日本三代実録』元慶元年四月十六日条

詔曰、朕聞、善政之報、霊貺不㆑違。洪化之符、神輸必至。朕以㆓寡薄㆒、辱奉㆓丕基㆒。徳未㆑動㆑天、恵非㆑感㆑物。而去正月即位之日、但馬国獲㆓白雉一㆒。二月十日尾張国言、木蓮理。閏二月廿一日、備後国貢㆓白鹿一㆒。（中略）宜㆑復㆓尾張・但馬・備後等三国百姓当年徭役十日㆒。就㆑中瑞所㆑出土、特須㆓優矜㆒。其芦田郡勿㆑輸㆓今年之調㆒。春部及養父郡並免㆓当年之庸㆒。其接㆓得神物㆒者多治比部橘・但馬公得継等叙㆓正六位上㆒、賜㆑物准㆑例。（後略）

【史料6】によれば、越部里は旧名を皇子代里といい、それは、但馬君小津が「勾宮天皇」（安閑天皇）の寵愛を受け、皇子代君の姓を賜り、この地に三宅（屯倉）を造って奉仕したので皇子代といったというのである。これをそのまま事実の伝えとみるのは疑問であろうが、この記事が但馬君小津を中央に出仕した人物として描いていることは明らかである。そこには、小津は但馬国造の一族であり、そのため中央に出仕していたという認識の存在がうかがえるであろう。またこの記事は、但馬君氏が隣国の播磨にもその勢力を有していたことを示す記事でもある。

【史料7】は元慶改元の詔であるが、これによれば、この年正月に但馬国から白雉が献上されたのを受けて、但馬国の百姓の当年の徭役十日と、白雉が発見された養父郡の今年の調が免除され、白雉を捕らえた但馬公得継には正六位上の叙位と賜物があったというのである。「但馬公」は「但馬君」と同一とみてよいであろうから、この記事は、九世紀後半の段階において、但馬君氏の人物が養父郡に居住していたことを示している。後述のとおり、養父郡は郡領氏族である日下部氏の本拠地と考えられるが、この記事からは、かつて但馬君氏の勢力が養父郡の地域にまでおよんでいたと推測することも可能であろう[27]。

これらの点も、但馬国造を但馬君氏と考えるうえで好都合といってよい。「但馬君」という「国名+カバネ」の氏姓も、国造の氏姓（職名的称号）として適合的である。

次に、そのほかの但馬国造関係記事についてであるが、まず『先代旧事本紀』巻五「天孫本紀」には、火明命の六世孫建田背命を「神服連・海部直・丹波国造・但馬国造等祖」とし、「国造本紀」や『古事記』の彦坐王系譜とは異なる系譜を掲げている。ここにいう「但馬国造」は、おそらく『新撰姓氏録』左京神別下に「火明命之後也」とみえる但馬海直氏と同氏であり、「天孫本紀」は、この但馬海直氏を但馬国の国造であったと主張しようとし、ここに「但馬国造」として掲げたものと考えられる。但馬海直氏が、実際に但馬国造に任じられた可能性は低いといってよいであろう。

また、『播磨国風土記』飾磨郡安相里条と飾磨御宅条にも、以下のような但馬国造関係記事がみえる。

【史料8】『播磨国風土記』飾磨郡安相里条

安相里〈長畝川〉。土中々。右、所㆔以称㆓安相里㆒者、品太天皇、従㆓但馬㆒巡行之時、縁㆑道不㆑撤㆓御冠㆒。故号㆓陰山前㆒。仍、国造豊忍別命、被㆑剝㆑名。爾時、但馬国造阿胡尼命申給。依㆑此赦㆑罪。即奉㆓塩代田廿千代㆒、有㆑名。塩代田佃、但馬国朝来人、到来居㆓於此処㆒。故号㆓安相里㆒。〈本名沙部云。後里名依㆓改㆑字二字注㆒、為㆓安相里㆒。〉

【史料9】『播磨国風土記』飾磨郡飾磨御宅条

所㆔以称㆓飾磨御宅㆒者、大雀天皇世、遣㆑人、喚㆓意伎・出雲・伯耆・因幡・但馬五国造等㆒。是時、五国造、即以㆓召使㆒為㆓水手㆒、而向㆑京之。以㆑此為㆑罪、即退㆓於播磨国㆒、令㆑作㆑田也。此時所㆑作之田、即号㆓意伎田・出雲田・伯耆田・因幡田・但馬田㆒。即彼田稲、収納之御宅、即号㆓飾磨御宅㆒。又云㆓賀和良久三宅㆒。

【史料8】は文意不分明なところもあるが、およそ次のような意味であろう。

「品太天皇」（応神天皇）が但馬から播磨へ巡行した時、播磨国造の豊忍別命に「御冠」を用意しなかった不備があったため、豊忍別命は「国造」の名を剝奪された。その時、但馬国造の阿胡尼命が申し開きをしてくれたため、豊忍別命は罪を許され、「塩代田」（罪の償いのための塩の代わりの田）を献上して、「国造」（播磨国造）の名を回復した。その田の耕作には、但馬国の朝来（あさこ）の人が到来して居住し、従事した。そのため安相（あさこ）の里と名付けた。

粟鹿神社所蔵の『田道間国造日下部足尼家譜大綱』（以下『家譜』と略記する）には、「国造本紀」に但馬国造に定められたとある「船穂足尼」の子として「豊忍別乃君」の名を載せており、ここにいう「豊忍別命」がそれと同一人であれば、豊忍別命は但馬国造ということになる（『家譜』には、ここに「但馬国造阿胡尼命」とある阿胡尼命の名は載せられていない）。一方、『日本書紀』仁徳天皇四十年条には、「播磨佐伯直阿俄能胡」が私地を献上して罪を免れたとあり、阿俄能胡と、ここにいう「但馬国造阿胡尼命」は、その名や私地の献上による免罪という内容に共通性が認められる。しかし播磨佐伯直氏は、『新撰姓氏録』右京皇別下の佐伯直条や、「国造本紀」の針間国造条によれば、播磨国造であった氏である(28)。

これらのことから、日本古典文学大系本『風土記』の当該部分の補注には、「風土記の記事は、但馬国造とあって然るべき豊忍別命と播磨国造とあってふさわしい阿胡尼命を互いに入れ替えて、前者を播磨国造、後者を但馬国造とした伝承によったものと認めるべきであろう」との指摘がある(29)。おそらくそのとおりと考えられるが、とするならば、風土記の伝承以前に、豊忍別命（豊忍別乃君）を但馬国造とする伝えが存在していたことになる。

『家譜』は、後述のとおり、但馬の日下部氏が、自らの系譜を但馬国造の系譜（彦坐王系譜）に結びつけるために作成したとみられる系譜であるが、そのなかに、古い伝えの含まれている可能性は否定できない。『家譜』には、『古事記』の彦坐王系譜に但馬国造の祖とある「大多牟坂王」の子として、「国造本紀」の「船穂足尼」を載せ、その子として「豊忍別乃君」を載せるのであるが、すでに田中卓の指摘があるとおり、この部分は本来の伝えを遺す部分である可能性が高い[30]。そしてその場合は、このことからも、但馬国造を世襲した一族は但馬君氏（彦坐王後裔氏族）であったとみるのが妥当といえるのである。

【史料9】は、「大雀天皇世」（仁徳朝）に、意伎・出雲・伯耆・因幡・但馬の五国造が、天皇の使いを水夫として上京した罪により、播磨国にそれぞれの田を作ることを命じられ、その収穫稲は飾磨御宅に収納されたという記事である。これは、国造の奉仕のあり方を考えるうえで興味深い記事であるが、ここから但馬国造の氏姓を推測することはできない。

最後に、「日下部系図」について検討したい。

これまで一般に、但馬の日下部氏が但馬君氏と同族と考えられてきたのは、日下部の中央伴造氏族である日下部連氏（天武朝の八色の姓制定により宿禰を賜与）が彦坐王を祖とする系譜を称し[31]、但馬君氏と同系であること、『家譜』では但馬の日下部氏と但馬君氏をまさに同族としていること、などがその理由であったといえよう。しかし、『続群書類従』所収の『日下部系図』および『日下部系図別本　朝倉系図』（以下『別本』と略記する）によれば、日下部氏は孝徳天皇を祖とする氏である。日下部氏が本来、但馬君氏と同じ彦坐王系譜を称していたならば、わざわざこのような系譜を作成する必要はなく、紅林怜の説くとおり、日下部氏の系譜としては、こちらにオリジナリティーを認めるべきであろう[32]。

【史料10】『日下部系図』表米の尻付

『日下部系図』および『別本』によれば、孝徳天皇皇子の有馬皇子の子の表米が、養父郡の大領に任じられたとされる。

養父郡大領。天智天皇御宇異賊襲来時、為二防戦大将一、賜二日下部姓一。於戦場、被レ退二忽異賊一。朱雀元年甲申三月
十五日卒。朝来郡久世田荘賀納岳奉二祝表米大明神一。

【史料11】『別本』表米の尻付

難波ノ朝廷、戊申年養父郡ノ大領ニ補佐セラル。在任三年。

【史料10】の内容には疑問が多いが、【史料11】とあわせて読むならば、表米が難波朝廷（孝徳朝）の「戊申年」、すなわち大化四年（六四八）に「養父郡」（養父評）の「大領」（評造）に任じられたということは、事実の伝えとみてよいであろう。孝徳朝の評造であった表米が孝徳の孫にあたるというのは世代的に不自然であり、この点を事実とすることはできないが、おそらく日下部氏は、養父評の評造に任じられたことによって、それまで日下部の地方伴造であったことを公認され、天智朝の庚午年籍で「日下部」という姓が賜与されたのであろう。【史料10】に「賜二日下部姓一」とあるのはそのことを示すものと考えられる。

また、表米の子の都牟自と荒島の尻付には次のようにある。

【史料12】『日下部系図』都牟自の尻付（『別本』も同じ内容）

嫡男。難波朝廷癸丑、養父郡補二任少領一、後是本朝在レ任。己未年転二任大領一、至二飛鳥朝一。在任三十一ケ年。癸未
年死。

【史料13】『日下部系図』荒島の尻付（『別本』も同じ内容）

次男。右人己佐美家地官舎奉二藤原朝廷一。戊戌年補二任朝来郡大領一、至二奈良朝廷一。在任十五年。大領、正八位下。

【史料12】によれば、都牟自は「難波朝廷」（孝徳朝）の「癸丑」（白雉四年＝六五三年）に養父郡（評）の少領（次官）に任じられ、「後是本朝」（「是」は「岡」の誤りで、「後岡本朝」すなわち斉明朝のことと考えられる）の「己未年」

（斉明五年＝六五九年）に大領（長官）に転じ、「飛鳥朝」（天武朝）の「癸未年」（天武十二年＝六八三年）に死去したというのである。また、【史料13】によれば、荒島は「藤原朝廷」（文武朝）の「戊戌年」（文武二年＝六九八年）に朝来郡（評）の「大領」（長官）に任じられ、在任十五年、「奈良朝廷」（元明朝）に至ったとされる。これらの記述は、干支によって具体的年代を記すことからして、事実の伝えとみてよいであろう。以後、『日下部系図』および『別本』には、日下部氏の人物が養父郡と朝来郡の郡領に任じられていったとするのであるが、この点も事実と考えられる。

そして、『日下部系図』には、荒島の子の弘道と、弘道の弟である老の子の大継の尻付に「国造兵衛」とあり、『別本』には、加えて大継の弟の子祖父の尻付にも「国造兵衛」とみえる。但馬国造との関わりでいえば、この点が注意されるのである。「国造兵衛」とは、国造氏から任用された兵衛と考えられ、(33) 国造氏は、『続日本紀』大宝二年（七〇二）四月庚戌条に「詔定諸国国造之氏。其名具国造記」とみえる「国造之氏」のことであり、選叙令郡司条に郡領への優先任用を定められた「国造」は、この「国造之氏」を指すと考えられる。(34) したがって、これらの尻付からすると、弘道・大継・子祖父の頃（八世紀中頃から後半か）には、日下部氏は但馬国造氏であったことになる。しかも、大宝二年に「国造之氏」に認定されたのは、原則として国造制下において実際に国造を世襲していた一族とみてよいから（ただしあくまで原則である）、日下部氏は但馬国造であった可能性が高いということになる。

一方、「国造本紀」に但馬国造（多遅麻国造）として掲げられているのは但馬君氏であり、「国造本紀」は大宝二年の「国造記」を原資料としている可能性が高く、「国造本紀」の「国造」も、原則として「国造之氏」を載せたものと考えられる。(35) 従来、但馬君氏と日下部氏を同族としてきた理由は、この点にもあったといえよう。

しかし、『日下部系図』および『別本』の「国造兵衛」については、大宝二年の段階で「国造之氏」に認定された但馬君氏（実際に但馬国造を世襲した一族）に替わって、八世紀中頃に日下部氏が「国造之氏」に認定されたことを示すと解することも可能であろう。また、日下部氏が自氏を顕彰するために、「国造兵衛」を自称したという可能性も否定できない。『日下部系図』および『別本』に、八世紀中頃から後半の日下部氏の人物が「国造兵衛」と記されているからといって、国造制下の日下部氏が但馬国造であったということにはならないのである。

以上、本節では、『元記』以外の但馬国造関係史料について検討してきた。結論を繰り返せば、国造制下において但馬国造に就任したのは一貫して但馬君氏であったと考えられるということである。したがって、前節で取り上げた『元記』の「国造」（但馬国造）については、やはり、神部直氏が自氏を顕彰し、郡領への優先任用の認められた国造氏であることを主張するために述作したもの、とみるのが妥当と考えられるのである。

注

（1）『粟鹿大明神元記』の書誌学的研究やその史料性については、是澤恭三「粟鹿神社祭神の新発見」（『神道宗教』一〇、一九五五年）。同「粟鹿大明神元記の研究（一）」（『日本学士院紀要』一四―三、一九五六年）。同「粟鹿大明神元記の研究（二）」（『日本学士院紀要』一五―一、一九五七年）。同「但馬国朝来郡粟鹿大明神元記に就いて」（『書陵部紀要』九、一九五八年）。田中卓『日本国家の成立と諸氏族』（田中卓著作集2、国書刊行会、一九八六年）第十「一古代氏族の系譜」（初出は一九五六年）。溝口睦子『日本古代氏族系譜の成立』（学習院、一九八二年）第三章「個別系譜の研究」。義江明子『日本古代系譜様式論』（吉川弘文館、二〇〇〇年）第Ⅰ部第三章「出自系譜の形成と王統譜」（初出は一九九二年）。鈴木正信『大神氏の研究』（雄山閣、二〇一四年）第三章「大神氏の系図」など参照。

（2）篠川賢『日本古代国造制の研究』（吉川弘文館、一九九六年。以下、拙著と略記する）二三五～二三六頁

（3）田中卓『日本国家の成立と諸氏族』（前掲）三六四頁。

（4）佐伯有清・高嶋弘志編『国造・県主関係史料集』（近藤出版社、一九八二年）一七七頁、補注。

（5）鈴木正信『大神氏の研究』（前掲）二二五～二二七頁。

(6) 紅林怜「但馬君氏についての一考察」（加藤謙吉編『日本古代の王権と地方』大和書房、二〇一五年）二三六〜二三七頁。同「但馬君氏と但馬国の有力氏族」（『常民文化』三九、二〇一六年）八六〜八七頁。

(7) 『元記』の引用は、鈴木正信『大神氏の研究』（前掲）所載の翻刻（『多和叢書』所収の「粟鹿大明神元記」を底本とする）による（返り点、句読点は筆者）。

(8) 溝口睦子『日本古代氏族系譜の成立』（前掲）二四〇〜二四一頁。

(9) 『続日本紀』和銅六年四月乙未条に、「割二丹波国五郡一、始置二丹後国一。割二備前国六郡一、始置二美作国一（後略）」とある。

(10) 国郡里制の「里」の表記が「郷」に変わるのは、霊亀三年（七一七）以降のことと考えられる。鎌田元一「郷里制の施行と霊亀元年式」（『律令公民制の研究』塙書房、二〇〇一年、初出は一九九一年）参照。

(11) 溝口睦子『日本古代氏族系譜の成立』（前掲）三一六〜三二三頁。

(12) 鈴木正信『大神氏の研究』（前掲）二一六〜二二三頁。

(13) 是澤恭三「粟鹿大明神元記の研究（二）」（前掲）四八頁。

(14) この第十八代大彦速命（あるいはその一代前の第十七代太多彦命）以降が、神部直氏独自の系譜部分と考えられる。

(15) 第二十九代神部直万侶と第三十代神部直根閇の尻付には「粟鹿大神祭主奉仕」の記述はないが、「忌部祝卅人、忌酒女祝川人」などの記述があり（このような記述は第二十五代神部直宿奈以降にみえる）、万侶と根閇も、粟鹿大神の祭主であったことは明らかである。

(16) 鈴木正信『大神氏の研究』（前掲）二二五〜二二六頁。

(17) 森公章「評の成立と評造」（『古代郡司制度の研究』吉川弘文館、二〇〇〇年、初出は一九八七年）。山尾幸久「大化年間の国司・郡司」（『立命館文学』五三〇、一九九三年）など。

(18) 「懸（県）領」については、孝徳朝の段階で県主・稲置・地方伴造などの地位にあったことを認められた人物の意味に解しておきたい。

(19) なお、この尻付の文章に「難波長柄豊前宮御宇天万豊日天皇御世、天下郡領幷国造懸領定給」とあるのは、孝徳朝に評制が全面的に施行され、同時に国造制の再編も行われ、その後も国造は存続したとする私見（拙著二二三〜二五三頁ほか）に適合的である。

(20) ここでいう「国政」は、国家の政務としての庚午年籍の作成を意味するとみるのが妥当であろう。

(21) 選叙令郡司条には「凡郡司、取下性識清廉堪二時務一者上為大領・少領、強幹聡敏工二書計一者為主政・主帳。其大領外従八位上、少領外従八位下叙之。〈其大領・少領、才用同者、先取二国造一。〉」とある。

(22) その場合、「国政」というのは但馬国の政務を指すとして、「国政取持」で但馬国造の任に就いたことを意味すると解釈することもできる。またその場合の根閑は、但馬国造と朝来評造を兼任していたということになる。

(23) なお、「神戸里」以下の最後の部分も難解であるが、「己」は「已」（すでに）の誤りであり、条里に基づく田と「野山林」を、すでに神戸里に切り分け奉ったという意味であろう。田中卓『日本国家の成立と諸氏族』（前掲）三五〇頁参照。

(24) なお、粟鹿神社所蔵の『田道間国造日下部足尼家譜大綱』には、「国造本紀」の船穂足尼を、彦坐王系譜にいう大多牟坂王の子としている。この点については、のちに再び取り上げることにしたい。

(25) 前掲注(9)参照。

(26) 『倭名類聚抄』に但馬国美含郡竹野郷がみえることからすると、「竹野」は但馬国内の地名である可能性も考えられるが、その場合も、「国造本紀」の多遅麻国造系譜に不自然さはないといえよう。

(27) 紅林怜「但馬君氏と但馬国の有力氏族」（前掲）八三頁に、この指摘がある。

(28) 『新撰姓氏録』右京皇別下の佐伯直条には、「景行天皇皇子稲背入彦命之後也。男御諸別命、稚足彦天皇〈諡成務〉御代、中二分針間国一給レ之。仍号二針間別一。男阿良都命〈一名伊許自別〉、誉田天皇為レ定二国堺一、車駕巡幸、到二針間国神崎郡瓦村東崗上一。于レ時青菜葉自二崗辺川一流下。天皇詔レ応二川上有一レ人也。仍差二伊許自別命一往問。（中略）伊許自別命以レ状復奏。天皇詔曰、宜二汝為一レ君治レ之。即賜二氏針間別佐伯直一。〈佐伯者所謂氏姓也。直者謂レ君也。〉爾後至二庚午年一、脱二落針間別三字一、偏為二佐伯直一。」とあり、「国造本紀」の針間国造条には、「志賀高穴穂朝、稲背入彦命孫伊許自別命定二賜国造一。」とある。

(29) 秋本吉郎校注『日本古典文学大系2　風土記』（岩波書店、一九五八年）三五四頁。

(30) 田中卓『日本国家の成立と諸氏族』（前掲）三六二～三六三頁。

(31) 『新撰姓氏録』山城国皇別に日下部宿禰を載せ、「開化天皇皇子、彦坐命之後也」とある。

(32) 前掲注(6)に同じ。

(33) 拙著三〇三〜三〇五頁。
(34) 拙著二九七〜三〇六頁ほか参照。
(35) 拙著四一四〜四二二頁ほか参照。

第四章　出雲臣とヤマト政権
——出雲地域の東と西——

はじめに

今日、出雲地域の古代史、とくに律令制成立以前（七世紀以前）を論ずるにあたっては、律令制下の意宇郡を中心とした出雲東部の勢力と、出雲郡・神門郡を中心とした出雲西部の勢力の二つが、中心的勢力として存在していたとみるのが普通である。この見解が、初めて明確に示されたのは、井上光貞「国造制の成立」[1]であった。井上は、ヤマト政権による出雲の平定とは西部の勢力の平定であり、それに協力した東部の勢力が、平定後に出雲国造に任命されたと説いた。国造制の成立を、ヤマト政権によるその地域の平定と解すること自体に問題はあるが、この井上の見解は、その後の出雲地域の古代史研究に大きな影響を与えた。東部の勢力と西部の勢力の相互関係、およびヤマト政権とそれぞれの勢力との関係をいかに解釈するかという点については、井上説と異なる見解も多く提示されたが[2]、今日においても、ヤマト政権と結んだ東部勢力による西部勢力の制圧という井上の見方を、大筋において継承する説[3]が有力である。近年の出雲地域における考古学研究の進展によってもたらされた知見[4]も、右の見方と整合性を持つものといってよい。

一方、律令制下（八世紀）の出雲国造には、代々「出雲臣」を姓とする人物が任命され、その出雲国造は代々意宇郡の大領を兼帯していた。律令制下の出雲国造出雲臣の一族が、東部の意宇郡を本拠としていたことは確実であろう。また、「出雲」（イヅモ）という地名が、本来は西部の簸川平野中央部、律令制下の出雲郡出雲郷付近を中心とした地域を指す名であったことも、ほぼ間違いないと思われる(5)。東部を本拠とする国造が、なにゆえ西部地域に由来する出雲の名をそのクニの名とし、そのウヂの名としたのか。古代出雲地域の政治的動向を論ずる場合、この点が論点の一つにされなければならない。

本稿では、記紀に伝える出雲の神宝献上伝承と、ホムツワケ皇子の伝承とを検討し、その上で、結論的にではあるが、右の点についての考えを述べることにしたい。

一　出雲の神宝献上伝承

『日本書紀』崇神天皇六十年七月己酉条には、ヤマト政権に対する出雲の服属を語ったとみられる記事がある。まずはそれを、いくつかの段落に分け、符号を付して引用しておこう（以下、本稿における『日本書紀』その他史料の引用は、日本古典文学大系本の書き下し文によるものとする）。

［Ⅰ］

①群臣に詔して曰はく、「武日照命《たけひなてる》〈一に云はく、武夷鳥《たけひなとり》といふ。又云はく、天夷鳥《あめのひなとり》といふ。〉の、天より将ち来れる神宝を、出雲大神の宮に蔵む。是を見欲し」とのたまふ。則ち矢田部造の遠祖武諸隅《たけもろすみ》〈一書に云はく、一名は大母隅《おおもろすみ》といふ。〉を遣して献らしむ。

②是の時に当りて、出雲臣の遠祖出雲振根《いずものふるね》、神宝を主れり。是に筑紫国に往りて、遇はず。其の弟飯入根《いひいりね》、則ち皇

命を被りて、神宝を以て、弟甘美韓日狭《うましからひさ》と鸕濡渟《うかづくぬ》とに付けて貢り上ぐ。

〔Ⅱ〕

③既にして出雲振根、筑紫より還り来きて、神宝を朝廷に献りつといふことを聞きて、其の弟飯入根を責めて曰はく、「数日待たむ。何を恐みか、輙く許しし」といふ。是を以て、既に年月を経れども、猶恨忿を懐きて、弟を殺さむといふ志有り。

④仍りて弟を欺きて曰はく、「頃者、止屋《やむや》の淵に多に萎《も》生ひたり。願はくは共に行きて見欲し」とふ。則ち兄に随ひて往く。

⑤是より先に、兄竊に木刀を作れり。形真刀に似る。当時自ら佩けり。弟真刀を佩けり。共に淵の頭に到りて、兄の、弟に謂りて曰はく「淵の水清冷し。願はくは共に游沐みせむと欲ふ」といふ。弟、兄の言に従ひて、各佩かせる刀を解きて、淵の辺に置きて、水中に沐む。乃ち兄先に陸に上りて、弟の真刀を取りて自ら佩く。後に弟驚きて兄の木刀を取る。共に相撃つ。弟、木刀を抜くこと得ず。兄、弟の飯入根を撃ちて殺しつ。

⑥故、時人、歌して曰はく、

や雲立つ　出雲《いづも》梟帥《たける》が　佩ける太刀　黒葛《つづら》多巻《さはま》き　さ身無しに　あはれ

⑦是に、甘美韓日狭・鸕濡渟、朝廷に参向でて、曲に其の状を奏す。則ち吉備津彦と武渟河別とを遣して、出雲振根を誅す。

〔Ⅲ〕

⑧故、出雲臣等、是の事を畏りて、大神を祭らずして間有り。

⑨時に、丹波の氷上の人、名は氷香戸辺《ひかとべ》、皇太子活目尊《いくめのみこと》に啓して曰さく、「己の子、小児有り。而して自然に言さ

く、

玉菨鎮石。出雲人の祭る、真種の甘美鏡。押し羽振る、甘美御神、底宝御宝主。山河の水沐る御魂。静挂かる甘美御神、底宝御宝主〈菨、此をば毛と云ふ。〉

是は小児の言に似らず。若しくは託きて言ふもの有らむ」とまうす。

⑩是に、皇太子、天皇に奏したまふ。則ち勅して祭らしめたまふ。

この物語は、［Ⅰ］出雲の神宝の献上（①②）、［Ⅱ］出雲フルネの誅殺（③〜⑦）、［Ⅲ］出雲大神の祭祀の再開（⑧〜⑩）、の三つの内容から構成されている。(6) まず、［Ⅰ］から検討したい。

出雲の神宝については、『日本書紀』垂仁天皇二十六年八月庚辰条にも、次のような記事がみえる。

天皇、物部十千根《とちね》大連に勅して曰はく、「屢使者を出雲国に遣して、其の国の神宝を検校へしむと雖も、分明しく申言す者も無し。汝親ら出雲に行りて、検校へ定むべし」とのたまふ。則ち十千根大連、神宝を校へ定めて、分明しく奏言す。仍りて神宝を掌らしむ。

ここに登場する物部十千根大連は、同じ垂仁紀の八十七年二月辛卯条の前半部分に、石上神宮の神庫に収められた神宝を管掌した人物とされ、「物部連等、今に至るまでに、石上の神宝を治むるは、是其の縁なり」と記されている。垂仁紀のこの二つの記事をあわせて考えるならば、トチネが出雲に派遣されて検校した神宝は、石上神宮に収められ、他の神宝とともにトチネが管掌したということになろう。

垂仁紀三十九年十月条によれば、石上神宮の神宝の中心は武器（剣）であるが、同八十七年二月辛卯条の後半部分には、丹波から献上された勾玉がいま石上神宮に収められているとあり、同八十八年七月戊午条には、新羅の王子のアメノヒホコが新羅から将来した神宝が「神府」（石上神宮の武器庫を指す）に収められたという話がみえる。なお、

後者のはじめの部分は、

群卿に詔して曰はく、「朕聞く、新羅の王子天日槍《あめのひほこ》、初めて来し時に、将て来れる宝物、今但馬に有り。元め国人の為に貴びられて、則ち神宝と為れり。朕、其の宝物を見欲し」とのたまふ。即日に、使者を遣して、天日槍の曾孫清彦《きよひこ》に詔して献らしめたまふ。

という記述になっており、崇神紀六十年条の①との類似が注目される。

もちろん、これらの記事を、そのまま事実と解釈することはできない。しかし、『日本書紀』天武天皇三年八月庚辰条に、

忍壁皇子を石上神宮に遣して、膏油を以て神宝を瑩かしむ。即日に、勅して曰はく、「元来諸家の、神府に貯める宝物、今皆其の子孫に還せ」とのたまふ。

とあることに示されるように、各地から献上された宝物が石上神宮に収蔵されていたことは事実であろう。天武三年（六七四）のこの措置については、石上神宮の武器庫から「諸氏の兵器を排して皇室の武器庫としての性格を徹せしめ、他方これによって上級貴族の武備を整えさせようとしたのであろう」との解釈もあるが[7]、服属を示す神宝を返還することによって、新たな神祇制度の整備をはかった措置とみる[8]のが妥当であると思う。

「Ⅰ」の神宝献上の話は、垂仁紀二十六年条の神宝検校の話とつながり具合が悪く、もともとは出雲からの神宝の献上という一つの話が、別々の記事に取り込まれた可能性が高い。各地域のなかからとくに出雲が取りあげられ、しかも二ヵ所の記事に現われるということは、当然ながら、記紀における「出雲神話」の存在、すなわち出雲を舞台としたオホクニヌシ（オホナムチ）による国作りの話や、皇孫への国譲りの話の存在、と対応したものと考えられる。

ここで問題にしたいのは、「Ⅰ」の神宝献上の話を、出雲の東部と西部のいずれの話とみるか、あるいは両者を合

わせた広義の出雲の話とみるかという点である。そしてその判断の基準は、ここにみえる「出雲大神の宮」をいかに解するかという点にある。

これについては、出雲郡の杵築大社と解するのが一般的であるが、出雲国造出雲臣の祖神である武日照命（武夷鳥・天夷鳥）が天から将来した神宝を蔵したのであるから、出雲臣の本拠地である意宇郡の熊野大社とみるべきであるとの説もある。(9) 武日照命は、『古事記』にアメノホヒの子の建比良鳥命とあり、出雲国造らの祖とされ（『日本書紀』では、アメノホヒを出雲臣の祖とする）、また「出雲国造神賀詞」には天夷鳥命とあり、出雲臣らの祖神であるアメノホヒの子で、大八島国の荒ぶる神々を平定し、その国を作ったオホナムチも鎮めたとされる。

熊野大社の祭神はクシミケノ、杵築大社の祭神はオホナムチであるが、「出雲国造神賀詞」によれば、出雲国造はクシミケノ・オホナムチをはじめ出雲国内の神々を潔斎して祭り、その神々の賀詞を天皇に奏上する、と述べられており、またその神々からのささげ物、みずからのささげ物として神宝を献上する、とも述べられている。オホナムチより先にまずクシミケノがあげられていることからも、出雲国造の本来の祭神は熊野大社のクシミケノとみてよいであろう。後にも述べるように、［Ⅰ］の話の原形が、アメノヒナトリ（あるいはアメノホヒ）を祖と称する出雲国造（東部を本拠とした勢力）の服属伝承である可能性は高い。

しかし、だからといってここにいう「出雲大神」を、クシミケノと解してよいかというと、それは疑問である。記紀の段階で「出雲大神」といえば、やはり「出雲神話」に登場するオホナムチを指すとみるのが自然であろう。［Ⅰ］において、神宝を管掌していたとされる出雲のフルネや、その留守に神宝を献上したとされる弟のイヒイリネらは、［Ⅱ］においては、出雲西部の人物として描かれているのであり、このことからも、「出雲大神の宮」を東部の熊野大社と解するのは不自然であるといえよう。ただ、フルネらが西部の人物として描かれていることを理由に、

「出雲大神」を、もともと西部の勢力が奉斎していた神（オホナムチの前身）とみるのも疑問である。

そこで次に、［Ⅱ］の出雲フルネ誅殺の話をみてみよう。これと同様の話は、『古事記』の景行天皇段にも、ヤマトタケルの征討物語の一環として次のようにみえている。

即ち出雲国に入り坐して、其の出雲建《いずもたける》を殺さむと欲ひて到りまして、即ち友と結りたまひき。故、竊かに赤檮以ちて、詐刀に作り、御佩と為て、共に肥河に沐したまひき。爾に倭建《やまとたける》命、河より先に上りまして、出雲建が解き置ける横刀を取り佩きて、「刀を易へむ。」と詔りたまひき。故、後に出雲建河より上りて、倭建命の詐刀を佩きき。是に倭建命、「伊奢刀合はさむ。」と誂へて云りたまひき。爾に各其の刀を抜きし時、出雲建詐刀を得抜かざりき。即ち倭建命、其の刀を抜きて出雲建を打ち殺したまひき。爾に御歌よみしたまひしく、

やつめさす　出雲建が　佩ける刀　黒葛多纏き　さ身無しに　あはれ

とうたひたまひき。故、如此撥ひ治めて、参上りて覆奏したまひき。

景行記では、ヤマトタケルがイヅモタケルを打ち殺した話になっているのであり、フルネもイヒイリネも登場しない。［Ⅱ］では、兄のフルネが弟のイヒイリネを打ち殺した話になっているが、両者に共通して載せられるイヅモタケルを嘲笑した歌からすると、［Ⅱ］は話のつじつまが合わない。歌との関係でいえば、景行記の話の方に整合性があることは明らかである。ただ［Ⅱ］においても、イヒイリネが殺害されたことを、その弟のウマシカラヒサと子のウカヅクヌが朝廷に報告し、キビツヒコとタケヌナカハワケが遣わされてフルネが誅されたというのであるから、出雲の平定を示す話ということでは同じである。また、その舞台は、［Ⅱ］では「止屋の淵」とあり、景行記では「肥河」とあるが、「止屋」は律令制下の神門郡塩冶郷に比定され、「肥河」は斐伊川であるから、「止屋の淵」は斐伊川の淵とみてよい。つまり両者とも、その舞台は同じであり、西部地域の斐伊川である。

このことから、両者の話の原形に、西部地域の平定伝承を想定することは可能であろう。しかし、後に述べるとおり、[Ⅱ]の話においては、「出雲神話」との対応から、斐伊川が舞台とされたと考える方が妥当と思われる。「出雲神話」において、国譲りの舞台とされているのは、いうまでもなく斐伊川流域である。

また、[Ⅱ]の話を、ヤマト政権に抵抗した西部の勢力と、それと結んだ東部の勢力との争い、あるいは西部地域内部での二つの立場の争い、といった何らかの事実を反映した話とみることも正しくないであろう。すでに指摘があるとおり(10)、そもそも兄弟の一方が従い一方が抵抗するという話は、神武天皇東征の際のエウカシ・オトウカシ兄弟やエシキ・オトシキ兄弟の話、景行天皇の筑紫巡幸に際してのエクマ・オトクマ兄弟の話など、記紀に数多く登場するのであり、それらが、個々の事実を反映した話でないことは明らかである。

次に[Ⅲ]の出雲大神の祭祀再開の話であるが、ここで出雲大神が小児に憑いて語った言葉というのは、もともとは玉・鏡などの出雲の神宝を称えた歌として伝えられていたものと考えられる。したがってこの歌は、もとは出雲大神の祭祀再開に関わるものとしてではなく、直接[Ⅰ]の神宝献上の話(その原形)と結びついていた可能性が高いと思う。

律令制下の出雲国造は、就任のたびごとに「神賀詞」を奏上し、玉・鏡、さらに白鳥などを献上したが、『延喜式』に伝えられるような神賀詞奏上儀礼が開始されたのは八世紀に入ってのことと考えられる(11)。出雲国造からの神宝の献上という行為は、それ以前に遡るとみて差し支えない。そしてそのようにみた場合、注意されるのは、出雲における玉作りの存在である。

玉の生産については、考古学上の知見から、六世紀中葉前後を境に、王権直属の玉作工房とみられる奈良県橿原市の曽我遺跡をはじめ、全国各地で玉の生産が行われなくなっていくなかで、出雲のみがその後も生産を続けることが指摘されている。これは、王権による玉生産の統制であり、王権に供給される玉の生産が、出雲の玉作りに限定されたことを示すものと考えられる。(12)出雲の玉作りは、六世紀中葉から忌部氏が管掌したとみるか、その当初は出雲国造の管掌下にあったとみるか意見は分かれるが、忌部氏による管掌が六世紀中葉に遡るとしても、出雲国造がそれと無関係であったとは考え難い。

出雲地域を含む西日本一帯に国造制が施行された時期は、磐井の乱後の六世紀中葉と考えられるが、(13)玉生産が出雲に限定されるのはちょうどこの時期である。出雲の玉作り集団は意宇郡内に所在したのであり、出雲の神宝献上の話（［Ⅰ］［Ⅲ］の話の原形）は、出雲国造に任命された東部の勢力による玉の貢上という事実に基づいて作成された話と考えてよいであろう。

また、この話に登場するウカヅクヌやウマシカラヒサの名については、出雲から貢上される神宝の玉や鏡を人格化した名とする説が(14)注目される。ウカヅクヌは、『先代旧事本紀』の「国造本紀」に、アメノホヒの十二世孫で初代出雲国造に任命された人物とあり、『新撰姓氏録』にも、アメノホヒの十二世孫で出雲臣の祖とされる人物である。つまり、ウカヅクヌやウマシカラヒサは、本来、東部地域の伝承（出雲国造出雲臣の伝承）に登場する人名（神名）であったと考えられるのであり、［Ⅱ］において、フルネ・イヒイリネ・ウマシカラヒサ・ウカヅクヌらが西部地域の人物として描かれているのは、「出雲神話」と対応させたためとみられるのである。［Ⅰ］に「出雲大神」（オホナムチ）を登場させ、神宝が「出雲大神の宮」（杵築大社）に所蔵されていたとしているのも、同じ理由によるものと考えられる。

崇神紀の神宝献上の話は、［Ⅱ］も含めて、本来、出雲国造に任命された東部地域を本拠とする勢力の服属伝承であったと考えられるのである。またそうであるならば、この話に登場する「出雲大神」を、西部勢力の奉斎していた神とみることができないのは明らかであろう。出雲の神宝は、東部勢力によって貢上されていたからである。

なお、『出雲国風土記』出雲郡建部郷条には、景行天皇の時代に「神門臣古禰」を建部と定めたという記事がみえ、この「神門臣古禰（フルネ）」は崇神紀の「出雲振根」と同一人物とみるのが普通である。ただ別人の可能性がないわけではなく、このことから、フルネがもとから西部地域の人物と伝えられていたと確定することはできない。風土記の記事は、崇神紀や景行記の話に基づいて作成された郷名説話ということも考えられるであろう。

二　ホムツワケ皇子の伝承

出雲とヤマト政権との関係を考える場合、『古事記』垂仁天皇段のホムツワケ皇子の伝承も検討課題となる。ここでもそれを、いくつかの段落に分けて引用しておこう。

①是の御子（ホムツワケ皇子）、八拳《やつか》鬚心《ひげむね》の前に至るまで真言《まこと》登《と》波《は》受《ず》。故、今高往く鵠《くくひ》の音を聞きて、始めて阿《あ》芸《ぎ》登《と》比《ひ》為たまひき。爾に山辺の䳂《おほたか》を遣はして、其の鳥を取らしめたまひき。故、是の人其の鵠を追ひ尋ねて、木国より針間国に到り、亦追ひて稲羽国に越え、即ち旦波国、多遅麻国に到り、東の方に追ひ廻りて、近淡海国に到り、乃ち三野国に越え、尾張国より伝ひて科野国に追ひ、遂に高志国に追ひ到りて、和《わ》那《な》美《み》の水門に網を張りて、其の鳥を取りて持ち上りて献りき。故、其の水門を号けて和那美の水門と謂ふなり。亦其の鳥を見たまはば、物言はむと思ほせしに、思ほすが如くに言ひたまふ事勿かりき。

②是に天皇患ひ賜ひて、御寝しませる時、御夢に覚して曰りたまひけらく、「我が宮を天皇の御舎の如修理めたまはば、御子必ず真言《まこと》登《と》波《は》牟《む》。」とのりたまひき。如此覚したまふ時、布《ふ》斗《と》摩《ま》邇《に》邇《に》占《うらな》相ひて、何れの神の心ぞと求

めしに、爾の祟りは出雲の大神の御心なりき。故、其の御子をして其の大神の宮を拝ましめに遣はさむとせし時、誰人を副へしめば吉けむとうらなひき。爾に曙立《あけたつ》王卜に食ひき。……即ち曙立王、菟上《うなかみ》王の二王を其の御子に副へて遣はしし時、……到り坐す地毎に品遅部を定めたまひき。

③故、出雲に到りて、大神を拝み訖へて還り上ります時に、肥河の中に黒き巣橋を作り、仮宮を仕へ奉りて坐さしめき。爾に出雲国造の祖、名は岐《き》比《ひ》佐《さ》都《つ》美《み》、青葉の山を餝りて、其の河下に立てて、大御食献らむとする時に、其の御子詔言りたまひしく、「是の河下に、青葉の山の如きは、山と見えて山に非ず。若し出雲の石硐《いはくま》の曾《そ》宮に坐す葦原色《あしはらし》許男《こを》大神を以ち伊《い》都《つ》玖《く》祝《はふり》の大廷か。」と問ひ賜ひき。爾に御伴に遣はさえし王等、聞き歓び見喜びて、御子をば檳榔《あぢまさ》の長穂《ながほ》宮に坐せて、駅使を貢上りき。

④爾に其の御子、一宿肥《ひ》長比《ながひ》売《め》と婚ひしましき。故、竊かに其の美人を伺たまへば、蛇なりき。即ち見畏みて、遁逃げたまひき。爾に其の肥長比売患ひて、海原を光して船より追ひ来りき。故、益見畏みて、山の多《た》和《わ》より御船を引き越して逃げ上り行でましき。

⑤是に覆奏言ししく、「大神を拝みたまひしに因りて、大御子物詔りたまひき。故、参上り来つ。」とまをしき。故、天皇歓喜ばして、即ち菟上王を返して、神の宮を造らしめたまひき。是に天皇、其の御子に因りて、鳥取部、鳥甘部、品遅部、大湯坐、若湯坐を定めたまひき。

①の話は、大人になっても話せなかったホムツワケが、鵠（白鳥）を見て声を発したので、天皇は山辺オホタカにその鳥の捕獲を命じ、オホタカは各地に追い、ようやく高志国で捕らえて献上したが、それを見てもホムツワケは話すようにはならなかった、というものである。

これに相当する話は、『日本書紀』の垂仁天皇二十三年条にみえ、そこでは、鵠の捕獲に遣わされたのは天湯河板挙（アメノユカハタナ）であり、捕らえた場所は出雲（ある人がいうには但馬）、献上された鵠を見てホムツワケは話せるようになった、とある。そして、「是に由りて、敦く湯河板挙《ゆかはたな》に賞す。則ち姓を賜ひて鳥取造と曰ふ。因りて亦鳥取部・鳥養部・誉津部を定む」と結んでいる。『日本書紀』と同じ話は、『新撰姓氏録』（右京神別上）の鳥取連条（鳥取造氏は天武十二年に連姓を賜う）にもみえ、そこでは、ユカハタナが鵠を捕らえたのは出雲国の宇夜江であったとされる。この話は、鳥取造（連）氏の始祖伝承（奉事根源譚）に基づく可能性が高いが、宇夜江は、『出雲国風土記』出雲郡健部郷条に「宇夜里」の名がみえ、斐伊川流域の地である。天平十一年（七三九）の「出雲国大税賑給歴名帳」によれば、出雲郡・神門郡に鳥取部臣・鳥取部首・鳥取部などの氏姓が分布しており、この地に鳥取部が置かれていたことは間違いない。鳥取部は各地に設置されたが、中央の伴造氏族である鳥取造（連）氏の伝承に、とくに出雲が登場するのは、やはり「出雲神話」の存在と関係するのであろう。八世紀の出雲国造の神賀詞奏上儀礼においても、白鳥が献上されている。

①の話は、もとは『日本書紀』や『新撰姓氏録』にいうように、話せなかったホムツワケが献上された鵠を見て話せるようになった、というものであったに違いない。垂仁記はそれを、②以下の話に接続するため、鵠を見てもなお話せなかった、と改変したのであろう。②以下の話の主旨は、ホムツワケが出雲に行き、出雲大神を拝したことにより話せるようになった、というものであるが、このような主旨になったのは、①の話の原形に、出雲大神の宮の造営の話を結びつけたためと考えられる。そして、ここにいう出雲大神は、③にみえるホムツワケの言葉に「葦原色許男大神」とあり、アシハラシコヲは記紀においてはオホクニヌシ（オホナムチ）の別名とされるのであるから、ここでもオホナムチを指していることは明らかである。したがって、出雲大神の宮は杵築大社ということになるが、杵築大社の造営に関しては、『日本書紀』斉明天皇五年（六五九）是歳条に次のように記されている。

是歳、出雲国造〈名を闕せり〉に命せて、厳神《いかしき》の宮を修《つく》らしむ[15]。狐、於友《おう》郡の役丁の執れる葛の木を嚙ひ断ちて去ぬ。又、狗、死人の手臂を言屋《いふや》社に嚙ひ置けり。〈言屋、此をば伊浮琊といふ。天子の崩りまさむ兆なり。〉

「厳神の宮」を熊野大社とする説もあるが、近年では杵築大社とするのが通説である。これを杵築大社の創建とするか、あるいは修造とするかは意見が分かれるが、垂仁記の話は、②に「天皇の御舎の如」き宮とあるように、右の「厳神の宮」の存在を前提として作られた話とみてよいであろう。

杵築大社の造営は、朝鮮半島情勢の緊迫に対処するための一大事業であったと考えられるが[16]、この事業によってはじめて「出雲神話」が作られたのか[17]、あるいは出雲を他界との結節点とする宗教的世界観はそれ以前からあり[18]、「出雲神話」の原形はすでに存在していたのか、定見を持てないでいる。しかし、杵築大社の造営は出雲国造に命じられているのであり、オホナムチの祭祀が、はじめから出雲国造（東部の勢力）に課せられたものであったことは確かであると思う。

一方、垂仁記のホムツワケ伝承には、出雲大神の宮（杵築大社）造営の話のほかにも、いくつかの話が組み込まれている。⑤の最後に述べられている鳥取部などの設置は、①の話の原形にあったものであるが、アケタツ王による品遅部の設置（②）、出雲におけるキヒサツミの食膳奉仕（③）、ヒナガヒメとの聖婚譚（④）などは、本来別の話であったものがここに組み込まれたものであろう。

③のキヒサツミは、ここでは「出雲の石硐の曾宮」の祝（ハフリ）とされるが、『出雲国風土記』出雲郡神名火山条には、「曾支能夜《そきのや》の社に坐す伎比佐加美高日子《きひさかみたかひこ》命の社、即ち此の山の嶺にあり。故、神名火山といふ」とあり、キヒサカミタカヒコはキヒサツミと同一人（神）、「石硐の曾宮」はソキノヤ社のことと考えられる。キヒサは出雲郡の神明火山（仏経山）周辺（斐伊川流域）の古地名であり、キヒサツミはその地の神（首長）を指す語である[19]。キヒサツ

ミによる食膳奉仕の伝承は、もとは出雲西部のキヒサ地域のヤマト政権への服属を示す話であったとみてよい。③でキヒサツミがアシハラシコヲ（オホナムチ）を祀ったとしているのは、本来の伝えを出雲大神の宮の造営の話に組み込んだためであろう。なお、キヒサツミがここで「出雲国造の祖」とされているのは、後に述べるように、ヤマト政権にとっては、東西両勢力が同族と認識されていたからと考えられる。

また、④のヒナガヒメは、その正体は蛇であったとあり、斐伊川を象徴するとみられるが、その女性との婚姻譚は、やはり、西部地域の服属を示す伝承の一つであろう。

前節でみたように、崇神紀の神宝献上伝承は、本来、東部地域の勢力（出雲国造出雲臣）の服属を示した伝承であり、フルネらが西部地域（斐伊川流域）の人物として描かれているのは「出雲神話」と対応させたためと考えられたのである。ただ、「出雲神話」において、スサノヲの降臨、オホナムチの国作り・国譲りの舞台が斐伊川流域とされるのには、それなりの理由がなければならない。すくなくとも、「出雲神話」が作られる以前に、斐伊川流域の勢力のヤマト政権への服属伝承は知られていたであろう。右のキヒサツミの話やヒナガヒメの話は、それに相当する話と考えられる。景行記のイヅモタケルの伝承も、「出雲神話」以前から存在していた可能性が高い。

つまり、東部地域の服属伝承（出雲国造出雲臣の服属伝承）とは別に、西部地域の服属を示す伝承が「出雲神話」以前から存在していたと考えられるのである。そしてそのように考えてよければ、改めて、ヤマト政権と最初に従属的関係を結んだのは西部地域の勢力であった、とする説が注意されるのである[20]。その説の根拠は、出雲国内でアガタの存在が確認できるのは西部地域（出雲郡）のみである（『出雲国風土記』出雲郡条に阿我多社・県社の名がみえる）という点にあるが、西部地域の服属伝承が別に存在していたと考えられることからも、この説は首肯されてよいであろう。出雲国内最古の前方後円墳とみられる大寺古墳（簸川平野をみおろす位置に造営）と、アガタの設置との関係を重視する説も示されている。[21] 東部勢力の首長が出雲国造に任命される以前に、西部地域にアガタが設置されたことは事実と認めてよいと思う。

三　出雲国造のクニとイヅモ

以上、崇神紀の神宝献上伝承と、垂仁記のホムツワケ伝承について検討してきた。それでは、なにゆえ東部地域（意宇郡）を本拠とする国造が、西部地域（出雲郡・神門郡）に由来する出雲（イヅモ）の名を称したのであろうか。イヅモの名については、斐伊川の淵に自生する川藻が神聖視され「厳藻（イツモ）」と呼ばれたことに由来する、とする説[22]が妥当と思われるが、このことからも、イヅモの地名が本来、西部地域の名であったことは認められるであろう。

まず、国造のクニは、ヤマト政権の行政区という性格の強いものであり、国造制の施行にあたっては、そのクニの境界がヤマト政権によって定められたと考えられる。[23] また、クニの名も、ヤマト政権によってつけられたとみて間違いない。このことは、『日本書紀』大化二年八月癸酉条の「国司発遣詔」に、「国国の壃堺を観て、或いは書にしるし或いは図をかきて、持ち来りて示せ奉れ。国県の名は、来む時に将に定めむ」とあることによく示されている。この命令は、令制国の画定が実際に行われたのは天武朝末年のことと考えられるから、[24] 実質的には国造のクニの再編を指すものとみてよい。

出雲国造のクニの範囲は、律令制下の出雲国の範囲にほぼ相当する（すくなくとも、中心的な勢力が存在した東部地域と西部地域はそのなかに含まれていた）と推定されるが、ヤマト政権の側に、東部地域の首長を国造に任命する以前から、すでに東部地域を含む範囲をイヅモとする認識があったのか、あるいは国造を任命した際にはじめてクニの名にイヅモを採用したのかは不明である。しかし、いずれにしても広義のイヅモの名は、西部地域（狭義のイヅモ）が最初にヤマト政権に認識されたことによってつけられた名と考えてよいであろう。西部の勢力が東部に移動したためとする見方もあるが、(25)なぜ移動したのか、説得力のある説明はなされていないと思う。

国造のカバネは、一般的には直であるから、東部地域の首長が臣のカバネを称するのは、国造に任命される以前からヤマト政権と従属的な関係を有し、臣のカバネを称していたからと考えられる。出雲国造に任命された人物は、その職（地位）を示す称号として、ヤマト政権から「クニの名＋カバネ」すなわち「出雲臣」という呼称を与えられたのである。したがって「出雲臣」は、もともとは国造個人を指す称号であって、それが一族の氏姓となるのは、庚午年籍作成（六七〇年）以降である。ただ臣のカバネについていえば、出雲国造出雲臣の一族（そのようにヤマト政権によって認識された一族）は、それを称したとみてよい。松江市岡田山一号墳出土の大刀銘に「額田部臣」の呼称がみえるのは、そのことを示すものと考えられる。なお、国造は世襲制の強い職であり、庚午年籍以前から、その一族（いまだその範囲をヤマト政権は掌握していないが）の一部が、「出雲臣」を称した可能性は否定できない。

一方、西部地域の勢力の後裔氏族とみられるのは、出雲郡の郡領氏族である日置臣氏や、神門郡の郡領氏族である神門臣氏であるが、これらの氏もまた、臣のカバネを称している。ヤマト政権の側からは、東部の勢力と西部の勢力は同族とみなされていたのであり（『新撰姓氏録』によれば、神門臣（右京神別上）も、ウカヅクヌを祖としている）、垂仁記に西部地域の首長であるキヒサツミが「出雲国造の祖」とされているのも、そのことによると考えられる（ただし、キヒサツミを祖とした氏族は、日置臣氏でも神門臣氏でもなく、「出雲国大税賑給歴名帳」にみえる出雲郡の出雲積氏であろう）。

そして、臣のカバネが国造任命以前に遡ることと、西部地域がまずヤマト政権と従属的関係を結んだこととを考えあわせるならば、東西両地域の勢力を同族とするヤマト政権の認識は、国造制施行以前から存在していた可能性が高いと考えられる。東部地域の首長を国造とするクニがイヅモと名づけられた理由としては、この点も考えられてよいであろう。ヤマト政権が、いずれかの勢力と結んで一方を制圧したというような事実は、想定し難いのである。

なお、『日本書紀』顕宗天皇即位前紀に載せられる室寿詞に、「出雲は新墾」の表現がみえるが、これについては、仁徳天皇即位前紀に倭屯田の屯田司として「出雲臣の祖」の「淤宇《おう》宿禰」が登場することと関連させて理解するのがよいと思う。オウノスクネは、出雲東部（後の意宇郡）からヤマトに移住した一族（畿内の出雲臣）によって祖と伝えられていた人物であろう。

注

（1）井上光貞「国造制の成立」（『史学雑誌』六〇―一一、一九五一年）。

（2）原島礼二「古代出雲服属に関する一考察」（『歴史学研究』二四九、一九六一年）。門脇禎二『出雲の古代史』（日本放送出版協会、一九七六年）。八木充「古代出雲の杵築と意宇」（『日本書紀研究』一五、一九八七年）。前田晴人『古代出雲』（吉川弘文館、二〇〇六年）など。

（3）高嶋弘志「出雲国造の成立と展開」（『古代王権と交流7　出雲世界と古代の山陰』名著出版、一九九五年）。同「出雲大社の創建と出雲国造」（『出雲古代史研究』一六、二〇〇六年）。森公章「出雲地域とヤマト政権」（『新版古代の日本④　中国・四国』角川書店、一九九二年）。平石充「出雲西部地域の権力構造と物部氏」（『古代文化研究』一二、二〇〇四年）など。

（4）渡辺貞幸「山代・大庭古墳群と五・六世紀の出雲」（『山陰考古学の諸問題』山本清先生喜寿記念論文集刊行会、一九八六年）。出雲考古学研究会編『石棺式石室の研究』（同会、一九八七年）。大谷晃二「上塩冶築山古墳をめぐる諸問題」（『上塩冶築山古墳の

研究』島根県古代文化センター、一九九九年）など。

（5）最近、簸川平野中央部（斐伊川流域）を出雲西部ではなく、東部勢力と西部勢力の境界領域とみる説も示された。森田喜久男「「神々の国、出雲」再考」（『日本海域歴史大系　第二巻古代篇Ⅱ』清文堂、二〇〇六年）。しかし、出雲郡と神門郡の地域の一体性は強く、通説に従ってよいと思う。

（6）菊地照夫「出雲国造神賀詞奏上儀礼の意義」（『古代王権と交流7　出雲世界と古代の山陰』前掲）。ただし、菊地の段落分けとは多少の違いがある。

（7）日本古典文学大系『日本書紀　下』四一六頁頭注一。

（8）高嶋弘志「出雲国造の成立と展開」（前掲）。

（9）日本古典文学大系『日本書紀　上』二五一頁頭注一六。平野邦雄「出雲大神と出雲国造」（『古代文化研究』三、一九九五年）など。

（10）平野邦雄「出雲大神と出雲国造」（前掲）。

（11）拙稿「出雲国造神賀詞奏上儀礼小考」（『日本常民文化紀要』二三、二〇〇三年。本書第二部第五章）。

（12）菊地照夫「ヤマト王権の宗教的世界観と出雲」（『出雲古代史研究』七・八合併号、一九九八年）。同「出雲国忌部神戸をめぐる諸問題」（『祭祀と国家の歴史学』塙書房、二〇〇一年）など。

（13）拙著『日本古代国造制の研究』（吉川弘文館、一九九六年）。

（14）菊地照夫「出雲国造神賀詞奏上儀礼の意義」（前掲）。

（15）日本古典文学大系本は、この部分を「神の宮を修厳《つくりよそ》はしむ」と読むが、「厳神の宮を修らしむ」と読む説に従う。岡田精司「記紀神話の成立」（『岩波講座日本歴史　古代2』岩波書店、一九七五年）。

（16）高嶋弘志「出雲国造の成立と展開」（前掲）。

（17）同右。

（18）菊地照夫「ヤマト王権の宗教的世界観と出雲」（前掲）。

（19）高嶋弘志「ホムツワケ伝承の成立とキヒサツミ」（『日本古代の伝承と東アジア』吉川弘文館、一九九五年）。

(20) 八木充「古代出雲の杵築と意宇」（前掲）。
(21) 内田律雄「原始・古代の出雲」（『古代を考える　出雲』吉川弘文館、一九九三年）。
(22) 水野祐『出雲国風土記論攷』（早稲田大学古代史研究会、一九六五年）。
(23) 拙著『日本古代国造制の研究』（前掲）。
(24) 大町健『日本古代の国家と在地首長制』（校倉書房、一九八六年）。
(25) 八木充「古代出雲の杵築と意宇」（前掲）。前田晴人『古代出雲』（前掲）など。

第五章　出雲国造神賀詞奏上儀礼小考

はじめに

出雲国造による「神賀詞」奏上儀礼については、国造の代替わりごとに行われる新任国造の天皇に対する服属儀礼である、と解するのが一般的である。(1)筆者もまた、その立場から、かつて次のように述べたことがある。(2)

出雲国造の「神賀詞」奏上儀礼は、本来、全国の国造によってその代替わりごとに行われていた大王（天皇）に対する服属儀礼を、国造制が廃止された後も、出雲国造をその代表ないし象徴として行われたものであったと考えられる。また出雲国造は、その服属儀礼を繰り返し行う存在として、律令国家によってとくに存続させられた国造と考えられる。

しかし近年、「神賀詞」奏上儀礼を服属儀礼とする見方に対する疑問も、提示されてきている。大浦元彦氏は、「神賀詞」奏上は天皇即位と不可分の関係にあったとし、その儀礼は、服属儀礼というよりもむしろ、天皇の即位を祝い、その御世の平安を祈る即位儀礼の一環とみるべきであるとされる。(3)また菊地照夫氏は、「神賀詞」奏上儀礼の本質は玉・剣・鏡の献上にあったとし、それは天皇に霊威を付与するタマフリ的儀礼であったとされている。(4)

小稿では、これらの見解に学びつつ、改めて「神賀詞」奏上儀礼の持つ意味について考えてみることにしたい。

一　「神賀詞」奏上儀礼と「神賀詞」の内容

『延喜式』巻十一太政官国造条、同巻三神祇三臨時祭負幸条・寿詞条などによれば、出雲国造新任の際の儀式は、およそ次のとおりである。

まず、太政官曹司庁において国造任命の儀式が行われ、新任の国造はその後、神祇官庁で負幸物（金装横刀一口、糸二十絢、絹十疋、調布二十端、鍬二十口）を賜って帰国する。そして一年間の潔斎を終え、国司に率いられて祝・神部・郡司・子弟らとともに再び上京し、献上物（玉六十八枚——赤水精八枚、白水精十六枚、青石玉四十四枚——、金銀装横刀一口、鏡一面、倭文二端、白眼鴾毛馬一疋、白鵠二翼、御贄五十舁）を奉り、吉日を卜して「神賀詞」を奏上する。その時、国造以下上京の人々に禄が下賜される。国造は、その後また帰国し、さらに一年間の潔斎を終えて三たび上京し、前年と同じ儀式に従い再度「神賀詞」を奏上する。

こうした儀礼は、あくまで『延喜式』段階（十世紀初頭）のものであるが、その段階の「神賀詞」も、『延喜式』巻八神祇八祝詞国造神賀条に残されている。その内容は、岡田精司氏の述べられるとおり(5)、「奏」で終わる三段からなり、その中段はさらに三つの内容から構成される。

第一段

出雲国造が、大八島国を統治する天皇の御世を斎うとして、熊野のクシミケノ、杵築のオホナムチをはじめ出雲国内の官社一八六社の神々を潔斎して祭り、その神々の賀詞を天皇に奏上する、と奏する。

第二段

(A)タカミムスヒの命令により、皇孫に大八島国の統治を委任するにあたり、出雲国造の遠祖のアメノホヒが高天原から遣わされ、さらにその子のアメノヒナトリが遣わされて大八島国を平定し、その国を作ったオホナムチも鎮めて、皇孫への大八島国の統治の委任を実現させた。

(B)そこでオホナムチは、自身の和魂と子の神々とを皇孫の近き守神として大和に鎮座させ、自身は杵築に鎮まった。

(C)カムロキ・カムロミがアメノホヒに天皇の御世を斎い幸いまつれと命じたことに因んで、出雲国造が、神からのささげ物・みずからのささげ物として神宝を献止する、と奏する。

第三段

献上する神宝にたとえて天皇の御世をたたえ、その平安を願い、その神宝を献上して「神賀詞」を奏上する、と奏する。

この「神賀詞」の内容についてまず注意される点は、第二段(A)(B)部分が、『古事記』『日本書紀』(記紀)の国譲り神話と対応するという点である。両者には違いもあり、記紀の伝えの中にもいくつかの異伝があるが、いずれもその主旨は、大八島国(葦原中国)の地主神であるオホナムチ(オホクニヌシ)が皇孫(天神の子)にその国の統治権を譲り渡したということであり、その国譲りの舞台が出雲であったということである。ここにいうオホナムチ(オホクニヌシ)は、全国各地のクニグニにおいて祭られていた各クニヌシの代表、ないし象徴的存在としてのオホクニヌシであろう。

岡田精司氏は、国譲り神話について、その前身として、宮廷新嘗祭に諸国語部による「古詞」の奏上が国造ごとに個別に行われていた段階が想定されるとし、その「古詞」奏上は国造の服属の宗教的表現であったが、その「古詞」

を統合して地方首長の象徴としてオホクニヌシを作り上げたのが国譲り神話であると述べられている(6)。国譲り神話が出雲の側のものではなく、大和の王権（中央政権）によって作られた物語であることは間違いないであろうし、そもそもそれは、各地の首長の服属を象徴する物語として作られたと考えられるのである。「神賀詞」の内容が、国譲り神話に対応するものである以上、その奏上儀礼には、やはり服属儀礼としての性格を考えるのが妥当であろう。

また、「神賀詞」の第二段Ⓒと第三段の内容が、『日本書紀』崇神天皇六十年条に記す出雲の神宝献上の物語と対応していることも明らかである。そして通常は、この物語も服属を意味するものと解されている。

それに対して菊地照夫氏は、神宝献上の物語は天皇に霊威を付与するタマフリ的な意味を持つものとされるのであり、それに対応した「神賀詞」の奏上儀礼も、それと同様の意味を持ったものであり、出雲国造の天皇への服属を意味する儀礼ではないと説かれるのである。菊地氏がそのように説かれる主な理由は、出雲の神宝は、国譲りの際にアメノヒナトリが高天原から将来した宝器であり、もともと王権の側の宝器であって、地方の首長が服属の証として献上する宝器とは性格を異にする、という点にある(7)。

しかし、神宝献上物語においても、その神宝は、出雲国造の祖であるアメノヒナトリによって将来されたものとされるのであり、それは、国譲り神話におけるオホクニヌシと同様、各地の首長の宝器を代表・象徴する宝器として作られたものとみてよいであろう。出雲国造による神宝の献上に、天皇に霊威を付与するという意味のあることは菊地氏の説かれるとおりであろうし、「神賀詞」奏上儀礼が王権によって作られた宗教的世界観に基づいて行われたことも、菊地氏の説かれるとおりであろう。ただそのことは、「神賀詞」奏上儀礼が服属を意味する儀礼であることを、否定するものではないと思う。むしろ、天皇への服属を示すのにあたり、天皇に霊威を付与する意味を持った神宝献上を行い、その神宝にたとえて天皇をたたえ、その御世をたたえる賀詞を奏するのは、当然のことのように思われる。

「神賀詞」の第二段(C)と第三段の内容も、その奏上儀礼が、出雲国造を代表ないし象徴的存在として行われた服属儀礼であることをよく示していると考えられるのである。

「神賀詞」の内容について、いま一つ注意したい点は、第一段においては、第二段とは異なり、出雲国造の斎祭する神の名として、オホナムチよりも先にクシミケノの名があげられている点である。クシミケノは出雲国造の本拠地である意宇郡の熊野に鎮座する神であり、第一段の内容は、出雲国造が、そのクシミケノをはじめとして国内一八六社の神々を斎祭し、その賀詞を奏上するというものである。『延喜式』段階の「神賀詞」では、出雲国造の斎祭するのは国内官社の「皇神」とされているが、本来この第一段は、出雲国造が国内のすべての神々を斎祭して天皇に仕える旨を述べたものとみることができよう。

つまり、第一段の内容は、出雲国造が一国造として行う服属儀礼に対応した内容と考えられるのであり、「神賀詞」全体の内容は、一国造としての出雲国造の服属と、全国の国造を代表ないし象徴する存在としての出雲国造の服属との、二重の意味を持った内容といえるのである。

二 「神賀詞」の成立

次に、「神賀詞」の成立時期の問題であるが、『延喜式』の「神賀詞」については、上田正昭氏の指摘されるとおり、(8)天平宝字八年(七六四)から天安元年(八五七)の間と考えるのが妥当であろう。上田氏は、「神賀詞」にいう出雲国内の官社数一八六社は、天平五年(七三三)成立の『出雲国風土記』にいう一八四社より二社多く、『延喜式』神名帳の一八七社より一社少ないことから、その中間の成立と考えられるとし、さらに『出雲国風土記』から『延喜式』

の間に増加した三社のうち、天穂日命神社が官社となったのは天安元年であり、[9]他の二社も山陰道諸国の諸例からそれ以前の官社化と推定されるとして、天安元年以前に限定できるとされる。また「神賀詞」第二段Ⓑ部分には、アジスキタカヒコネを葛木の鴨の神奈備に鎮座させたとあるが、アジスキタカヒコネが高鴨神として改めて葛城山麓にまつられたのは天平宝字八年のことであり、[10]「神賀詞」の成立はそれ以降である可能性が高いとされるのである。

もちろんこの成立年代は、『延喜式』段階の「神賀詞」についてのものであり、「神賀詞」そのものの成立は、少なくとも霊亀二年（七一六）まではさかのぼることができる。『続日本紀』霊亀二年二月丁巳条には、出雲国造果安による「神賀事」奏上の記事があり、これが「神賀詞」奏上記事の初見である。

「神賀詞」そのものの成立時期について、武田祐吉氏の次の指摘は説得的である。[11]すなわち武田氏は、「神賀詞」第二段Ⓑ部分に、オホナムチが皇孫の近き守神としてみずからの和魂を大御和、アジスキタカヒコネを葛木の鴨、コトシロヌシを宇奈提、カヤナルミを飛鳥に鎮座させたとあるのは、その地理的な配置からして、飛鳥京（六七二年～六九四年）または藤原京（六九四年～七一〇年）の時代の成立と推測できるとされるのである。また西宮一民氏は、カヤナルミが飛鳥とあることに注目し、その成立はさらに天武朝に限定できるとされる。[12]

また「神賀詞」第二段Ⓐ部分の国譲り神話と記紀のそれとの比較から、「神賀詞」を記紀よりも古いとする説もある。[13]記紀では、国譲りのために最初に遣わされたアメノホヒがオホナムチに媚びて三年たっても復命しなかったとするのに対し、「神賀詞」では復命したとしているのは、大きな違いである。この点と、国譲りの司令神を「神賀詞」がタカミムスヒとしている点とを考え合わせるならば、たしかに、「神賀詞」の方が古いとする説は妥当のように思われる。

しかし、「神賀詞」でアメノホヒが復命したとするのは、アメノホヒを祖と伝える出雲国造側の主張とみることもできるであろうし、『延喜式』の「神賀詞」における表現ではあるが、アメノホヒの子のアメノヒナトリがオホナムチを「媚鎮」（媚び鎮めた）としているのも、記紀にアメノホヒがオホナムチに媚びたとあるのを受けての表現とみることもできよう。[14]また、司令神がタカミムスヒであるという点も、必ずしも古さを示すものとは断言できない。『古事記』では司令神はアマテラスとタカミムスヒであり、『日本書紀』の本文および第二・第六の一書ではタカミムスヒ、第一の一書ではアマテラスである。

一方、「神賀詞」全体をみるならば、第一段で「神賀詞」を奏上すると述べ、第二段Ⓐ・Ⓑでアメノホヒ・アメノヒナトリ（出雲国造の祖）の功績を述べ、Ⓒでそれに因んで神宝を献上すると述べ、第三段でその神宝にたとえて天皇の御世をたたえた「神賀詞」を奏上しているのであるから、その中心が第三段にあることは明らかである。そして先に述べたとおり、その第三段（および第二段Ⓒ部分）は、『日本書紀』崇神天皇六十年条の神宝献上の物語と対応しているのであるが、神宝献上の物語は、『古事記』にはなく『日本書紀』にのみみえる物語なのである。この点は、「神賀詞」の中心部分、さらにいえば「神賀詞」そのものが、『古事記』よりも新しいことを示しているのではなかろうか。

もちろんこのことは、「神賀詞」の成立が『古事記』の撰上された和銅五年（七一二）よりも後のことであると主張するものではない。ここでいいたいのは、「神賀詞」の成立を『古事記』の原形の成立した天武朝までさかのぼらせるのは疑問ではないかということである。『古事記』の原形（原『古事記』）の成立を天武天皇十年から十三年頃とし、それは天皇の命を受けたある人物によって強固に統一された構想と理念をもって創作された書物であると説く川副武胤氏は[15]、「神賀詞」については、『古事記』の構想との類似性を指摘するとともに、カヤナルミに注目し、原『古事記』よりも新しい藤原京の時代の成立とされる。[16]妥当な見解であると思う。

さて、「神賀詞」の成立を藤原京の時代とみるのが妥当とするならば、その時期は、国造制の廃止が決定された天武朝末年よりも後のことであり、しかもそこからさほどくだっていない時期ということになる。国造制の廃止の決定を、天武朝末年の国境画定事業による令制国の成立に求めるのは私見にすぎないが(17)、「神賀詞」の成立が右の時期に求められるとすれば、それは逆に右の私見を支えるものとも考えられるのである。

「神賀詞」が国譲り神話と対応することは先にも述べたが、岡田精司氏によれば、国譲り神話は国造制の廃止と対応した神話であるとされる(18)。そしてその国譲り神話の成立時期については、岡田氏の見解も含めて、天武朝に求めるのが一般的なのである。つまり、国譲り神話が作られたことによって、出雲が国譲りの舞台という特殊な地域となり、それゆえ出雲国造のみが、国造制廃止後も、とくに存続を認められた、という情況が考えられるのである(19)。その結果、出雲国造は旧来の国造を代表ないし象徴する存在として、天皇に対する服属を表することとなり、「神賀詞」が作られ、その奏上儀礼が行われるようになった、という過程が想定できるのである。

なお岡田氏は、国譲り神話において出雲がその舞台とされたのは、出雲が荒ぶる神の世界として認識されていたからであり、出雲国造による「神賀詞」奏上が行われていたからであるとされるが(20)、「神賀詞」奏上については、右に述べてきたとおり逆ではないかと思う。出雲が荒ぶる神の世界として認識されるようになるのは、少なくとも斉明朝の段階、すなわち『日本書紀』斉明天皇五年（六五九）是歳条に、出雲国造に命じて厳神の宮を修造させたとある段階までは、さかのぼることが可能であろう。しかし「神賀詞」は、国譲り神話や神宝献上の物語が作られた後に、それらに基づいて作られたものと考えられるのである。

三　「神賀詞」奏上儀礼の成立

次に、「神賀詞」奏上の事例から、その奏上儀礼の成立事情について考えてみたい。次の表は、各国造による奏上年、国造の任命年、さらに天皇の即位年とを対照させた表である。

この表に掲げた事例と、『延喜式』に記される「神賀詞」奏上儀礼とでは、その内容に異なった点が多い。『延喜式』に記される儀礼の成立過程については、瀧音能之氏の研究がある。[21]

瀧音氏は、儀礼における天皇の臨席の有無、奏上の場所、授位・賜禄の内容、出雲からの上京の人数、献上物の内容等を比較検討した上で、果安・広嶋の時期を揺籃期、弟山から国成までを発展期、人長から豊持までを完成期とされる。また、豊持の後、奏上記事がみえなくなるのは、儀礼が行われなくなったためではなく、それが完備化されたためであるとし、果安以前に記事がないことについては、実際にいまだ奏上儀礼が成立しておらずに行われていなかったためであるとされている。

ここで問題にしたいのは「神賀詞」奏上の初例であるが、果安から豊持にいたる国造のほとんどすべてに奏上記事が残されていることからすれば、瀧音氏のいわれるとおり、果安の例を初例とみるのが妥当であろう。『出雲国造系図』によれば、[22]人長と門起との間にもう一人国造千国がいたとされるが、それが信頼できるとするならば、『類聚国史』に載る延暦二十年閏正月戊寅条の奏上記事には国造名がなく、その奏上を千国によるものとみることができる。ただその場合は、門起による奏上の記事がみえないことになる。また、『出雲国造系図』にいう千国の国造と、延暦二十二年の門起の国造任命[23]が信用できないとするならば、国造名のない延暦二十年の奏上は、門起による奏上という

国造名	「神賀詞」奏上年・月・日	国造任命年・月・日	天皇即位年・月・日〔天皇名〕
果安	霊亀二(七一六)・二・十	和銅元(七〇八)	霊亀元(七一五)・九・二〔元正〕
広嶋	神亀元(七二四)・正・二十七 神亀三(七二六)・二・二	養老五(七二一)	神亀元(七二四)・二・四〔聖武〕
弟山	天平勝宝二(七五〇)・二・四 天平勝宝三(七五一)・二・二十二	天平十八(七四六)・三・七	天平勝宝元(七四九)・七・二〔孝謙〕 天平宝字二(七五八)・八・一〔淳仁〕
益方	神護景雲元(七六七)・二・十四 神護景雲二(七六八)・二・五	天平宝字八(七六四)・正・二十	天平宝字八(七六四)・十・九〔称徳〕 宝亀元(七七〇)・十・一〔光仁〕
国上		宝亀四(七七三)・九・八	天応元(七八一)・四・三〔桓武〕
国成	延暦四(七八五)・二・十八 延暦五(七八六)・二・九	延暦元(七八二)	

人長	延暦十四（七九五）・二・二十六 延暦二十（八〇一）・閏正・十六	延暦九（七九〇）・四・十七	
門起		延暦二十二（八〇三）	大同元（八〇六）・五・十八〔平城〕 大同四（八〇九）・四・十三〔嵯峨〕
旅人	弘仁二（八一一）・三・二十七 弘仁三（八一二）・三・十五	弘仁元（八一〇）	弘仁十四（八二三）・四・二十七〔淳和〕
豊持	天長七（八三〇）・四・二 天長十（八三三）・四・二十五	天長三（八二六）・三・二十九	天長十（八三三）・三・六〔仁明〕

※果安・広嶋・国成・門起・旅人の国造任命年は『出雲国造系図』による。
他は、『続日本紀』『日本後紀』『続日本後紀』『類聚国史』による。

ことになろう。国上についての奏上記事がないのは、『続日本紀』に記事として載せられなかったからと解するほかはないが、いずれにせよ、果安から豊持にいたる十代（ないし十一代）のうち、九代の国造の奏上記事がみえるのである。果安以前に「神賀詞」奏上が行われていたならば、おそらくその記事も、『続日本紀』（あるいは『日本書紀』）に載せられていたであろう。

それでは、果安は国造就任の直後に、新任国造として「神賀詞」奏上を行ったのであろうか。果安の国造任命記事は『続日本紀』になく、その正確な年代はわからない。ただ、『出雲国造系図』には和銅元年（七〇八）の国造任命と伝えており、これによれば、果安は就任八年後に奏上したことになる。『出雲国造系図』の国造任命年には疑問もあるが、『続日本紀』に記事があり任命年のはっきりしている弟山の場合は、就任四年後の奏上であり、同じく益方の場合は三年後、人長の場合は五年後、豊持の場合は四年後の奏上である。いずれも就任直後のことではなく、『延喜式』では国造任命後一年の潔斎を終えての奏上とされているが、八、九世紀の段階では、明らかにそのようにはなっていないのである(24)。

果安の奏上時期についても、国造就任にともなうその直後ではなかった可能性が高いのであり、それについては、大浦元彦氏の指摘のとおり、元正天皇の即位と関連づけて考える方がよいであろう。次の広嶋による奏上が、聖武天皇の即位の直前と、その二年後の二回であることも注意されなければならないし、次の弟山の場合も、孝謙天皇即位の翌年・翌々年の奏上である。ただ大浦氏は、他の国造による奏上も、天皇の即位と不可分の関係にあるとし、「神賀詞」奏上儀礼を即位儀礼の一環とされるのであるが、淳仁・光仁・平城各天皇の即位に対応した「神賀詞」奏上は行われておらず、淳和天皇の場合も即位後七年を経過した後の奏上である。八世紀前半の果安・広嶋・弟山の場合を除いては、天皇即位と「神賀詞」奏上との対応関係は認められないといってよい。

八、九世紀段階の「神賀詞」奏上は、各国造の就任直後に行われてはいなかったのであるが、やはり、各国造ごとに行われた儀礼であったと考えるべきであろう。各国造による奏上が、ほとんどの場合、就任後三年以上を経過した後に行われていることについては、アメノホヒが三年たっても復命しなかったという記紀の国譲り神話に合わせたものである、との見方も示されている(25)。

一方、大浦氏が、「神賀詞」の奏上儀礼と、大宝二年（七〇二）二月に大幣を班つために国造らが京に召集され(26)、その翌月に大祓が行われるとともに畿内七道諸社に対して幣帛が頒けられていることとの類似性を指摘し、大宝二年以降、国造らの召集がみえなくなるのは、「神賀詞」奏上儀礼が行われるようになったからである、と説かれている点はそのとおりであると思う。大宝二年の国造らの召集が二月であり、「神賀詞」の奏上もほとんど二月に行われていることは、大浦氏の指摘のとおり、両者が無関係ではないことを示している。また、大宝二年三月の大祓の前日に、中臣意美麻呂や忌部子首らに対する叙位が行われているのは、大祓の執行にかかわった者への叙位と考えられるが、そのうちの一人である忌部子首は、その後、和銅元年（七〇八）に出雲守に任命された人物である。果安による「神賀詞」奏上は、この忌部子首の出雲守在任中のことであり、また『出雲国風土記』には、意宇郡内に忌部神戸が設置されたとあり、その忌部神戸と「神賀詞」奏上儀礼との関係を示す記事もみえる。果安による「神賀詞」奏上に、出雲守の忌部子首が大きな役割を果したであろうことも、大浦氏の説かれるとおりと考えられる。[27][28][29][30]

「神賀詞」奏上儀礼における忌部子首の存在を重視する説は、大浦氏以前にも門脇禎二氏によって唱えられているが、門脇氏は、「神賀詞」の奏上は以前から行われていたとし、それが整えられたのが、忌部子首と果安の談合によるものとされている。しかし先に述べたように、果安の奏上は「神賀詞」奏上の初例とみるべきであり、忌部子首の出雲守在任中（七〇八～七一六年）に「神賀詞」が作られたとするならば、それは、「神賀詞」の内容が藤原京の時代（六九四～七一〇年）のものと考えられるという点とも矛盾しないのである。[31]

ただし、「神賀詞」奏上儀礼は、忌部子首や果安の個人的な意向によって作られたのではなく、あくまで律令国家の政策・方針に基づいて作られたものとみるべきであろう。天武朝末年に国造制の廃止が決定されたといっても、それはその時の現任国造を解任するという形で行われたのではなく、現任の国造はその一代に限りそのまま国造として認め、その死後は後任を任命しないという方法で廃止されていったと考えられるのであり、大宝二年二月に召集され[32]

た国造らも、国造制廃止が決定された後の、その「生き残りの国造」とみられる国造である[33]。

出雲国造に関していうならば、大宝二年当時の国造は、果安の一代前の国造であったとみてよく、果安は、国造制の廃止が決定され、出雲国造のみが存続を認められるという国家の政策・方針が決定された後の、最初に任命された国造と考えられるのである。

そうであるならば、果安は、そもそも旧来の国造を代表・象徴する存在として、天皇への服属を表することを義務づけられていた、ということになるであろう。子首と果安は、それを受けて、「神賀詞」を作成し、その奏上儀礼を行ったものと考えられるのである。

そして、果安の奏上が元正天皇即位の翌年に行われたということは、その時期が、天皇の御世をたたえる「神賀詞」の内容からしても、服属を表するのに最もふさわしい時期と考えられたからであろう。次の広嶋の奏上が聖武天皇の即位をはさんで二回行われていること、その次の弟山の奏上が孝謙天皇即位の翌年・翌々年であることも、同じ理由によるものと考えられる。ただ、「神賀詞」奏上儀礼は、あくまで代々の国造によって、その代替わりごとに行われる儀礼であったため、その後は、必ずしも天皇の即位に対応した奏上にはなっていないということであろう。

注

（1）「神賀詞」奏上儀礼の研究史については、武廣亮平「『出雲国造神賀詞』研究小史」（『出雲古代史研究』二、一九九二年）参照。

（2）拙著『国造制の成立と展開』（吉川弘文館、一九八五年）二〇二～二〇三頁。同『日本古代国造制の研究』（吉川弘文館、一九九六年）二九四～二九五頁。

（3）大浦元彦「『出雲国造神賀詞』奏上儀礼の成立」（『史苑』四五―二、一九八六年）。以下本稿で引用する大浦氏の所説は、すべてこの論文による。

（4）菊地照夫「出雲国造神賀詞奏上儀礼の意義」（瀧音能之編『出雲世界と古代の山陰』名著出版、一九九五年）。以下本稿で引用する菊地氏の所説は、すべてこの論文による。
（5）岡田精司「河内大王家の成立」（同『古代王権の祭祀と神話』塙書房、一九七〇年、所収）二九二頁。
（6）岡田精司「記紀神話の成立」（『岩波講座日本歴史2』岩波書店、一九七五年）三一〇〜三一一、三一九頁他。
（7）このような宝器の例として、『日本書紀』景行天皇十二年九月戊辰条の神夏磯媛献上の剣・鏡・玉、仲哀天皇八年正月壬午条の岡県主の祖熊鰐、伊覩県主の祖五十迹手献上の剣・鏡・玉などの例があげられる。
（8）上田正昭「山陰文化の伝統」（『古代の日本4』角川書店、一九七〇年）二一一〜二一二頁。
（9）『文徳天皇実録』天安元年六月甲申条。
（10）『続日本紀』天平宝字八年十一月庚子条。
（11）武田祐吉「解説」（日本古典文学大系『古事記祝詞』岩波書店、一九五八年）三七三頁。
（12）西宮一民「出雲国造神賀詞に見える『飛鳥乃神奈備』について」（『皇学館大学紀要』一九、一九八一年）四頁。
（13）岡田精司「記紀神話の成立」（前掲）三〇六頁他。三宅和朗『記紀神話の成立』（吉川弘文館、一九八四年）一八一〜一八七頁。
（14）『古事記』には「媚附」とあり、『日本書紀』には「佞媚」とある。
（15）川副武胤『古事記の研究』（至文堂、一九六七年）。同『古事記及び日本書紀の研究』（風間書房、一九七六年）。同『日本古典の研究』（吉川弘文館、一九八三年）など。
（16）川副武胤『日本古典の研究』（前掲）三三九〜三六一頁。
（17）拙著『国造制の成立と展開』（前掲）一八七〜一八九頁。同『日本古代国造制の研究』（前掲）二七三〜二七七頁。
（18）岡田精司「記紀神話の成立」（前掲）三二〇頁。
（19）拙著『国造制の成立と展開』（前掲）二〇一〜二〇四頁、同『日本古代国造制の研究』（前掲）二九四〜二九六頁においては、出雲国造だけではなく、紀伊国造も国造制廃止の決定された当初から、その存続を認められた特殊な存在としたが、紀伊国造が出雲国造と同様、代々その任命が行われるようになったのは、神亀元年（七二四）以降のことと考えるべきである。拙稿「律令制下の紀伊国造」（『日本常民文化紀要』二一、二〇〇〇年。本書第二部第七章）参照。

(20)　岡田精司「記紀神話の成立」（前掲）三二一頁。
(21)　瀧音能之「出雲国造神賀詞奏上儀礼の成立過程」（同『出雲国風土記と古代日本』雄山閣出版、一九九四年、所収）二八〇～三〇一頁。
(22)　『出雲国造系図』については、高嶋弘志「『出雲国造系図』成立考」（『日本海地域史研究』七、文献出版、一九八五年）、同「出雲国造系図編纂の背景」（佐伯有清編『日本古代中世史論考』吉川弘文館、一九八七年）参照。
(23)　『出雲国造系図』には、門起は「兼連」ともあり、延暦二十二年は延暦二十三年ともある。
(24)　旅人の場合は、『出雲国造系図』による任命年が信頼できるとするならば、任命一年後の奏上ということになるが、しかしこのような例は、この旅人の例のみである。
(25)　関和彦「出雲古代史と神賀詞」（『出雲古代史研究』二、一九九二年）。
(26)　『続日本紀』大宝二年二月庚戌条。
(27)　『続日本紀』大宝二年三月己卯条。
(28)　『続日本紀』大宝二年三月戊寅条。
(29)　『続日本紀』和銅元年三月丙午条。
(30)　忌部子首の後任として、船秦勝が出雲守に任命されたのは、果安による「神賀詞」奏上が行われた二ヵ月半後の霊亀二年四月二十七日のことである。『続日本紀』霊亀二年四月壬申条。
(31)　門脇禎二『出雲の古代史』（日本放送出版協会、一九七六年）一九一～一九二頁他。
(32)　前掲注(17)に同じ。
(33)　拙著『国造制の成立と展開』（前掲）二三三～二三四頁注(27)。同『日本古代国造制の研究』（前掲）三〇二頁。

第六章 『出雲国風土記』の郡司

はじめに

『出雲国風土記』には、各郡の末尾に郡司の氏姓が記載されており、最末尾には風土記勘造の総責任者として、出雲国造帯意宇郡大領出雲臣広嶋の名が記されている。これにより、出雲国においては、風土記の作られた天平五年(七三三)当時の郡司全員の氏姓を知ることができる。また風土記には、ほかにも新造院建立の記事など、郡司氏族の動向を示す記事が散見される。

石母田正氏は、郡司制を在地首長制の支配体制・生産関係の制度化とされたが[1]、それに対して大町健氏は、郡司制は基盤の異なる複数の在地首長を編成したものであり、郡司クラスの在地首長の支配は、郡域をも超え、盛衰の中で変動し再生産される現実の支配関係であったとされた[2]。また近年、山口英男・森公章・須原祥二氏らにより、郡司の任用制度とその変遷および運用実態についての研究が進められ、郡司氏族のあり方を考察する上での新たな知見が加えられつつある[3]。その中で、八世紀における郡司任用の実態について検討された須原氏は、郡司は終身官とされながらも、実際には十年未満という短期間で交替するのが一般的であったことを明らかにされ、それは、同一郡内に郡司職に就任し得る有力者が多数存在し、その間で持ち回り的に郡司職が移動したためであるとされた[4]。

小稿は、これらの研究に導かれつつ、『出雲国風土記』からうかがえる郡司氏族のあり方について、出雲臣・日置臣・神門臣・刑部臣・勝部臣などを例に、若干の考察を加えたものである。

一　出雲臣

天平五年当時の意宇郡の大領は、出雲国造を兼帯する出雲臣広嶋であったが、いうまでもなく出雲臣は、出雲国造を世襲してきた氏族であり、本来の本拠地は問わないとして、八世紀段階では、意宇郡の地を本拠としていたことは明らかである。表1に示したとおり、当時、意宇郡の郡司四等官には、すべて出雲臣が名を連ねている。またほかにも、楯縫郡の大領、飯石郡・仁多郡の少領、嶋根郡の主帳が、出雲臣を氏姓とする人物であった。

もちろん、出雲臣という同一の氏姓を称するからといって、それらの人物は、必ずしも同一基盤の在地首長層であったとはいえないし、まして現実に血縁関係を有する親族であったとは限らない。しかし、意宇郡司の出雲臣については、令の規定に同一官司の四等官には三親等以上の近親者を任じてはならないとあるにもかかわらず、意宇郡司の場合は、例外としてその連任の認められている点が想起される。[5]

すなわち、文武天皇二年（六九八）三月には筑前国宗形郡司とともに意宇郡司の三等以上の親の連任が許可されており、[6]その後、文武天皇四年二月に上総国安房郡、慶雲元年（七〇四）正月に伊勢国多気・度会二郡の郡領の連任が許可され、[7]さらに養老七年（七二三）十一月には、下総国香取郡・常陸国鹿嶋郡・紀伊国名草郡の郡司が加えられ、改めて出雲国意宇郡を含む右の八神郡の郡司について、三等以上の親の連任が許されている。[8]天平五年当時の意宇郡の郡司四等官すべてに出雲臣の名がみえるのは、この措置と対応するのであり、意宇郡は、実際に親族関係にある出雲臣一族（出雲国造一族）によって、強固な支配が行われていたと考えられる。[9]

しかしその意宇郡においても、郡司職のすべてが出雲臣に独占されていたわけではなく、主政・主帳には、それぞれ出雲臣とならんで、林臣・海臣の名がみえるのである（表1）。林臣の氏姓は、意宇郡内の拝志郷の地名（風土記によれば、もとは「林」であり、神亀三年＝七二六年に「拝志」に改めたという）に由来し、海臣の氏姓は、海部を管掌した地方伴造の名に由来するのであろうが、これら林臣・海臣と、出雲臣との関係はどのように考えられるであろうか。

一般的にいうならば、両者はそれぞれ別個の基盤を有する首長層であり、前者は後者と従属的関係を結んでいた、とみるのが妥当であろうが、両者は、氏姓を異にするからといって、必ずしも基盤を異にした首長層であったとは限らない。たとえば、本来は基盤を異にしていたものの、婚姻関係などによってそれを同一化させていた場合、また、もとから同一の親族集団、あるいは同一基盤の首長層であったが、定姓の際に、その居住地や職掌によって異なる氏姓を賜与された場合、などが考えられるであろう。

ただ林臣については、天平十一年（七三九）の「出雲国大税賑給歴名帳」に、出雲郡健部郷・河内郷にも林臣姓者がみえ、出雲郡河内郷・神門郡朝山郷・日置郷などには林臣族の氏姓を称する人々のみえていることが注意される。すなわち、林臣は、意宇郡の拝志郷を本拠としつつも、郡域を超えた独自の活動を行っていたことが推

表1　『出雲国風土記』の郡司氏姓

郡	大領	少領	主政	主帳
意宇郡	出雲臣	出雲臣	林臣 出雲臣（擬）	海臣 出雲臣
嶋根郡	社部臣	社部石臣	蝮朝臣	出雲臣
秋鹿郡	刑部臣	蝮部臣（権）		日下部臣
楯縫郡	出雲臣	高善史		物部臣
出雲郡	日置臣	太　臣	（　）部臣	若倭部臣
神門郡	神門臣	刑部臣（擬）	吉備部臣	刑部臣
飯石郡	大私造	出雲臣		日置首
仁多郡	蝮部臣	出雲臣		品治部
大原郡	勝部臣	額田部臣	日置臣	勝部臣

（擬）は擬任郡司。（権）は権任郡司。
嶋根郡少領の「社部石臣」について、内田律雄「『出雲国風土記』島根郡条の『社部石臣』について」『古代文化研究』五）は、「神掃石君」と校訂する。

表2　『出雲国風土記』の正倉

	郡	郷
①	意宇郡	山国郷
②	意宇郡	舎人郷
③	意宇郡	山代郷
④	意宇郡	拝志郷
⑤	意宇郡	賀茂神戸
⑥	嶋根郡	手染郷
⑦	出雲郡	漆沼郷
⑧	出雲郡	美談郷
⑨	飯石郡	三屋郷
⑩	飯石郡	須佐郷
⑪	飯石郡	来嶋郷
⑫	仁多郡	三沢郷
⑬	仁多郡	横田郷
⑭	仁多郡	漆仁川辺
⑮	大原郡	屋代郷

測されるのである。出雲臣と林臣とが本来、事実上の同族関係にあった可能性[10]、あるいは同一基盤の首長層であった可能性は否定できないが、風土記や賑給歴名帳の段階では、林臣は、出雲臣に従属しながらも、それとは異なる独自の基盤を有していたとみるのが妥当であろう。問題となるのは、独自の基盤といっても、その具体的内容である。林臣に限らず、当時の首長層の基盤というものを、それぞれが排他的な支配を行っている地域的に区分された一定の範囲に求めるのは誤りと考えるが、この点については、のちにまた取りあげることにしたい。

なお、風土記によれば、意宇郡の拝志郷には正倉が置かれていたとあるが、この正倉は、林臣によって管理されていた可能性が高いのではなかろうか。風土記の正倉記事は全部で十五ヵ所にみえるが（表2参照）、もちろんこのほかにも郡家には正倉が存在したのであり、これらは、郡家以外に設置された正倉を記述したものと考えられる。これらの正倉の性格については、天平四年の節度使の任命[11]にともなう軍事的目的で設置された一時的なものとみる説もあるが[12]、行政上の便宜をはかって設置された恒常的なものとする説[13]に従うべきであろう。林臣は、風土記当時は一族の一人が意宇郡の主政に任ぜられていたのであるが、当時に限らず、恒常的に拝志郷の正倉を管理し、郡の行政にかかわっていた可能性が高いと考えられる。

また、風土記当時の意宇郡は、『和名類聚抄』の段階では、その東部が能義郡として分割されている点も注意される。風土記によれば、のちの能義郡に含まれる地域の山国郷・舎人郷にも正倉が置かれていたが（表2）、その山国郷には同郷の人である日置部根緒の建てた新造院があり、舎人郷には上腹首押猪の祖父である僧教昊の建立した教昊寺があった（風土記の寺院関係の記述については表3参照）。さらに舎人郷については、欽明朝に倉舎人君らの祖である日置臣志毗が大舎人として供奉したので舎人郷という、との郷名伝承も載せられている。

　このように、のちの能義郡の地域には、風土記当時から、出雲臣とは氏姓を異にする有力首長層の存在していたことが知られるのであり、山国郷・舎人郷の正倉も、これらの首長層によって管理されていた可能性が高いであろう。のちに能義郡が分置されるのも、こうした情況を前提にしてのことと推定される。

　意宇郡は、出雲臣が四等官のすべてに就任し、一族による強固な支配が行われた郡とみられるのであるが、その意宇郡においても、出雲臣による支配は、多くの首長層の上に立つ重層的なものであったと考えられるのである。

表3　『出雲国風土記』の寺院

	郡	郷	建立者
①教昊寺	意宇郡	舎人郷	教昊僧（散位大初位下上腹首押猪の祖父）
②新造院	意宇郡	山代郷	日置君目烈（出雲神戸日置君猪麻呂の祖）（注）
③新造院	意宇郡	山代郷	出雲臣弟山（飯石郡少領）
④新造院	意宇郡	山国郷	日置部根緒（山国郷の人）
⑤新造院	楯縫郡	沼田郷	出雲臣太田（楯縫郡大領）
⑥新造院	出雲郡	河内郷	日置臣布弥（旧大領、現大領佐底磨の祖父）
⑦新造院	神門郡	朝山郷	神門臣ら
⑧新造院	神門郡	古志郷	刑部臣ら
⑨新造院	大原郡	斐伊郷	勝部臣虫麻呂（大原郡大領）
⑩新造院	大原郡	屋裏郷	額田部臣押嶋（前少領、現少領伊去美の従父兄）
⑪新造院	大原郡	斐伊郷	樋伊支知麻呂（斐伊郷の人）

（注）　一般に「祖」と校訂されるが、細川家本・倉野本には「父」とある。

　一方、意宇郡の出雲臣と、他郡の郡司であった出雲臣との関係であるが、この点については、飯石郡の少領であった出雲臣弟山が意宇郡の山代郷に新造院を建立していること（表3）、その弟山が天平十八年に出雲国造に任ぜられていること(14)、などが考察の手がかりになるであろう。

　弟山が国造に任ぜられたのは、風土記当時の出雲国造であった出雲臣広嶋のあとを継いでのことと考えられるが、広嶋は意宇郡の大領を兼帯していたのであり、弟山も、国造就任とともに意宇郡の大領を兼ねたと推定される。八世紀において、出雲国造が意宇郡大領を兼帯していたことは、延暦十七年（七九八）三月二十九日の太政官符に[15]、

応レ任二出雲国意宇郡大領一事
右被二大納言従三位神王宣一偁、奉レ勅、昔者国造郡領職員有レ別。各守二其任一不二敢違越一。慶雲三年以来令三国造帯二郡領一、寄二言神事一動廃二公務一。雖三則有二闕怠一、而不レ加二刑罰一。乃有二私門日益一不レ利二公家一。民之父母還為二巨蠹一。自今以後、宜下改二旧例一国造郡領分レ職任上レ之。

とあることに示されるとおりである。これによれば、慶雲三年（七〇六）以来、国造をして郡領を兼帯させてきたが、以後（延暦十七年以後）は、国造と郡領の職を分け、新たに意宇郡の大領を任命せよ、というのであるから、ここにいう「国造帯郡領」は、出雲国造帯意宇郡大領の意に解するほかはないであろう[16]。

弟山と広嶋の具体的親族関係は不明であり、弟山が本来意宇郡を本拠としていたのか、あるいは少領に就任していた飯石郡内に本拠を有していたのかも不明であるが、弟山は広嶋のあとを継いで出雲臣一族（出雲国造を世襲する出雲臣一族）の族長の地位を継承したのであるから、両者が現実に族的関係にあったことは明らかである。すなわち、意宇郡を本拠とした出雲臣一族は、飯石郡にも一族の勢力基盤を有していたといえるのである。

その他の郡の郡司に就任していた出雲臣については、意宇郡の出雲臣との関係を考察する具体的材料に欠けるが、右の弟山の例に照らしてみるならば、やはり、単に氏姓を同じくするだけでなく、同族としての実質的な関係を持っていたとみるのが妥当と思われる。出雲臣一族は、意宇郡を本拠に、楯縫郡・飯石郡・仁多郡・嶋根郡など、広く他郡にも勢力基盤を有していたとみてよいであろう。なお風土記に郡司として出雲臣のみえない出雲郡にも、賑給歴名帳によれば、出雲臣姓者の存在していたことが知られるのである。

料金受取人払郵便

本郷局承認

3108

差出有効期間
2021年1月
31日まで

郵便はがき

113-8790

東京都文京区本郷7丁目2番8号

吉川弘文館 行

愛読者カード

本書をお買い上げいただきまして、まことにありがとうございました。このハガキを、小社へのご意見またはご注文にご利用下さい。

お買上**書名**

＊本書に関するご感想、ご批判をお聞かせ下さい。

＊出版を希望するテーマ・執筆者名をお聞かせ下さい。

お買上書店名　区市町　書店

◆新刊情報はホームページで　http://www.yoshikawa-k.co.jp/

◆ご注文、ご意見については　E-mail:sales@yoshikawa-k.co.jp

ご氏名《ふりがな》		年齢　　歳　男・女
〒□□□-□□□□ ご住所	電話	
ご職業	所属学会等	
ご購読 新聞名	ご購読 雑誌名	

今後、吉川弘文館の「新刊案内」等をお送りいたします(年に数回を予定)。
ご承諾いただける方は右の□の中に✓をご記入ください。　□

注 文 書

月　　日

書　　名	定　価	部　数
	円	部
	円	部
	円	部
	円	部
	円	部

配本は、○印を付けた方法にして下さい。

イ. 下記書店へ配本して下さい。

(直接書店にお渡し下さい)

(書店・取次帖合印)

書店様へ＝書店帖合印を捺印下さい。

ロ. 直接送本して下さい。

代金(書籍代＋送料・手数料)は、お届けの際に現品と引換えにお支払下さい。送料・手数料は、書籍代計1,500円未満530円、1,500円以上230円です(いずれも税込)。

＊お急ぎのご注文には電話、FAXもご利用ください。
電話 03−3813−9151(代)
FAX 03−3812−3544

出雲臣一族が出雲国内に広くその勢力基盤を持っていたのは、出雲国造として国内全域にその権限を行使していたためであり、あくまでそれは、国造一族の特例というべきであろうが、その場合、郡域は、出雲臣を頂点とした在地首長層の重層的なまとまりを、いくつかに分断する形で設定されていたことになるであろう。また、先に林臣の例でみたとおり、出雲臣ほど広範囲ではないにせよ、ほかの郡司氏族についても、郡域を超えての活動がみとめられるのである。

二　日置臣・神門臣・刑部臣

天平五年当時、出雲郡の大領と大原郡の主政は日置臣であった（表1）。日置臣については、ほかに意宇郡にも、先にみたとおり風土記の舎人郷条に、欽明朝の人物として日置臣志毗の名がみえ、出雲郷・神門郷にも、賑給歴名帳に、日置部臣（および日置部）を氏姓とする人名が多数載せられている。また同帳には、日置部君・日置部首の氏姓も出雲郡にみえているが、日置部君（日置君）については、ほかに意宇郡山代郷に新造院を建立した日置君が知られており（表3）、日置部首（日置首）については、天平五年当時の飯石郡主帳の日置首（表1）、天平六年の「出雲国計会帳」に大原郡の人としてみえる日置部首鉯などが知られている。

このように、出雲国内には、日置部の伴造に由来する氏姓が広くみとめられるのであり、かつては、国内各地に日置部の設置されていたことが推定される。これらの日置臣（日置部臣）・日置君（日置部君）・日置首（日置部首）は、日置部の管掌という同一の職掌からして、部民制下においては互いに無関係には存在しなかったであろうし、おそらくそこには、臣—君—首という統属関係があったものと考えられる。しかし、それぞれの氏姓を賜与された各地の首長層が、其の後も同様の統属関係にあったとは限らないし、また各地のカバネも同じくする同姓者が、すべて現実に同族関係を有していたとも限らないのである。風土記段階におけるこれらの氏族の具体的関係については、同姓者間のそれも含めて不明とせざるを得ないであろう。

さて、出雲郡大領の日置臣についてであるが、風土記の同郡条には、「新造院一所。有㆓河内郷中㆒、建㆓立厳堂㆒也。郡家正南一十三里一百歩、旧大領日置臣布弥之所㆑造今大領佐底麿之祖父」とあり、風土記当時の出雲郡大領は、日置臣佐底麿であったことがわかる(17)。また右の記事からは、出雲郡の旧大領も日置臣であり、それは今の大領佐底麿の祖父であったことも知られるが、この点は重要である。このことからただちに、出雲郡大領は代々日置臣一族によって独占されていたと断ずるわけにはいかないが、その可能性は高いと考えられる。賑給歴名帳によれば、出雲郡内において、日置部臣・日置部の氏姓を称する人名がとくに多いのは河内郷とそれに隣接する出雲郷であり、河内郷には日置臣布弥の建立した新造院が存在し、出雲郷には風土記の同郷条に「即属㆓郡家㆒」とあるように、郡家が設置されていた。つまり、日置臣一族は、郡家所在地を含む出雲郡の中心地域を本拠としていたと考えられるのであり、この点からも、大領職を一族で占めていた可能性の高いことが指摘できるであろう。

また、出雲郡に隣接する神門郡には日置郷があり、風土記の同郷条には、「志紀嶋宮御宇天皇之世、日置伴部等、所㆑遣来、宿停而、為㆑政之所。故云㆓日置㆒」との伝えが載せられている。ここにいう日置伴部は、中央のヤマト政権から派遣されてきたとみるのが自然であろうが、出雲の東部地域の日置部の管理者（出雲臣）が、出雲の西部地域（出雲郡・神門郡など）にも日置部を設定するために派遣したとみる説(18)もある。いずれにせよ、日置郷の地には、日置部を統率する施設が置かれていたと考えられるのであり、賑給歴名帳には、天平十一年段階でも、日置郷に多くの日置部臣・日置部姓者の存在したことが示されている。出雲郡大領の日置臣一族と、この神門郡日置郷の日置部臣とは、たとえ同族関係にはなかったにせよ、地理的にも近くに存在し、互いに密接な関係を持っていたことは間違いないであろう。

とするならば、出雲郡大領の日置臣一族もまた、郡域を超えた勢力基盤を有していたといえるのであり、ここでも郡域は、日置臣の勢力基盤を分断する形で設定されていたということになる。ただ、ここでいう日置臣の勢力基盤を、日置臣一族が排他的に一円支配を行っている範囲、というようにみることはできない。賑給歴名帳によれば、出雲郡の河内郷・出雲郷、神門郡の日置郷には、ほかにも様々な氏姓を称する人々が居住しているのであり、とくにその中に、神門郡の大領であった神門臣（および神門臣族）の氏姓を称する人々が多く存在することは注意される。

神門臣は、表1にあるように、天平五年当時の神門郡の大領であったが、神門という郡名（地名）をウジ名としていることからして、立郡以来、神門郡の大領職を世襲してきた可能性が高いと思われる。賑給歴名帳によれば、神門臣（および神門臣族）を氏姓とする人々は、右の河内郷・出雲郷・日置郷に限らず、出雲郡内、神門郡内の各地に広く居住していたことが知られるのであるが、これら各地の神門臣は、出雲郡大領の神門臣を中心に、現実的にも互いに関係を持って存在していたとみてよいであろう。神門郡大領の神門臣一族も、その勢力基盤は郡域を超えて存在していたと考えられるのであり、出雲郡の河内郷・出雲郷、神門郡の日置郷などは、日置臣一族の勢力基盤であると同時に、神門臣一族の基盤でもあったとみなければならないのである。さらに、賑給歴名帳の出雲郡河内郷・神門郡日置郷には、先にみたとおり林臣・林臣族を氏姓とする人々もみえるのであり、日置郷には、大原郡大領と同じ勝部臣（および勝部）を氏姓とする人々もみえている。郡司氏族の勢力基盤というのは、互いに郡域を超え、重なり合い錯綜する形で存在していたと考えなければならないであろう。

また、神門臣の本拠地は、朝山郷に神門臣らの建立した新造院があり（表3）、古志郷に郡家が置かれていた（風土記の同郷条に「即属二郡家一」とある）ことからすると、それらの地域に求めるのが妥当であろうが、古志郷は、刑部臣らによって建立された新造院が存在した郷でもあった（表3）。神門郡の刑部臣は、天平五年当時の擬少領と主帳が刑部臣であり（表1）、神門郡において、大領の神門臣に次ぐ勢力を有した郡司氏族と考えられるが、両者の勢力基盤もまた、重なり合っていたことが指摘できるのである。なお、天平五年当時の秋鹿郡大領も刑部臣であったが（表1）、この刑部臣と、神門郡の刑部臣との関係は不明である。

三　勝部臣

勝部臣は、天平五年当時の大原郡の大領と主帳が勝部臣であり（表1）、当時の大原郡において、もっとも有力な氏族であったことは明らかである。大領の勝部臣については、風土記の新造院関係記事に、大領勝部臣虫麻呂の建てた新造院が斐伊郷に存在したとある（表3）ことから、その名を知ることができる。また、風土記当時の大原郡の少領は額田部臣であったが（表1）、額田部臣についても、前少領の額田部臣押嶋が屋裏郷に新造院を建立したとあり、その押嶋は今の少領の伊去美の従父兄であったとされている（表3）。大原郡の新造院には、これらのほかに斐伊郷の人である樋伊支知麻呂の建てたものがあったが、それはやはり斐伊郷にあり（表3）、斐伊郷には二院が存在していたことになる。(19)

大原郡の郡司関係史料としては、風土記以外にも次の三点をあげることができる。

①『続日本紀』天平十二年六月庚午条

勅曰（中略）大原采女勝部鳥女還二本郷一。（後略）

②『類聚国史』巻四十采女、大同二年（八〇七）五月庚子条

出雲国采女外従五位下勝部公真上告㆑病帰㆑郷。便賜㆓彼国稲五百束㆒。

③東大寺大仏殿廻廊西地区出土木簡

「□□□出雲国大［　　　］

　大原郡佐世郷郡司勝部□〔屋カ〕智麻呂［　　　］

①は大原郡から貢進されていた采女を本郷に帰還させるという記事であるが、采女は郡領の姉妹・女子から貢進されることになっており[20]、勝部鳥女は時の郡領の一族の女性と考えられる。②も采女の勝部公真上の帰還記事であり、ここには大原郡の采女と明記されてはいないが、その可能性は高いであろう。③は東大寺大仏の鋳造にかかわる木簡とみられており、郡司勝部□智麻呂は佐世郷に居住していたと推定される。①③の氏姓には臣のカバネがみえないこと[22]、②は勝部公を氏姓としていることなどからすれば、これらの采女や郡司を、ただちに風土記当時の大領の勝部臣氏と同一氏族とみることには問題もあろうが、いずれもウジ名に勝部を共有するのであり、勝部臣氏の後裔、ないしそれと密接な関係にあった氏族が長く大原郡の郡領職に就いていたことはみとめられるであろう。

大原郡の有力氏族について検討された内田律雄氏は、勝部臣氏・額田部民・日置臣氏（天平五年当時の大原郡主政）・樋（樋伊）氏それぞれの本拠地を、佐世郷・屋裏郷・屋代郷・斐伊郷に比定された[23]が、本拠地ということで考えるならば、妥当な比定というべきであろう。ただ、風土記当時の郡家が斐伊郷に置かれていたことに示されるように、各有力氏族はそれぞれの本拠地において排他的な支配を行っていたのではなく、これらの氏族の勢力基盤は、ここでもまた互いに重なり合った形で存在していたとみてよいであろう。

一方、風土記の屋裏郷の新造院についての記述からは、大原郡の少領には、少なくとも二代は実際に親族関係にあ

る額田部臣氏の人物の就任していたことが知られるのであるが、この点は、先にみた出雲郡大領の日置臣氏の場合と同様である。風土記の記事に複数代の郡領が記述されているのはこの二例だけであるが、その二例とも同一氏族（親族）による就任を伝えていることは注意するべきであろう。意宇郡の大領は、風土記に記述はなくとも代々出雲臣氏によって世襲されていたことが明らかであり、神門郡の大領も、先に述べたとおり神門臣氏による世襲であった可能性が高い。つまり、少なくとも風土記の頃までは、各郡の郡領は、それぞれ限られた氏族（しかも実際に親族関係にあった一族）に固定化されていた傾向がうかがえるのである。

このことは、何も改めて述べるまでもなく、従来からも、立郡以来の譜第郡領氏族として、出雲地域に限らず、全国的にその存在が指摘されてきたところであるが、風土記の記述からも、郡領に任ぜられる氏族は、少数に限定され固定化されていた傾向が強かったと考えられるのである。

おわりに

小稿で述べてきたことをまとめると、およそ次のとおりである。

(1) 風土記当時の郡司氏族の勢力基盤は、郡域を超えて存在していたとみられる例が多いこと。

(2) そしてそれは、互いに重なり合う形で存在しており、そもそも郡司クラスの在地首長層の勢力基盤というものは、それぞれ地域的に区切られた一定の範囲に求められるようなものではなかったと考えられること。

(3) 風土記の頃までは、各郡の郡領に任ぜられる氏族は、一定の氏族（しかも実際に親族関係にあった一族）に固定化されていた傾向がうかがえること。

(1)のような現象がみられた理由としては、まずは次の二つが考えられるであろう。一つは、郡司氏族の活動が郡域を超えて行われ、その勢力基盤が変化してきたこと、いま一つは、もともと郡司氏族の勢力基盤を分断する形で郡域が設定された場合もあったこと、である。そしてこのほかに、(2)の点も、その理由として考えられるべきであろう。また、(3)の点に関して、天平五年当時は、出雲臣の意宇郡を特例として、そのほかの郡ではいずれも大領と少領が異なる氏族から任命されていたのであり、こうした情況を論拠の一つに、大町健氏は、郡司制を複数の基盤を異にする在地首長を編成したものとされたのである。(2)の点からすると、この大町氏の理解には疑問の余地もあるが、一つの郡を、ある郡司氏族の一円的な支配領域とみることのできないのは確かであろう。

なお大町氏は、孝徳朝の立評段階から、評に右の性格があったとされたが、この点についての疑問は、別のところで述べたとおりである[24]。孝徳朝における評制の施行については、やはり石母田正氏が説かれたように、在地首長制の支配・生産関係の制度化とみるのが妥当と考えるのであり、評制施行当初の評は、一般には、ある在地首長に代表される一つのまとまりをもったものであったと考えている。

したがって、風土記当時の郡の大領・少領が一般にそれぞれ別の氏族によって構成されていたということは、孝徳朝以降の評制の変化、あるいは評制から郡制への変化の問題として考えなければならない[25]。その変化は、評制施行当初の評そのものが、ある在地首長に代表されるといっても首長層の重層的な関係によるまとまりであったこと、そしてそれは常に変動する関係であったことなど、在地の動きによる変化ということももちろん考えられる。しかしそれと同時に、評の官人・郡司の官僚化を進めようとする律令国家の要請による変化、という面も考えなければならないであろう。

風土記の作られた二年後の天平七年の五月二十一日には、郡司の任用に関し次のような格が出されている[26]。

終身之任、理可二代遍一。宜三一郡不レ得并二用同姓一。如於二他姓中一无レ人レ可レ用者、僅得レ用二於少領已上一。以外悉停レ任。但神郡国造陸奥之近レ夷郡、多褹嶋郡等、聴レ依二先例一。

ここで、例外を認めつつも、一郡の郡司に同姓者を任命してはならないとしているのは、令で三等以上の親の連任を禁じていることと同様、律令的要請によるものであろう。

また、右の格と同じ日に、郡司の銓擬に関する次の制も定められている。(27)

制、畿内七道諸国、宣下除二国擬一外、別簡二難波朝廷以還譜第重大四五人一、副上之。如有下雖レ无二譜第一、而身才絶倫幷労効聞レ衆者上、別状亦副。並附二朝集使一申送。其身限二十二月一日一、集二式部省一。

ここでいう「難波朝廷以還譜第重大四五人」というのは、孝徳朝以降、評の官人・郡領に任ぜられる氏族が限定されていたと考えられることからすれば、同一氏族（親族）の者が選定されることが多かったとみなければならない。この制をもって、郡司に任ぜられるべき有力者が、一郡内に多数の氏族にわたって存在していたとみることはできないであろう。

また、はじめに述べたように、須原祥二氏は、郡司が終身官とされながら、実際には短期間で交替していたことを指摘されたが、これは右の点からすれば、同一氏族（親族）間での交替が多かったということになる。そしてそうであったとするならば、郡司の短期間の交替というのは、必ずしも須原氏のいわれるような在地の側の要請に基づくものではなく、郡司の官僚化をはかる律令国家の側の要請による面も大きかったと考えられるであろう。

注

（1）石母田正『日本の古代国家』（岩波書店、一九七一年）。

（2）大町健『日本古代の国家と在地首長制』（校倉書房、一九八六年）。
（3）山口英男「郡領の銓擬とその変遷」（笹山晴生先生還暦記念会編『日本律令制論集』下巻、吉川弘文館、一九九三年）。森公章「律令国家における郡司任用方法とその変遷」（『弘前大学国史研究』一〇一）。同「試郡司・読奏・任郡司ノート」（高知大学人文学部人文科学『人文科学研究』五）。須原祥二「八世紀の郡司制度と在地」（『史学雑誌』一〇五―七）。同「式部試練と郡司読奏」（『延喜式研究』一四）等。
（4）須原祥二「八世紀の郡司制度と在地」（前掲）。
（5）選叙令、同司主典条。
（6）『続日本紀』文武天皇二年三月己巳条。
（7）『続日本紀』文武天皇四年二月乙酉条。慶雲元年正月戊申条。
（8）『続日本紀』養老七年十一月丁丑条。『令集解』選叙令同司主典条所引養老七年十一月十六日太政官処分。
（9）もちろんこのことは、八神郡においては常に郡司の三等以上の親の連任が行われていたということではない。たとえば、『続日本紀』神亀元年（七二四）十月壬寅条によれば、当時の紀伊国名草郡の大領は紀直摩祖、少領は大伴櫟津連子人であり、『太神宮諸雑事記』天平三年六月十六日条によれば、当時の伊勢国度会郡の大領は神主乙丸、少領は新家連公人丸である。氏姓を異にするからといって、必ずしも親族関係になかったとはいえないが、これらの例が三等以上の親の連任である可能性は低いとしなければならない。ただ、出雲国意宇郡の場合、郡司四等官のすべてに出雲臣の名がみえるのであり、やはりこの措置と対応したものとみるのが自然であろう。
（10）出雲臣と林臣とが擬制的同族関係を結んでいた可能性も、もちろん考えられる。
（11）『続日本紀』天平四年八月丁亥条。
（12）田中卓「出雲国風土記の成立」（『田中卓著作集八　出雲国風土記の研究』国書刊行会、一九八八年、所収）。
（13）坂本太郎「出雲国風土記についての二、三の問題」（『坂本太郎著作集第四巻　風土記と万葉集』吉川弘文館、一九八八年、所収）。
（14）『続日本紀』天平十八年三月己未条。

(15)『類聚三代格』巻七。

(16)なお、平石充「八・九世紀における出雲臣について」（『出雲古代史研究』六）は、八世紀における出雲国造意宇郡大領兼帯説を批判している。平石氏は、「慶雲三年以来令㆔国造帯㆓郡領㆒」とあるのは、国造と郡領の兼任を許す一般規定とされるのであるが、八世紀において国造は一般的には存在しなかったと考えられるのであり（拙著『日本古代国造制の研究』吉川弘文館、一九九六年）、右の文章をそのように解することはできないと思う。

(17)この佐底麿は、「出雲国計会帳」には、「出雲郡大領外正八位下日置臣佐提麻呂」とみえている。

(18)森公章「『出雲国造の権力とその聖性』二題」（『出雲古代史研究』七・八合併号）。

(19)樋伊支知麻呂については、「樋伊」を姓とみるか、あるいは「樋」のみを姓とみるべきか判然としないが、いずれにせよ、その姓が斐伊郷の地名に由来することは間違いないであろう。

(20)後宮職員令、氏女采女条に、「其貢㆓采女㆒者、郡少領以上姉妹及女、形容端正者、皆申㆓中務省㆒奏聞」とある。

(21)中井一夫・和田萃「東大寺大仏殿廻廊西地区」（『木簡研究』一一）。

(22)ただし、③の「勝部□智麻呂」については、勝部臣智麻呂である可能性もなくはないであろう。

(23)内田律雄「『出雲国風土記』大原郡の再検討（一）」（『出雲古代史研究』五）。

(24)拙著『日本古代国造制の研究』（前掲）。

(25)評制の変化の問題を論じた最近の論考に、荒井秀規「神奈川古代史素描」（『考古論叢神奈河』七）、井内誠司「国評制・国郡制支配の特質と倭王権・古代国家」（『歴史学研究』七一六）等がある。前者は、孝徳朝段階の評制と浄御原令制下の評制との違いを強調し、後者は、評制と郡制の違いを強調している。

(26)『類聚三代格』巻七、弘仁五年三月二十九日太政官符所引。

(27)『続日本紀』天平七年五月丙子条。

第七章　律令制下の紀伊国造

はじめに

律令制下の国造をめぐっては、これまで多くの議論が重ねられてきたが、いまだ共通した理解の得られていないところが多い(1)。おもな論点としては、いわゆる「新国造制」なるものの存在を認めるか否か、令文の「国造」をはじめ諸史料における「国造」の語義をどのように考えるか、出雲国造・紀伊国造を律令制下の国造の典型とみるか、あるいは特殊例とみるか、といった点があげられるであろう。

こうした問題についての私見は、すでに先の拙著(2)において示したところであるが、その後、一部考えを改めた点があり、本稿では、その点について取りあげることにしたい。

まず、拙著における私見の要点を、箇条書にして示すと次のとおりである。

(1)国造制は、大化以後も国造―評造制（クニ―コホリ制）として存続したのであり、国造田はその間に国造の「職分田」として設置されたものと考えられる。

(2)国造制の廃止は、天武朝末年における国境の画定によって令制国・国宰制が成立し、それにともなって決定されたと考えられるが、ただその時の現任国造については、その身一代に限り、そのまま国造であることが認められたと推定される。

(3)七世紀末から八世紀初頭の国造（那須国造那須直韋提・摂津国造凡河内忌寸石麻呂・山背国造山背忌寸品遅・大倭国造大倭忌寸五百足・阿波国造粟凡直弟臣ら）は、右の国造の実例（いわば生き残りの国造）と考えられる。

(4)神祇令諸国条の「国造」は官職としての国造、選叙令郡司条の「国造」は国造氏（大宝二年に公認）を指しており、史料上の「国造」の語義は、官職としての国造、国造氏、さらに国造姓、国造を世襲していた一族、など様々である。

(5)神祇令諸国条の国造規定は、当時における生き残りの国造、および出雲国造・紀伊国造の存在を念頭において制定されたものと推定される。

(6)出雲・紀伊の二国造は、国造制廃止後も継続してその任命が行われているが、この二国造は、旧来の国造が、律令国家の方針として（すなわち王権に対する服属儀礼の担い手として）、そのまま存続させられた特殊例とみるべきである。

(7)その他の国造は、天平末年以降になって現われる一代限りの国造であり、中央官人が一種の論功行賞として任命された名誉職的存在であった。

(8)したがって、律令制下において、官職としての国造は一般には存在しなかったのであり、「新国造制」なるものの存在は認めることができない。

この私見の大筋については、いまでも改める必要はないと考えるのであるが、訂正したいのは、紀伊国造についての理解である。すなわち、紀伊国造を、出雲国造と同様、国造制の廃止が決定されたその当初から、その後の存続が認められた特殊例と解した点である。もちろん、律令制下の紀伊国造が、代々継続してその任命の行われた特殊な存在であったことは否定できないのであるが、それは神亀元年（七二四）に紀直摩祖が国造に任命されて以来のこととしなければならなかったのである。

また、先の拙著において、八世紀の紀伊国造は本郡（名草郡）の大領を兼ねる慣行があったと解したのであるが、この点も、出雲国造にのみみられた現象と改めた方がよいと考え直している。

以下、右の二点について、具体的に述べていくことにしたい。

一　紀直摩祖の国造任命

紀直摩祖が紀伊国造に任命されたのは、聖武天皇が紀伊国に行幸した際のことであった。『続日本紀』には、次のように記されている。

神亀元年十月辛卯条～壬寅条

辛卯（五日）。天皇幸二紀伊国一。癸巳（七日）。行至二紀伊国那賀郡玉垣勾頓宮一。甲午（八日）。至二海部郡玉津嶋頓宮一。留十有余日。戊戌（十二日）。造二離宮於岡東一。是日。従レ駕百寮。六位已下至二于伴部一。賜レ禄各有レ差。壬寅（十六日）。賜二造離宮司及紀伊国国郡司。并行宮側近高年七十已上禄一。各有レ差。百姓今年調庸。名草海部二郡田租咸免レ之。又赦二罪人死罪已下一。名草郡大領外従八位上紀直摩祖為二国造一。進二位三階一。少領正八位下大伴櫟津連子人。海部直土形二階。自余五十二人各位一階。又詔曰。登レ山望レ海。此間最好。不レ労二遠行一。足二以遊覧一。故改二弱浜名一。為二明光浦一。宜下置二守戸一勿上レ令二荒穢一。春秋二時。差二遣官人一。奠二祭玉津嶋之神明光浦之霊一。（後略）

聖武天皇はこの年の二月に即位したばかりであり、この行幸は、即位後の国見か、あるいは践祚大嘗祭の予備行事としての御禊行幸かとされているが(3)、いずれにせよ、紀直摩祖の国造任命は、行幸供奉の論功行賞としての任命であったことが明らかである。

ここで注意したいのは、このような論功行賞で国造の任命が行われるということは、すでにこの時までに、紀伊国に国造は存在しなくなっていたことを示す、と考えられる点である。たまたま前任者が死去ないし引退するなどして、国造の交替時期にあたっていたという可能性もなくはないが、そのような偶然は想定するべきではあるまい。また、紀直摩祖の国造任命が単なる後任であったならば、それは、とくに論功行賞としての任命という意味をもたなくなってしまうであろう。

国造の任命が論功行賞として行われたとする伝承は、『日本書紀』にも次のようにみえている。

神武天皇二年二月乙巳条

天皇定レ功行レ賞。（中略）以二珍彦一為二倭国造一。珍彦、此云二于砮毗故一。又給二弟猾猛田邑一。因為二猛田県主一。是菟田主水部遠祖也。弟磯城名黒速。為二磯城県主一。復以二剣根者一。為二葛城国造一。（後略）

ここで倭国造・葛城国造に任ぜられたとする珍彦・剣根は、いうまでもなく、それぞれその最初の国造に任ぜられたというのである。この伝えを事実とみることはできないが、紀直摩祖の場合も、これに対応させて考えることはできるであろう。国造制下においては、もちろん紀伊国にも国造は存在していたのであるが、国造制廃止後は、他の諸国（出雲は除く）と同様、その任命が行われなくなっていたがゆえに、論功行賞としての国造任命が可能であった、と考えられるのである。

一方、『続日本紀』において、神亀元年に至るまでの三十年近くにわたって紀伊国造の記事がみえないのも（表1参照）、出雲国造との対比で考えるならば、その間、紀伊国造が存在しなかったことを示すものといえよう。出雲国造については、霊亀二年（七一六）二月丁巳条に出雲臣果安が「神賀事」を奏したとする記事、また神亀元年正月戊子条に出雲臣広嶋が「神賀辞」を奏したとする記事がみえるのである（表2参照）。

この頃の出雲国造の任命が、どのような手続きで行われたかは不明であるが、『貞観儀式』（巻十）や『延喜式』（巻三・巻十一）によれば、上京して太政官曹司庁において任命の儀式を行い、その後、帰国して一年間潔斎し、再び上京して神賀詞を奏上、さらに一年間の潔斎の後、三たび上京してまた神賀詞を奏上する、ということである。八世紀前半段階においても、神賀詞の奏上が出雲国造の新任に際して行われたことは間違いないであろう。出雲国造の場合は、たしかに国造制廃止後も、途絶えることなくその任命が行われたと考えられるのである。

そもそも、神賀詞の奏上が出雲国造のみであったということに注意するべきであり、この点からしても、律令国家の方針としてその存続が定められたのは、本来、出雲国造のみであった、と考えるのが自然であろう。

出雲国造による神賀詞奏上儀礼の意味については、王権に対する服属儀礼とみるのが通説であり、新野直吉氏は、出雲国造を象徴的存在とした国造一般の、天皇に対する服属を表現するもの、と説かれている(4)。新野氏が律令制下における国造の制度的存在を認め、出雲国造をその代表とされる点は見解を異にするが、出雲国造の神賀詞奏上、およびそれを含む新任の儀式が、国造（地方豪族）の王権への服属を象徴する儀礼であったことは、そのとおりであると思う。国造制廃止後も、かつて各国造が王権に対して行っていた服属を表す行為を、出雲国造を残存させることによって、それに象徴させた、ということであろう。

もし、紀伊国造が、出雲国造と同様の理由で、

表1　律令制下の紀伊国造

国造	年・月・日	記事	出典
紀直摩祖	神亀元・十・十六	国造任命、叙位	『続日本紀』
紀直豊嶋	天平元・三・二十七	国造任命	〃
（紀直某）	天平神護元・十・二十二	叙位、賜物	〃
紀直五百友	延暦九・五・八	国造任命	〃
紀直豊成	延暦二十三・十・十二	天皇遊覧の際の奉献	『日本後紀』
紀宿禰高継	嘉祥二・閏十二・二十一	国守と争う	『続日本後紀』

表2　律令制下の出雲国造

国造	年・月・日	記事	出典
出雲臣果安	霊亀二・二・十	神賀事奏上、叙位、賜物	『続日本紀』
出雲臣広嶋	神亀元・正・二十七	神賀辞奏上	〃
	神亀三・二・二	献物、叙位、賜物	〃
	天平五・二・三十	風土記勘造	『出雲国風土記』
	天平十・二・十九	叙位	『続日本紀』
出雲臣弟山	天平十八・三・七	国造任命、叙位	〃
	天平勝宝二・二・四	神斎賀事奏上、叙位、賜物	〃
	天平勝宝三・二・二十二	神賀事奏上、叙位、賜物	〃
出雲臣益方	天平宝字八・正・二十	国造任命	〃
	神護景雲元・二・十四	神賀事奏上、叙位、賜物	〃
	神護景雲二・二・五	神賀事奏上、叙位、賜物	〃
出雲臣国上	宝亀四・九・八	国造任命	〃
出雲臣国成	延暦四・二・十八	神吉事奏上、叙位	〃
	延暦五・二・九	神吉事奏上、賜物	〃
出雲臣人長	延暦九・四・十七	国造任命	〃
	延暦十四・二・二十六	神賀事奏上、叙位	『類聚国史』
	延暦二十・閏正・十六	神賀事奏上	〃
出雲臣門起	延暦二十四・九・二十七	叙位	『日本後紀』
出雲臣旅人	弘仁二・三・二十七	神賀事奏上、叙位	〃
	弘仁三・三・十五	神賀辞奏上、献物、賜物	〃
出雲臣豊持	天長三・三・二十九	国造任命、叙位、賜物	『類聚国史』
	天長七・四・二	献物、叙位	〃
	天長十・四・二十五	神寿奏上、献物、叙位	『続日本後紀』

国造制廃止の当初からその存続が定められていたとするならば、やはり、神賀詞奏上に類するような服属儀礼を義務づけられたであろうし、それを行ったとする記事が、出雲国造の場合と同様、『続日本紀』に残されていてしかるべきであろう。

さて、紀直摩祖が紀伊国造に任ぜられた後は、天平元年（七二九）に紀直豊嶋が国造に任命され、天平神護元年（七六五）に当時の国造への叙爵・賜物があり、さらに延暦九年（七九〇）の紀直五百友の国造任命と続くのである。この時以後、紀伊国造の任命が継続的に行われたことは認めなければならないであろう。

それでは、何故この時以後、紀伊国造が復活することになったのであろうか。その理由は判然としないが、おそらく、聖武天皇の即位と関係するのではなかろうか。神亀元年の正月には出雲国造出雲臣広嶋の「神賀辞」奏上があり、その直後の二月に聖武天皇が即位し、十月に紀伊国への行幸と紀伊国造の任命、という経過をたどったのである。さらに神亀三年の二月には、潔斎を畢えた出雲国造広嶋が再び入京して献物し、進位・賜物にあずかっている点が注意される（表2参照）。聖武天皇の即位にあたって、地方豪族の王権に対する服属儀礼が強化されたことが考えられるであろう。

天平元年に紀伊国造に任命された紀直豊嶋以降は、代々、新任の際には上京し、神賀詞こそ奏上しなかったものの、王権への服属を表現する任命儀礼を行ったのであろう。『貞観儀式』には、出雲・紀伊両国造のみ任命儀式次第が載せられているが、紀伊国造の場合も、その任命は、上京して太政官曹司庁で行われることになっていたのである。(5)

二　紀伊国造と名草郡大領

神亀元年に紀伊国造に任ぜられた紀直摩祖は、当時、名草郡の大領であったが、その時以降、摩祖は紀伊国造と名草郡大領とを兼任したのであろうか。また、その後、八世紀を通じて、両者を兼帯する慣行が存在したのであろうか。紀直氏が、国造制下においては紀伊国造を世襲した一族であり、後の名草郡の地域を本拠地としていたと考えられること、そして律令制下においては、名草郡の郡司職を世襲した一族であったと考えられること、これらの点については異論はないであろう。

紀伊国造と名草郡の大領の兼任を説かれたのは、薗田香融、高嶋弘志の両氏であるが、(6)両氏は、その具体例として次の三例をあげられている。

(1)『国造次第』に、第十九代国造として忍穂の名がみえるが、その注記に「立名草郡兼大領」とあること。

(2)『続日本紀』神亀元年十月壬寅条に、名草郡大領の紀直摩祖が紀伊国造に任命されたとあること。

(3)『続日本紀』天平神護元年十月庚辰条に、紀伊国行幸に際して、国司・国造・郡領らへの叙爵・賜物の詔が出されたとあるが、具体的には国造の名はみえず、名草郡大領紀直国栖への叙爵が記されるのみであること。

まず(1)についてであるが、『国造次第』は、薗田氏によって紹介された紀伊国造の継承を記したものであり、その史料性は、薗田氏ならびに佐伯有清氏によって高く評価されている[7]。本稿に関係する部分（図1）と、それを系図化したもの（図2）とを掲げておこう。

巻首の書き入れには、「今貞観十六年以甲午歳依本書已損改写書。国造正六位上広世直」とあり、貞観十六年（八七四）に国造広世（本文に第三十六代とある）が改写したとされるが、これによれば、『国造次第』の原本は、貞観十六年にはすでに存在していたことになる。薗田氏は、この書き入れは、貞観前後が系譜に対する関心のたかまった時代であったこと、広世が『国造次第』の記述どおり傍系から入って国造職を継承した人物であったならば、改写の理由も十分納得できること、などから、信頼できるとされているが、従うべき見解であろう。とすると、三十六代広世以降は、その後に書き加えられた部分ということになり、広世が改写したのは、一代前の三十五代槻雄までと推定される。

さて、『国造次第』に名草郡を立て、大領を兼ねたとある十九代国造忍穂であるが、この忍穂は、大山上の冠位を帯びることや、前後の国造の記載から、薗田・高嶋両氏の推定どおり、孝徳朝頃の人物とみてよいであろう。二代前の十七代忍勝（忍穂の父とある）は、『日本書紀』敏達天皇十二年（五八三）条にみえる紀国造押勝にあたり、次の二十代牟婁（忍穂の弟とある）は小乙下の冠位、さらにその次の二十一代石牟（牟婁の弟とある）は務壱（務大壱か務広壱の大・広が脱落したのであろう）の冠位を帯びている。牟婁が天智・天武朝頃、石牟が天武・持統朝頃の人物と推定さ

図1『国造次第』

国造次第
日前国懸太神宮天降坐之時天道根
為従臣仕始即厳奉崇也仍賜国造
任焉
今貞観十六年以甲午歳依本書已損改
写書
国造正六位上広世直

第一 天道根　　第二 比古麻 天道根男
（中略）
第十三 忍 禰賀志富男　　第十四 国見 忍弟
第十五 麻佐手 忍男　　第十六 国勝 国見男
日本紀第四（廿カ） 敏達天皇十二年秋七月遣紀伊国造押勝於百済之由載之
第十七 忍勝 麻佐手男　　第十八 大海 国勝孫
第十九 大山上忍穂 忍勝男立名草郡兼大領

第二十 小乙下牟婁　大山上忍穂弟

第廿一 務壱石牟　小乙下牟婁弟

第廿二 直　祖　務壱石牟男

第廿三 古麻呂　小乙下牟婁男

第廿四 林直解任　古麻呂弟

第廿五 千　嶋　林直解任弟

第廿六 足　国　千嶋男

万葉六豊嶋采女云々同歟異歟可勘之
第廿七 豊　嶋　建嶋男建嶋者古麻呂男也

第廿八 吉　継　豊嶋弟

第廿九 勲十二等豊　豊丸男豊丸者直祖弟也

第卅 五百友　広国男広国者豊嶋男

広嶋者宝亀年中歟但猶不定
第卅一 国　栖　広嶋男広嶋者千嶋弟也

第卅二 勲九等豊成　国栖男

第卅三 高　継　勲九等豊成弟外従五位下

第卅四 弘　淵　高継弟

第卅五 槻　雄　深海男深海者高継男也已上不兼大領

第卅六 広　世　宗守男宗守者国井六世孫

第卅七 有　守　広世男外従五位下

（後略）

図2 『国造次第』に基づく系図

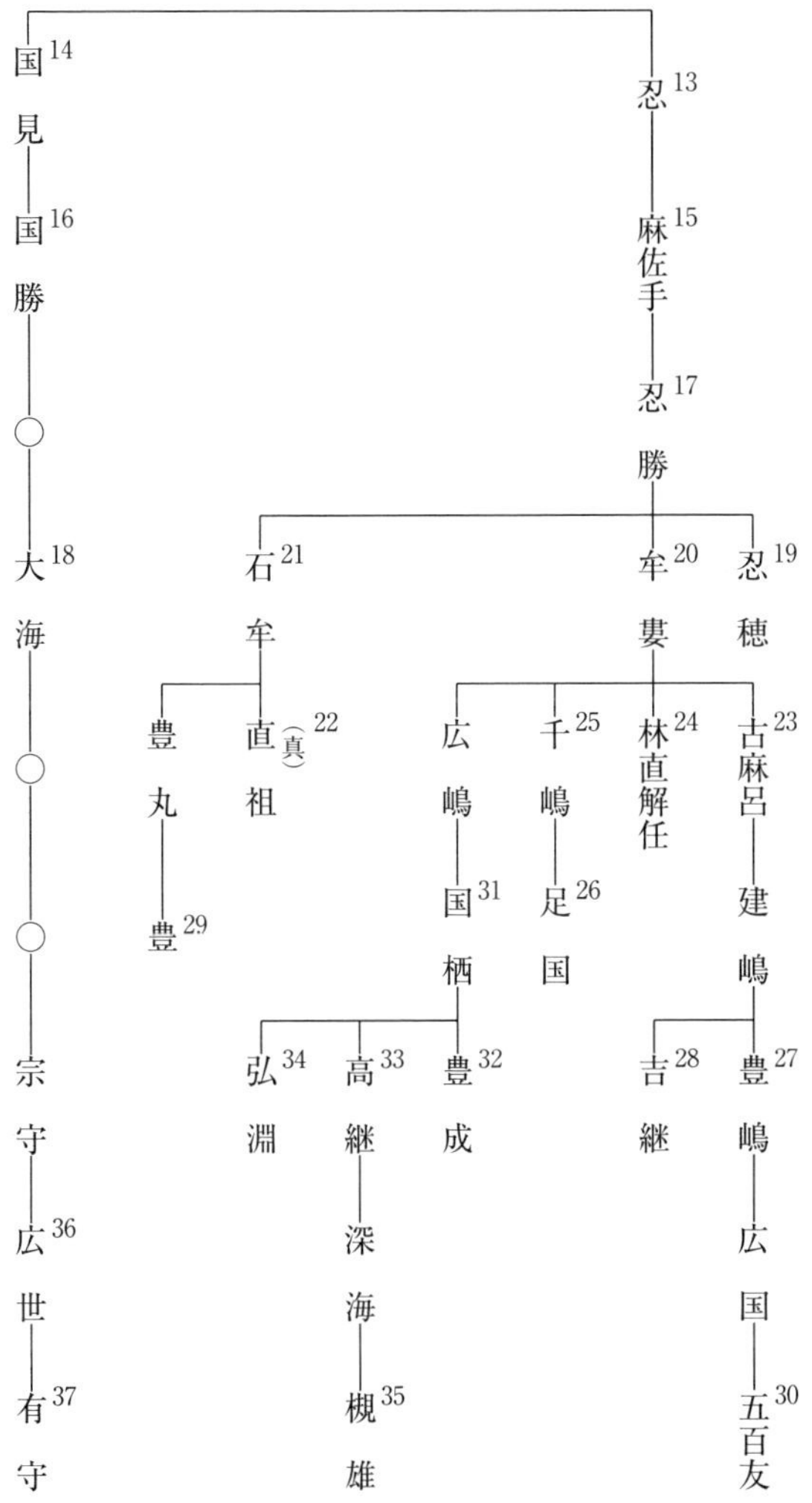

〔備考〕 人名の右肩の数字は国造の代数。
広世の父の宗守を国見の六世孫（国井を国見の誤りとみて）としたのは、佐伯有清氏の推定に従ったもの。

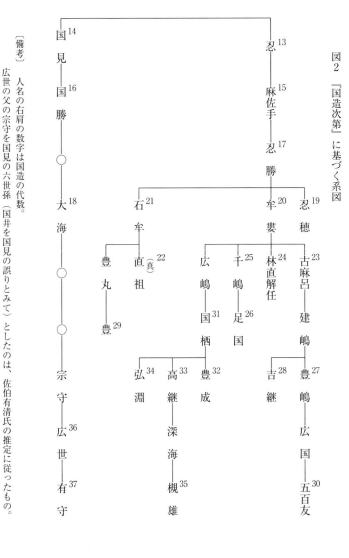

れることも、両氏の指摘のとおりであろう。

孝徳朝の国造忍穂が、名草郡（評）を立て、大領（評の長官）を兼ねたというのは、孝徳朝における評制の施行後も、国造制が廃止されなかったことを示すものとして注目されるのであるが、それはともかく、この注記が信頼できるならば、この例は、紀伊国造が名草郡（評）の大領（長官）を兼ねた確かな例ということになる。ただ、ここで注意したいのは、二十代の牟婁以下には兼任の注記がなく、しかも三十五代の槻雄の注記に「已上不兼大領」とみえることである。つまり、『国造次第』によれば、忍穂以外は国造は大領を兼帯しなかったとされているのである。槻雄の注記からすれば、次の広世以下はまた大領を兼ねたのか、との疑問ももたれるかもしれないが、その心配はないであろう。先に述べたとおり、広世以下は、広世が貞観十六年に改写して以降に加えられた部分であり、そこではすでに、大領兼任云々が問題とされていないと解せるからである。

次に(2)の紀直摩祖についてであるが、『続日本紀』の当該記事は、前節に引用したとおりである。そしてその記事からは、紀直摩祖が国造と大領を兼任したか否かは不明とせざるを得ないであろう。たしかに、紀直摩祖は国造に任命された当時は名草郡大領であったが、国造就任後は大領を退任したとも考えられるのである。(8) もちろん、その後両者を兼任した可能性も否定できないのであるが、『続日本紀』の記事そのものからは、どちらとも判断できないとしなければならない。

そこで『国造次第』の記述を参考にするならば、(1)で述べたように、忍穂以外は大領を兼ねなかったというのであるから、摩祖の例は、国造就任後は大領を退任したとみるのが妥当ということになるであろう。

ところで、この紀直摩祖は、『国造次第』に二十二代国造としてみえる直祖（直祖は「真祖」の誤りであろう）にあたると考えられるが、とすると、『国造次第』において、真祖（摩祖）は、天武・持統朝頃の人物と推定される石牟の次の国造とされている点も注意できるであろう。前節で、摩祖は国造制の廃止により紀伊国にもすでに国造が存在しなくなっていた状況の中で、行幸供奉の論功行賞として国造に任命されたと解釈したが、『国造次第』からも、その解釈の妥当性がうかがえるからである。つまり、国造制の廃止が決定された天武朝末年当時の国造は石牟であり（石牟はその後も生存中は国造の地位にあったとみられるが）、その次の国造が神亀元年に任命された摩祖（真祖）であって、その間、四十年ほどあるにもかかわらず、他の国造が存在しなかったとされているのである。もし、国造制廃止の当初から、紀伊国造の存続が定められていたのならば、その間に、何人かの国造が存在していたとされていてよさそうなものである。

なお、右に述べてきたことは、いうまでもなく、『国造次第』の記事内容が信頼できるとしてのことであるが、この点に問題がないわけではない。『続日本紀』によれば、摩祖が国造に任命された五年後の天平元年（七二九）に、紀直豊嶋が国造に任命されたとあるが（前節表1参照）、この豊嶋は『国造次第』に二十七代国造としてその名がみえており、『国造次第』にいう二十二代真祖（摩祖）から二十七代豊嶋までの六国造は、いずれもその五年間に交替した国造ということになってしまうのである。これは、いかにも不自然であろう。また、二十四代が「林直解任」とあるのも、薗田氏の指摘のとおり、本来は古麻呂の注であったものが歴代に攙入したと考えられる。『国造次第』にいうこの間の国造の中に、実際には国造に任ぜられなかった人物が含まれていることは確かであろう。

しかし、『国造次第』の人名や注記の父子兄弟関係などを、まったくの造作とみるのも、その独自性からして不適切であろう。貞観十六年に広世が改写したとする書き入れが信頼できるとするならば、その記事内容についても、一定の信憑性は認めてよいのではなかろうか。『国造次第』の記事のみから立論するのは危険であるにせよ、参考資料としては十分活用できると思われる。

次に(3)の紀直国栖についてであるが、まず『続日本紀』の当該部分を引用しておこう。

天平神護元年十月庚辰条

（前略）詔曰。紀伊国今年調庸。皆従㆓原免㆒。其名草。海部二郡者。調庸田租並免。又行宮側近高年七十以上者賜㆑物。犯㆓死罪以下㆒皆赦除。但十悪及盗不㆑在㆓赦限㆒。又国司。国造。郡領及供奉人等。賜㆓爵幷物㆒有㆑差。授㆓守従五位上小野朝臣小贄正五位下。掾正六位上佐伯宿禰国守。散位正六位上大伴宿禰人成並従五位下㆒。騎兵出雲大目正六位上坂上忌寸子老外従五位以下。名草郡大領正七位上紀直国栖等五人。賜㆑爵人四級。自余五十三人各有㆑差。叙㆓牟婁采女正五位上熊野直広浜従四位下㆒。女孺酒部公家刀自等五人各有㆑差。（後略）

この記事からは、天平神護元年（七六五）当時、紀伊国に国造が存在していたこと、そして当時の名草郡大領は紀直国栖であったこと、この二点ははっきりと知られるのであるが、大領であった国栖が国造を兼任していたことはうかがえないのではなかろうか。高嶋氏は、この記事において、「国司。国造。郡領」らに「爵幷物」を賜うとありながら、具体的には、国司の次に「名草郡大領正七位上紀直国栖等五人。賜㆑爵人四級」とあるのみで、間にあるべき国造への恩賞が記されていないことに注目され、それは国栖が両者を兼任していたためと解釈されている。しかし、それならば、国栖の肩書は、「国司。国造。郡領」という記載順からも、紀伊国造とあってしかるべきであろう。そうなっていないのは、むしろ国栖が国造ではなかったことを示すものと考えられる。国造への恩賞が具体的に記述されずに、大領であった国栖への記述があるのは、国栖ら五人（国造は含まれない）には、とくに手厚い恩賞（爵四級を進める）が与えられたから、と解せばよいであろう。

そして、ここでも参考になるのが『国造次第』の記述である。国栖は第三十一代の国造としてみえるが、一代前の三十代国造とある五百友は、『続日本紀』の延暦九年（七九〇）五月癸酉条に、国造に任命されたとある紀直五百友にあたることは明らかである。とするならば、国栖は五百友の次の国造であり、天平神護元年当時の国造ではないということになる。

なお、『国造次第』に三十二代とある豊成は、『日本後紀』の延暦二十三年（八〇四）十月癸丑条に、当時の国造としてその名がみえるが、『国造次第』の代数が正しければ、国栖は延暦九年に国造に任ぜられた五百友の後任であり、延暦二十三年にすでに国造であった豊成の前任者ということになり、その間十四年というのは、やや短かすぎるように思われるかもしれない。薗田氏は、『続日本紀』の所見年代からみて、三十代の五百友と三十一代の国栖とは代数が前後しているのではないかとされたが、それに対して佐伯氏は、『国造次第』の代数に誤りはないと考えられるとされている。

佐伯氏の示された論拠は、次の三点である。

①延暦九年に国造となった五百友と、延暦二十三年当時国造であった豊成との間に、もう一人国造が存在したとして不自然ではないこと。

②天平神護元年当時名草郡の大領であった国栖が、三十数年後の延暦年間に国造に任ぜられたとしても、年齢的な無理はないこと。

③国栖と五百友は別系であり、国栖の後の国造は国栖の系統が継承し、五百友以前は五百友の系統が多く国造であったこと（図2参照）からも、『国造次第』の代数は自然であること。

佐伯氏の説かれるとおり、『国造次第』の五百友と国栖の代数は、しいて前後しているとみる必要はないであろう。

以上、紀伊国造と名草郡大領の兼任例としてあげられた(1)(2)(3)の三例について検討してきたが、(1)を除き、兼任例とはいえないとの結論を得ることになった。ただそれは、いずれも『国造次第』の記事内容に基づく結論であり、そこになお問題は残るかもしれない。しかし、⑴は『国造次第』にのみみえる例であって、『国造次第』が信頼できないならば、いうまでもなく兼任例とはならないのであり、また⑵⑶についても、『続日本紀』の記事そのものからは、兼任といいえないことは明らかである。

そしてさらに、八世紀において紀伊国造が名草郡の大領を兼帯する慣行のなかったことは、別の史料からもうかがえるのではないかと思う。

すなわち、出雲国造が慶雲三年（七〇六）以来、延暦十七年（七九八）に至るまで、意宇郡の大領を兼帯していたことは、次の太政官符に明らかであるが、紀伊国造については、この官符に示されるような措置がとられた形跡がみえないのである。

　太政官符(9)。

　　応レ任二出雲国意宇郡大領一事

右被二大納言従三位神王宣一偁。奉レ勅。昔者国造郡領職員有レ別。各守二其任一不二敢違越一。慶雲三年以来令三国造帯二郡領一。寄二言神事一動廃二公務一。雖三則有二闕怠一。而不レ加二刑罰一。乃有二私門日益一不レ利二公家一。民之父母還為二巨蠹一。自今以後。宜下改二旧例一国造郡領分レ職任上レ之。

　　延暦十七年三月廿九日

出雲国造の意宇郡大領兼帯が禁じられた二年後には、筑前国宗像郡の大領が宗像神主を兼ねることを禁じた太政官符が出されている(10)が、他にそのような例を見出すことはできない。この点からも、紀伊国造の大領兼帯の慣行はなかったとするのが妥当であろう。

もちろん、紀伊国造が名草郡大領を兼帯しなかったとしても、紀伊国造には、代々名草郡の郡司氏族である紀直一族の人物が任命されたのであり、紀伊国造が、律令制下の他の国造（天平末年以降に現われる中央官人が任命された名誉職的国造）とは異なり、強い在地性を有した特殊な国造であったことには変わりはないのである。

以上、本稿では、紀伊国造と出雲国造との違いを二点述べてきた。すなわち、国造制廃止の当初から、国家の方針としてその存続が定められたのは出雲国造のみであり、紀伊国造は、聖武天皇即位の段階以降、その存続が認められるようになったこと、また、八世紀において、本拠郡の大領を兼帯したのも出雲国造のみであったこと、の二点である。律令制下において、特殊例として存続が認められた国造が、なにゆえ出雲と紀伊であったのか。この問題は残されたままであり、今後の課題としたい。

注

（1）律令制下の国造の研究史については、平野岳美「律令制下の国造について」（『歴史の理論と教育』七四、一九八九年）に整理されている。なお、最近の研究としては、田中卓「二国造の制と日本国家の成立」（『古代文化』五一―二、一九九九年）がある。

（2）『国造制の成立と展開』（吉川弘文館、一九八五年）、および『日本古代国造制の研究』（吉川弘文館、一九九六年）。

（3）青木和夫他校注『続日本紀』二（新日本古典文学大系）岩波書店、一九九〇年、一五四頁脚注二七。

（4）新野直吉『謎の国造』（学生社、一九七五年）八一～九九頁。なお、出雲国造による神賀詞奏上儀礼を、王権に対する服属儀礼とみることには異論も出されている。たとえば、菊地照夫氏は、神賀詞奏上儀礼は、「国譲り神話に反映される古代王権の宗教的世界観に基づいて行われた天皇の国土支配を保証する霊威を付与するタマフリ的な儀礼であった」とされている。菊地照夫「出雲国造神賀詞奏上儀礼の意義」（水野祐監修、瀧音能之編『出雲世界と古代の山陰』（古代王権と交流7）名著出版、一九九五年）。しかし、たとえそうであったとしても、そのタマフリ的な儀礼を出雲国造（地方豪族）が行ったところに、地方豪族の王権に対する服属儀礼という側面もあったと考えてよいのではなかろうか。

（5）なお、田中卓氏は、紀伊国造も神賀詞奏上を行ったであろうとされ、その開始の時期を、紀直摩祖が国造に任命された神亀元年のことと推定されている。田中卓「二国造の制と日本国家の成立」（前掲）二八頁。

（6）薗田香融「岩橋千塚と紀国造」（同『日本古代の貴族と地方豪族』塙書房、一九九二年、初出は一九六七年）二〇〇〜二一六頁他。高嶋弘志「律令新国造についての一試論」（佐伯有清編『日本古代史論考』吉川弘文館、一九八〇年）二五〇〜二五四頁他。同「神郡の成立とその歴史的意義」（佐伯有清編『日本古代政治史論考』吉川弘文館、一九八三年）一三三〜一三六頁他。なお、以下の本文で引用する薗田・高嶋両氏の見解は、いずれも右によるものとする。

（7）佐伯有清『新撰姓氏録の研究』考證篇第四（吉川弘文館、一九八二年）二一六〜二二二頁。なお、以下の本文で引用する佐伯氏の見解は、いずれも右によるものとする。

（8）その可能性のあることは、高嶋氏も認められている。

（9）『類聚三代格』巻七。なお、最近、平石充氏は、この官符に「慶雲三年以来令㆓国造帯㆒郡領㆒」とある「国造」「郡領」は、出雲国造・意宇郡大領に限定されないとして、出雲国造の意宇郡大領兼帯の慣行について疑問を提出されている。平石充「八・九世紀における出雲臣について」（『出雲古代史研究』六、一九九六年）。しかし、八世紀において、国造は一般的には存在していなかったのであり、この官符の「国造」は、やはり出雲国造に限定してよいと思われる。

（10）『類聚三代格』巻七、延暦十九年十二月四日付太政官符。

コラム　国造田と郡司職分田

国造田については、『令集解』田令郡司職分田条「郡司職分田」注に、「古記云。輸租也。射田。国造田。采女田亦同（後略）」とあり、同選叙令郡司条「先取国造」注に、「古記云。先取㆓国造㆒。謂必可㆑被㆑給㆓国造之人㆒。所管国内不㆑限㆓本郡㆒。非㆓本郡㆒任意補任。以外。雖㆓国造氏㆒不㆑合。問。不㆑在㆓父祖所㆑任之郡㆒。若為任意補任。答。国造者一国之内長。適任㆓於国司㆒。郡別給㆓国造田㆒。所以任意補充耳（後略）」（傍線筆者）とある。これらが、国造田についての、もっとも古い時期の史料である。後者の文章、とくに傍線部は難解であるが、これらによれば、古記が成立した天平十年（七三八）頃には、国造に支給される田として国造田が存在し、それは郡司職分田と同じく輸租田であったことが知られる。

また、『令集解』田令田長条「町租稲廿二束」注に引く民部例（八世紀後半の成立と考えられる）によれば、国造田には、闕国造田と見任国造田があり、闕国造田は輸地子田、見任国造田は輸租田であった。そして、『別聚符宣抄』に引く延喜十四年（九一四）八月八日の太政官符からは、当時すでに輸地子田、すなわち闕国造田となっていた国造田が全国的（四三ヵ国）に存在し、それらは、国ごとに六町、ないしその倍数設置されていたことが知られる。国造田の数は、その国内に存在する国造氏の数にほぼ相当しており、国造氏は、原則として国造を世襲していた一族が、大宝二年（七〇二）に、それに認定されたものである。したがって、国造田は、本来、国造（いわゆる「旧国造」）に対して支給された田であり、国造のクニ単位に六町ずつ設置されていたものと考えられる。令制国には国造のクニをいくつか合わせた範囲の国もあり、そのため、それらの国には、六町の倍数の国造田が存在したのである。延喜十四年八月八日の官符では、それらの国造田の地子を正税に混合したのであるが、それは、実質を失っていた国造田の廃止を意味する。十世紀初めの段階で、国造田がほぼ闕国造田となっていたのは、その頃には、出雲・紀伊などの特殊例を除き、国造は任命されていなかったからである（出雲・紀伊の国造田は見任国造田であるから、当然、右の官符にはみえない）。

国造田についてこのように考えてよければ、先に引用した古記の文章の傍線部は、「国造は、一国の内の長であるから、本郡以外の郡司に任じられても、別の郡（本郡）に設置されている（すなわちかつて国造のクニ内部に設置された）国造田は支給される」の意味に解するのが妥当であろう。「郡別」は、「郡ごとに」と読むのがふつうであろうが、国造田は、右に述べたとおり郡ごとに設置されていたのではなく、この場合は、そのようには読めない。「適任於国司」の部分については、旧著（『日本古代国造制の研究』吉川弘文館、一九九六年）では、「国司」を「郡司」の誤りとみる説（八木充『律令国家成立過程の研究』塙書房、一九六八年）に従い、「たまたま本郡でない郡司に任じられても」の意味に解した。しかし、「国司」のままでも、「適《まさ》に国司に任《まか》せ」と読んで意味は通ずるのであり、後者の読みを妥当とするべきかもしれない。「適」については、諸写本には「過」とあることから「過」が正しいとする説（鹿内浩胤「古記と国造田」『日本歴史』五五九、一九九四年）もあるが、「過」では、やはり文意が通じ難いのではなかろうか。

それはともかく、六町という国造田の広さは、郡司大領の職分田と同じであり、それらは、国司の職分田（大国の守でも二町六段）に比べて、かなり広い。また、国司など在外諸司の職分田が不輸租であるのに対し、国造田・郡司職分田は輸租である。

律令国家は、「公地公民」制を原則とし、国造・郡司にも職分田を支給することとしたが、現実には、在地豪族としての国造・郡司の私的土地所有を否定するのは困難であった。そのため、国造・郡司に広い職分田を支給し、それを輸租としたのであり、それは、原則と現実とのすり合わせを図った政策であったといえよう。

あとがき

本書は、「序」にも述べたとおり、旧著『日本古代国造制の研究』（吉川弘文館、一九九六年）刊行以降に発表した国造関係の拙論を集めたものである。

旧著では、国造制は中央政権によって施行された地方支配のための制度であること、国造のクニは中央政権が設定した範囲という性格をもつこと、国造制は西日本においては磐井の乱後の六世紀中頃にほぼ一斉に施行され（なおこの点については、最近では、磐井の乱以前の継体朝に九州地域を除く西日本に施行され、乱後、九州地方に施行されたのではないかと考えている）、東日本には遅れて六世紀末に一斉に施行されたと考えられること（崇峻紀二年七月条の国境観察記事が東日本における国造制の施行を示す記事と考えられる）、国造制は「大化改新」によって国造が評造に任命されることで廃止されたのではなく、孝徳朝における評制施行後も国造—評造（クニ—コホリ）という上下の関係の行政組織が存在したこと、国造制は天武朝末年の国境画定事業によって令制国が成立したことにより、その廃止が決定されたこと、ただその場合、現任の国造はそのまま国造として認め、その死後は後任を任命しないという方法がとられたと考えられること、出雲国造と紀伊国造は国造制の廃止が決定されたのちも、それ以前からの全国の国造を代表・象徴する存在として代々任命され続け、天皇への服属儀礼を担ったこと、律令制下の国造は制度として存在したものとは考え難いこと、等々がその主張の要点であった。

本書に収めた論文のなかで、第二部第七章の「律令制下の紀伊国造」においては、紀伊国造が任命され続けるようになるのは、神亀元年（七二四）の聖武天皇行幸の際に名草郡大領の紀直摩祖が紀伊国造に任じられて以来のことであり、国造制の廃止が決定された当初からその存続が定められたのは出雲国造のみであった、と旧著の主張を改めた。しかし、それ以外は、右記の主張を補う内容のものばかりである。

しかも旧著は、それ以前の小著『国造制の成立と展開』（吉川弘文館、一九八五年）に基づいたものであるから、国造制について、三〇年以上も前に考えたことを、ほぼそのまま踏襲しているということになる。進歩がないといえば、そのとおりであろう。

もっとも、この三〇年以上の間、国造制のことばかりに取り組んでいたわけではない。たとえば、六、七世紀の政治史について、王統の原理に焦点を置いて考えたこともあれば、物部氏について検討したこともある。ただ今にして思えば、これらのテーマに取り組んだきっかけは、やはり国造制に関わってのことだったように思う。国造制が六世紀の継体朝に施行された制度であったならば、その時の中央政権のあり方について検討しなければならない。また物部氏は、継体の政権を支えた主要勢力であり、「国造本紀」には物部氏系の系譜を称する国造が多い。

本書は、遅々としてではあるが、一貫して続けてきた国造制研究の中間報告である。ご笑覧賜われば幸いである。

最後になったが、本書の刊行にあたっては、吉川弘文館編集部の上野純一氏に大変お世話になった。心から感謝の意を表する。また、成城大学文芸学部からは、出版助成金の交付を受けた。学部長はじめ教授会構成員の方々、関係各位に厚く御礼申し上げる。

二〇一八年十月　日

篠川　賢

初出一覧

第一部
第一章 「国造」と国造制（篠川賢・大川原竜一・鈴木正信編著『国造制の研究』八木書店、二〇一三年）
第二章 国造の国（クニ）再考―神崎勝氏の所論にふれて―（『日本常民文化紀要』二五、二〇〇五年）
第三章 令制国の成立と東国（佐伯有清編『日本古代中世の政治と宗教』吉川弘文館、二〇〇二年）
第四章 国造の「氏姓」と東国の国造制（あたらしい古代史の会編『王権と信仰の古代史』吉川弘文館、二〇〇五年）
第五章 東国国司詔の史料性について（新川登亀男・早川万年編『史料としての『日本書紀』―津田左右吉を読みなおす―』勉誠出版、二〇一一年）
第六章 山上碑を読む―「佐野三家」を中心として―（平野邦雄監修・あたらしい古代史の会編『東国石文の古代史』吉川弘文館、一九九九年）
コラム 『隋書』倭国伝の「軍尼」と「国」（『日本歴史』六六五、二〇〇三年）
第二部
第一章 伊豆国造小考（佐伯有清編『日本古代中世の政治と文化』吉川弘文館、一九九七年）
第二章 伊豆国造再論（『日本常民文化紀要』二〇、一九九九年）
第三章 『粟鹿大明神元記』の「国造」（『日本常民文化紀要』三三、二〇一八年）
第四章 出雲臣とヤマト政権―出雲地域の東と西―（『東アジアの古代文化』一三二、二〇〇七年）
第五章 出雲国造神賀詞奏上儀礼小考（『日本常民文化紀要』二三、二〇〇三年）

第六章　『出雲国風土記』の郡司（『出雲古代史研究』九、一九九九年）
第七章　律令制下の紀伊国造（『日本常民文化紀要』二一、二〇〇〇年）
コラム　国造田と郡司職分田（篠川賢・大川原竜一・鈴木正信編著『国造制の研究』八木書店、二〇一三年）

索　引

一般事項

あ　行

か　行

さ　行

た　行

な　行

は　行

ま　行

や　行

ら・わ行

研究者名

あ行

か行

さ行

た行

著者略歴
一九五〇年　神奈川県に生まれる
一九八一年　北海道大学大学院文学研究科博士課程修了
現　　在　成城大学文芸学部教授

〔主要著書〕
『日本古代国造制の研究』(吉川弘文館、一九九六年)、『日本古代の王権と王統』(吉川弘文館、二〇〇一年)、『飛鳥と古代国家』(日本古代の歴史2、吉川弘文館、二〇一三年)、『継体天皇』(人物叢書、吉川弘文館、二〇一六年)

古代国造制と地域社会の研究

二〇一九年(平成三十一)二月一日　第一刷発行

著　者　篠《しの》川《かわ》賢《けん》

発行者　吉川道郎

発行所　株式会社 吉川弘文館
郵便番号一一三―〇〇三三
東京都文京区本郷七丁目二番八号
電話〇三―三八一三―九一五一(代)
振替口座〇〇一〇〇―五―二四四番
http://www.yoshikawa-k.co.jp/

印刷＝株式会社 三秀舎
製本＝株式会社 ブックアート
装幀＝山崎　登

ISBN978-4-642-04653-4